KB213143

피뢰침
과   스며듦

피뢰침과 스며듦
— 공부의 연대기, 연구의 순간들

윤여일 지음

2025년 5월 30일 초판 1쇄 발행

펴낸이 한철희 | 펴낸곳 돌베개 | 등록 1979년 8월 25일 제406-2003-000018호
주소 (10881) 경기도 파주시 회동길 77-20 (문발동)
전화 (031) 955-5020 | 팩스 (031) 955-5050
홈페이지 www.dolbegae.co.kr | 전자우편 book@dolbegae.co.kr
블로그 blog.naver.com/imdol79 | 트위터 @Dolbegae79 | 페이스북 /dolbegae

편집 김진구
표지디자인 김민해 | 본문디자인 이은정·이연경
마케팅 고운성·김영수·정지연 | 제작·관리 윤국중·이수민·한누리
인쇄·제본 영신사

ISBN 979-11-94442-25-7 (03300)

피뢰침
과   스며듦

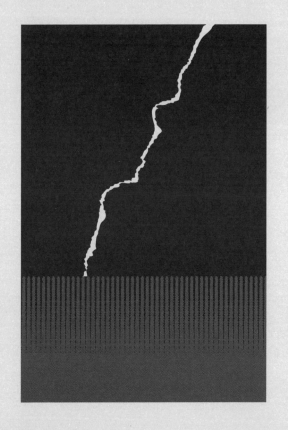

공부의 연대기,
연구의 순간들

윤여일 지음

돌베
개

사랑하는 마음을 물려주신 사경림
공부하는 능력을 길러주신 윤석원
나의 부모님

연구하는 삶으로 이끌어주신 스승과 동료
사랑의 힘을 느끼게 해주신 제주 지인들께
감사드리며

일러두기

— 이 책에는 저자의 기존 저서들을 활용한 대목이 있습니다.

흔적의 기록

연구자의
10년짜리 자서전

박사학위를 받은 이후 사회학을 전공한 어느 연구자의 10년을 기록하려 한다. 2015년부터 2024년까지의 10년이며, 그 연구자는 나다.

이 책은 자서전일까? 자신의 행적을 스스로 적을 테니 자서전이 맞을 거다. 그런데 온통 타인들에 관한 내용이 될 것 같다. 쓰는 사람은 나이겠지만, 나를 쓰게끔 이끈 타인들의 이야기가 될 것이다. 그래서 이 책은 타인들이 '나'라는 종이에 남긴 흔적의 기록이다.

앞으로 '나'라는 주어가 여러 차례 등장하겠지만, 그 '나'들은 그때그때의 상황에서 타인들의 목소리를 받는 자리다. 이제부터의 이야기는 '나'라는 일관된 주어 아래서 짜임새 있게 펼쳐지는 식은 아닐 것 같다. 무언가를 힘

주어 고민해 글로 옮기려던 어떤 상황, 누군가와의 관계 속에서 그때마다의 '나'가 연구자로서 움직였다. 그래서 '나'를 기록하려면 내 활동에 영감을 준 이들, 영혼에 자취를 남긴 이들로 이야기가 번져갈 것이다. 이리저리 다니며 이들을 만나 이것저것 하게 된 그 사람을 지금 '나'라고 불러내려 한다. 그래서 이 책은 스스로 쓰는 책이자 받아서 적는 책이다.

"나는 존재하다, 살다, 작동·활동하다를 같은 의미로 사용한다." 스피노자가 『에티카』에 쓴 이 구절은 연구자인 내게 뭐랄까, 적확하다. 연구자는 연구원이나 교수와 달리 그 자체로는 신분도 지위도 아니다. 예술가가 그러하듯 그 사람이 살아가려는 지향과 방식을 표현한다. 나는 연구자다. 연구자로서 존재한다는 것은 연구자로서 산다는 것이며, 연구자로서 작동한다는 것이다. 거꾸로 말해 연구자로 작동할 때, 연구자로서 살고 또 존재한다. 그렇다면 누가, 무엇이 나를 연구자로서 작동시키는가?

스피노자는 이렇게도 말했다. "우리는 자신의 몸이 무엇을 할 수 있는지 온전히 알지 못한다." 연구자도 자신의 몸이, 머리가 무엇을 할 수 있는지 알려면 여러 관계가 필요하고 다양한 활동에 뛰어들어야 한다. 누가, 무엇이 당신을 부르고 휘감고 당신은 그때 어떻게 움직이는가? 당신을 말하게 하고, 당신을 통해 말하려 하는 것은 누구이며, 무엇인가?

나는 스스로를 연구자라고 여기지만, 연구하는 시간이 하루 속에서 늘 큰 비중을 차지하는 것은 아니다. 뜻한다고 연구가 뜻대로 되는 것도 아니다. 다른 연구자들은 어떻게 연구를 시작할까? 내 경우, 연구하려면 연구가 일어나는 상태에 처해야 한다. 바람이 불어야 연이 떠오르듯, 생각도 어떠한 정황 속에서 떠오른다. 생각이 떠오르면 그 생각을 붙잡고, 생각이 움직이는 대로 따라가본다. 멀리까지 나아가는 생각이 아무 때나 떠오르는 건 아니다. 연구도 어떤 충격에 어떤 끌림에 느닷없이 씨앗이 생겨나, 어떤 조건과 관계에서 훌쩍 자라기도 한다.

다른 연구자들은 어떻게 연구를 해나갈까? 나는 긴 호흡으로 자신의 분야를 차근차근 다져가는 전문가 유형이 아님을 알고 있다. 한 분야를 깊고 꾸준히 파고들어 해박한 지식을 갖추고, 그 방면에서 참고문헌이 될 만한 연구물을 차곡차곡 내놓는 분들을 보면 부럽지만, 나는 기질도 그렇고 머리도 그쪽으로 발달하지 않았다. 읽고 있으면 해당 사안을 둘러싸고 흐트러져 있던 파편들이 가지런히 배열되어 사고의 질서가 잡히는 글. 문장이 거듭될수록 깨닫는 게 쌓이고 그 분야의 넓은 세계로 안내하는 글. 나도 그런 글을 쓰고 싶지만, 정통한 분야가 별로 없다. 나는 창의적 연구를 해낼 소질도 부족하다. 나는 과감하게 그리고 조리 있게 사고를 개진하는 동료연구자를 존경한다. 독창적 가설을 세우고 방대하게 자료를 조사해 문제의식을 거

13

듭 갱신해가며, 일단락되면 납득할 수 있는 설명이 나온다. "아! 그래서 그런 거였구나." 하지만 나는 개진하기보다 추수하는 식에 가까우며, 설명까지 못 가고 서술에 머무르곤 한다.

연구자로서 나의 소질은 집요함도 창의성도 부족하지만, 마음이 동하면 꽤 에너지가 생긴다는 것이다. 나는 고유의 문제의식이 충만해 그걸 발산하듯 써내는 유형은 아니지만, 대신 외부 것들을 잘 흡착하고 멀리 떨어져 있는 것들을 관련 짓길 좋아한다. 어떤 정신적, 감정적 뒤엉킴이 이끌면 반응한다. 누군가를 만나고 어떤 상황에 놓이면 연구자로서 제대로 작동하고 싶어진다. 어디서 누구를 만나느냐에 따라 달리 작동된다. 누군가의 손에 이끌려 뜻하지 않은 사건 속으로 끌려간다. 거기서는 또 다른 누군가가 부른다. 그렇게 목격한 일들을 받아적는다. 따라서 연구의 행적을 밝히려면 연구 대상의 변화를 기술할 뿐 아니라 그 누군가와의 만남들을 기록해야 한다.

내겐 상황도 중요했다. 의미 있는 연구를 하려면 의미로 다가오는 상황이 필요하다. 운동 현장만이 아니라 회합, 조사, 답사, 세미나, 워크숍, 포럼, 여행, 연극, 전시, 직접행동, 통역. 모두 말의 흥미로운 소재들이다. 말의 특별한 움직임이 있을 수 있다. 말이 고여 있다, 튀어나온다, 막혀 있다, 뻗어간다, 맞붙는다, 튕겨 나온다, 쌓인다, 스며든다, 불어난다, 비약한다. 그러한 말의 상황들에서 연구하는 마음은 동했다. 연구도 논문의 형태로만 진행되진 않았다. 이 책은 이처럼 타인들이 데려온 시간과 공간과의 관계에서 쓰여졌다. 거기서 말을 구해 연구자인 나를 거쳐 증폭시키고자 했다. 파장을 일으키려 했다. 자신을 진동시키지 않은 채 파장은 일어나지 않는다. 이 책의 '나'는 흔들리는 주어다.

연구studium라는 단어는 충돌 혹은 쇼크를 가리키는 st- 혹은 sp의 어근으로 소급된다. 연구하는 것studiare과 놀라는 것stupire은 이러한 의미에서 친근관계를 갖는다. 연구하는 자는 충격을 받아서 그를 놀라게 한 것 앞에서 마비되어, 그것을 끝까지 이해하지도 못하고, 거기서 벗어나지 못하는 상태에 빠진 사람과 같다. 학생student은 그리하여 언제나 마비된stupid 자다. 그러나 만일 한편으로 그가 늘 대상에 집중되어 있고, 얼빠져 있으며, 그로 인해서 연구란 본질적으로 고통이며 고난임에도 불구하고 다른 한편으로 말하자면, 연구 속에 내재된 어떤 메시아적 유산을 통하여 연구자는 자신의 연구의 결론을 내리고자 하는 것이다. 이와 같은 마비와 명석의 교차, 발견과 상실의 교차, 감수passion와 행위action의 교차가 바로 연구의 리듬을 구성한다.

김홍중은 아감벤의 *Idea of Prose*에서 이 문장을 발견해 번역하며 "연구는 연구자의 능동성을 통해 수동적 대상에 대한 진실을 밝혀내는 행위처럼 보이지만, 사실 깊은 수동성의 체험을 전제한다. 연구의 시발점에는 감수, 즉 겪음이 있다. 연구자는 연구하는 사람이기 이전에 놀라는 자, 충격에 빠진 자다"라고 풀이하였다. 그래도 되는 거였군요!

누구와 함께일 때
알 수 있는가

생각해보면 지난 10년간 아는 사이가 되고 소중했던 지인들은 사회적·예술적 사건을 일으키는 사람들이었다. 연구자가 아니면 활동가, 예술가, 작가, 편집자가 나의 얼마 안 되는 인맥이다. '사람에 의한 맥'이라니, 좋은 표현이다. 그러고 보면 세상에 처하는 기술, 처세술도 음미할 만한 단어다. 내 인맥은 처세술에 고민이 많다. 세상에 작용하려고 의식적으로 애쓴다.

지인이 무언가를 한다. 하려고 한다. 그러면 그의 의지와 감정이 느껴진다. 감수感受, 감염感染, 감응感應, 감동感動. 느껴 받고, 느껴 물들고, 느껴 응하고, 느껴 움직인다. 그러다가 그의 시선이나 사고를 넘겨받는다. 그의 눈과 귀가 나로 하여금 다르게 보고 듣게 한다. 나는 연구자로서 움

16

직인다. 그게 대체 무슨 일인지 제대로 알고자 하는 마음이 동한다.

우리가 무엇을 알 수 있는지는 우리가 누구와 함께 알아야 하는지, 우리는 누구와 함께일 때 알 수 있는지와 관련되어 있다. 무엇을 아느냐는 어떻게 아느냐 그리고 누구와 아느냐에 달려 있기도 하다. 내 지인들은 무언가를 만들어내거나 지켜내려고 문제적 상황을 자초하거나 거기에 처해 있곤 했다. 지인이란 '아는 사람'을 일컫지만, 그 사람을 제대로 알아야 한다. 그 사람을 아는 일이 그게 대체 무슨 일인지를 아는 데서 출발점이 된다. 그는 왜 그 일을 벌였지. 그 일에 어떻게 뛰어들었지. 곁에서 살펴본다. 우리는 대화한다.

그들은 '문제를 겪는 인간'들이다. 예술가가 자신에게 굳이 문제를 출제해 풀어가려 애쓴다면, 활동가는 문제에 뛰어들어 굳이 그 문제를 떠맡으려 한다는 차이가 있지만 말이다. 활동가에게 문제는 불행의 예감을 동반하며 찾아올지 모른다. "○○○○년 ○○월 ○○일, 국토교통부의 발표에 따르면"처럼 일방적 통보나 미 군함의 출현처럼 갑작스럽게 닥쳐오기도 한다. "어쩌지", "저걸 어떡해." 해결이 힘들어 보여 사람들이 탄식할 때, 굳이 그 문제를 감당하려는 지인들이 있다. 여러 힘에 떠밀리면서도 어떻게든 문제의 상황 속에서 버티며 그 힘들을 떠맡으려 한다.

문제의 상황 속으로 뛰어든 자에게 이제 문제란, 하고

17

자 해서 할 수 있는 것과 해내야 하지만 감당키 어려운 것 사이의 낙차가 된다. 문제는 그들의 상상하는 힘과 행위하는 역량을 시험한다. 현실의 제약은 그 현실을 뚫고 나아가려는 자에게 생각을 다시 짜내야 할 이유가 된다. 문제를 어디서부터 풀어야 할지, 문제의 어떤 부분에 해결의 실마리가 숨어 있을지 궁리한다. 누구와 손을 잡아야 할지 궁리한다. 고민을 거듭한다. 문제 속의 인간은 태만하지 않다. 문제 속의 앎은 치열하다. 그들은 이미 연구하고 있다. 이게 연구가 아니라면, 무엇이 연구이겠는가. 치열한 사람 곁에 있으면, 연구자의 연구하는 마음도 동하게 된다.

피뢰침과 스며듦

그들의 문제에 나를 연루시키면, 그들의 문제가 내게 물음으로 옮겨온다. 과연 그 위치에 놓인다면 나는 어떻게 행동할까. 그처럼은 못할 것이다. 그렇다면 나는 무엇을 해야 할까. 그들이 처한 문제가 요구하는 활동과 곁에서 내가 시도하는 활동은 유관하지만 꼭 일치하지는 않는다.

내가 주목하는 것은 그들이 처한 문제와 그들이 일으킨 사건이 지니는 특별하고도 보편적인 의의다. 도로 공사를 막으려고 공사 예정 구간에서 두꺼비 울음소리를 좇아서 조사한다고 해보자. 도로 공사야 도처에서 진행 중이고, 멸종위기종인 두꺼비를 찾아봐야 별일 아닐 수도 있다. 하지만 주름진 이 일을 펼쳐낼 수 있다면 사건화의 여지가 있다. 도로 공사가 사방에서 진행 중이니 파장은 더욱 커질 수도 있다.

8년을 지냈던 제주에서 이런 일들을 목격했다. 두꺼비 울음소리를 따라가고, 개발될 숲에 오두막집을 짓고, 도로 확장으로 왕벚나무가 예고도 없이 잘렸다며 항의하고, 바다의 변화를 실증하려 범섬 아래로 다이빙해 산호를 촬영하고, 제주도의회 환경도시위원회의 회의록을 읽고, 테마파크의 환경영향평가서를 검토하고……. 누군가가 이렇게 노력하다가 커진 사건들이 있다. 비록 노력해야 했던 원인은 바로잡지 못해 테마파크가 지어지고 숲이 개발되었을지언정 그 사건들은 이후에 찾아올 유사한 사업들에 영향을 남길 것이다.

그들은 자신이 처한(혹은 자처한) 현실 속에서 변화의 단서를 모은다. 그래서 그들이 있는 곳은 일상적 공간으로 보여도 현장이 되며, 아무리 변두리여도 세계의 경로를 가리키는 좌표가 된다. 내게는 그렇게 보인다. 나는 연구자로서 그곳이 간직한 문제성을 포착하고자 한다. 문제가 현상적으로 드러난 소재라면, 문제성은 그 이면에 있는 사회적 구조, 역사적 의의와 관련된다고 구분해보고 싶다. 연구를 통해 보다 넓은 맥락과 긴 시간 속에 기입할 문제성을 그곳에서 건져내고자 한다.

그곳 그리고 그때. 그들은 행동하려는 그때를 적시適時로 만들려 한다. 굳은 의지로 결단해 지금을 해내야 할 시간으로 삼는다. 지인이 숲을 지키겠다고 숲속에 오두막집을 세우고 생활하기 시작했다. 지인이 제주의 두 번째 공항 건설을 막겠다고 단식에 들어갔다. 통상적으로 흘러가던 시간의 궤에서 이탈했다. 어긋남의 시간이 생겨났다. "어, 이런 시간이 또 왔다." 어긋남의 시간에는 다른 종류의 체험이 일어난다. 나도 동해서 생각한다. "이 일을 어떡하지? 이 일의 의미가 뭐지?" 여기저기서 생각거리를 가져온다. 내 의식은 생각들이 떨어지는 피뢰침, 생각들이 마주치는 교차로가 된다. 메모가 늘어간다. 자료들을 찾는다. 자료들은 여기저기에 있다. 점차 착상을 거쳐 연상, 구상으로 나아간다. 쓴다. 쓰고 있기에 쓰는 동안 계속 되물어진다. 앎이 운동한다. 그때 쓰는 까닭은 그 어긋남의 시간 속으로 들어가 그 시간을 다른 누군가의 시간과 연결하고 싶다는 바람 때문이다. 지인들의 시도에서 발견한 소중한 무엇이 다른 누군가의 삶 속으로 스며들길 바라기 때문이다. 그때 연구는 스며듦, 물듦, 범람과 관련되어 있다.

이처럼 연구자가 상황에 개입한다는 것은 상황이 연구에 개입하는 걸 허용하는 일이기도 하다. 써서 누군가에게 말을 건넨다는 것은 누군가 말을 걸어오길 기다리는 일이기도 하다. 수동성과 능동성이 중첩되는 이 자리가 내게는 연구하는, 달리 말하면 연구자로 작동하는 한 가지 상황이었다. 그중에는 의도해서 다가간 일도 있고 뜻하지 않게 찾아온 일도 있다. 그 일들과 함께 연구자로서의 시간을 산다. 그런 이야기가 이 책의 절반은 될 것 같다.

1   이제 어디로?
밖으로

2015

지식의 정합성, 기능성
그리고 윤리성

이날이 오긴 하는구나. 박사과정에 입학한 지 10년 만에 학위논문을 제출했다. 10년을 넘기면 일부 학점을 다시 따야 하는데 그건 정말이지 곤란하다. 10년은 마지노선이었다. 『탈냉전기 동아시아 담론의 형성과 이행에 관한 지식사회학적 연구』. 학위논문을 처음 구상하던 무렵에는 '동아시아 담론'으로 연구 대상이 한정될 줄 몰랐고, 지식사회학적 연구로 규정될지도 몰랐다. 상당히 진척되고 나서야 어느 방향으로 향하는 논문인지가 보였다. 하지만, 끝까지 가서 완성해낸 것은 아니다. 어느 지점에선가 마무리지어야 했다. 학위논문 이후에도 가야 할 길은 머니까.

『국민국가 형성과 화폐의 영토화』. 10년 전 제출한 석사논문의 제목은 이랬다. 연구 대상은 잉글랜드 은행이고, 경제사회학과 역사사회학 영역의 연구였다. 박사논문은 방향이 전혀 달라졌다. 그 계기는 석사논문에 대한 불만이었다. (당연하게도) 논문의 완성도가 낮았다는 등의 이야기가 아니라 논문 작성에 큰 회의감이 들었던 것이다. 석사논문은 거창하게도 16~19세기 영국의 화폐체제를 검토하여, 그것이 지닌 국민동원적 성격을 규명하는 내용이었다. 당시에 나는 국민국가 비판에 꽂혀 있었다. 중립적인 양 여겨지는 화폐체제가 실은 국가의 주권 독점과 국민화 프로젝트에서 핵심 기제였다고 비판하려던 것이다.

그런데 논문이 진행될수록 어떤 난감함을 느꼈다. 국민국가를 이론적으로 비판하면 할수록 국민국가는 나의 관념 속에서 모든 것을 뒤덮는 괴물이 되어버리고, 그럴수록 국민국가에 대한 비판의 열정은 커지는 역설에 빠져버렸다. 정작 비판을 하고 그 비판을 통해 거리를 취하고자 국민국가에 관한 논문을 시작했는데, 논문을 작성하며 그 개념 없이는 다른 사회적 현상들을 사고하기가 어려워진 것이다. 어떤 사회적 현상이건 간에 국민국가의 문제로 환원하려 했다. 비판의 의지가 도착되어 비판 대상을 내 안에서 절대화시킨 것이다. 이는 개념을 매개로 자신의 문제의식과 세계를 연결하는, 특히 인문사회학 연구자들에게서 종종 나타나는 증세라고 생각한다.

또한 처음 써본 학위논문이라서 '논문'이라는 지적 생산방식을 두고서도 여러 고민을 안겼다. 사회학 논문의 형식은 지식을 생산하고 표현하는 일을 마치 장사처럼 만든다는 인상이었다. 가령 문제 제기와 이론/분석틀이 사회학이라는 분과학문 내에서 어떤 분야에 속하는지 내 상품의 품목을 밝히는 대목이라면, 선행연구 검토는 내 상품의 좋은 점을 선전하는 곳 같았다. 대개의 경우 연구의 의의는 선행연구가 미진하다는 데서 마련되는데, 이런 식이라면 선행연구에 대한 단순화와 저평가의 공산이 커 보였다.

사실 장사를 비하할 생각은 없다. 상인이 힘닿는 대로 상품을 좋게 포장해 소비자에게 팔듯, 지식도 팔려야 한다는, 즉 타인의 관심과 이해를 얻어야 한다는 유통과정을 염두하는 일은 중요하다. 팔겠다는 의지가 느껴지지 않는 나른한 지식도 학계에는 허다하다. 다만 우수성을 드러내려는 결과 과도하게 설득조의 '증명'이 학위논문 작성 과정에서 큰 지위를 점하는 게 갑갑했다. 답이 물음을 제약한다는 인상이었다.

논문은 물음을 던지고 증명하며 답에 이르는 사고의 과정을 보여준다고 간주된다. 그런데 종종 그 과정은 거꾸로 진행된다. 즉 자신이 먼저 떠올려둔 답이 있고, 그 답에 물음을 맞춘다. 답할 수 있는 물음만을 꺼낸다. 그래서 증명의 과정은 이미 알던 내용을 확인하는 일이 되며, 답보다도 중요한, 답할 수 없는 물음을 논문에서는 피하게 된다. 지식을 물음과 답의 관계로 구도화하는 논문의 형식이 묻는 능력을 제약한다고 느꼈던 것이다.

사회학 논문이나 학위논문 일반이 꼭 이런 식인 건 아

27

니겠지만, 내게 석사논문 작성은 갑갑한 경험이었다. 그래서 앞으로 공부를 계속 해나가려면 지식의 여러 면모를 가려내고 내가 추구하는 게 무엇인지를 정리해둘 필요를 느꼈다. 답할 수 없는 물음은 삼가고, 실증에 치중하고, 논문의 목차를 이리저리 바꿔보며 짜임새 있게 단장하는 공부는 내가 대학원에 진학한 이유가 아니었기 때문이다.

만약 지식을 지적 주체와 지적 대상, 그리고 지적 환경 사이의 산물로 간주한다면, 적어도 세 가지 다른 지식의 속성을 구분해낼 수 있다. 정합성, 기능성 그리고 윤리성이다. 우선 지식과 지적 대상 사이에서는 정합성이 관건으로 놓인다. 정합성이란 그 지식이 분석과 증명 등을 통해 해당 대상을 얼마나 논증적으로 설명해내느냐의 문제다. 학계에서, 무엇보다 학위논문에서 지식의 질은 대개 정합성으로 판가름 난다.

하지만 지식의 속성에는 그것이 지적 환경에 어떻게 작용하는지의 문제, 즉 기능성도 존재한다. 기능성은 얼마나 현실에 영향을 미치는지와 관련된다. 정합성이 우수하다고 평가 받은 논문이라고 해서 학계 바깥에서 널리 읽히거나 현실에서 활용되는 건 아니다. 반면 정합성은 낮지만 기능성은 높은 지식이 있을 수 있다. 마르크스의 『공산당 선언』은 『자본론』보다 논리적 밀도는 떨어지지만 다양한 문제의식을 촉발시키며 대중을 움직이고 현실을 때렸다. 미디어를 통해 퍼지는 지식들은 정합성보다 기능성을 추구하며(때로는 정합성을 희생시켜서라도 기능성을 추구하며), 그 수요에 부응하지 못하는 학자들은 이미 마이크를 학계 바깥의 논자들에게 넘겨주었다.

그런데, 지식과 지적 주체와의 관계가 남아 있다. 나는 이를 '지식의 윤리성'의 영역이라 불러보기로 했다. 가령 내가 자본주의, 국민국가, 사회불평등, 젠더 갈등, 기후 난민, 부동산 투기, 스피노자의 공동체론에 관한 연구를 한다고 해보자. 지식의 윤리성을 맴도는 물음들은 이것이다. 지적 주체가 생산하는 지식은 주체 자신을 향하고 있는가? 지적 주체가 스스로 생산한 지식을 매개 삼아 변화할 수 있는가? 지적 주체가 대상의 일부로 포함되어 있을 때 혹은 대상에 지적 주체가 비치고 있을 때, 지적 주체는 거기서 불거지는 문제들과 어떻게 대면할 것인가? 그 경우 무엇을 고려해야 지식은 지식으로서 성립하며, 지적 주체는 자신을 쇄신할 수 있는가?

지식의 윤리성은 인문사회학 영역의 지적 주체 자신에게는 무척 첨예하고 본질적인 대목일 테지만, 정합성이나 기능성과 달리 지식 평가의 중요 요소가 되지 않는다. 학위논문을 쓰는 누군가는 이 문제로 인해 "과연 내가 이 주제로 논문을 끝까지 써야 할까"를 고민하겠지만, 그 고민은 논문 심사에 반영되지 않는다. 하지만 처음으로 학위논문이란 걸 써본 내가 그 실패에서 얻은 화두는 이것이었다. 이 화두는 자라나 첫 책『지식의 윤리성에 관한 다섯 편의 에세이』로 이어졌다.

'…를 공부하기'와 '…에서 공부하기'

박사과정에 들어가서는 석사논문처럼 이론적 문제 설정과 자료를 통한 입증에 치중하는 글이 아니라, 이론적으로 구축한 세계와 피부감각 세계 사이의 간극을 직시하는 글을 쓰고 싶었다. 답을 향해 체계적으로 짜인 글 이전에 자신의 물음을 속이지 않는 글, 답을 내야 한다는 조바심이 물음을 향한 절실함을 내리누르지 않는 글을 쓰고 싶었다. 연구의 방향은 크게 바뀌어야 했다.

어떤 시기에 누군가에게 그런 말이 찾아온다. 말들의 말로 작용하는 말. 말들이 수렴되는 말이며, 말들을 낳는 말. 문학, 근대, 가난, 고통, 자유, 기억, 시, 신, 몸, 민주주의, 식민성, 윤리, 정의, 여행, 죽음……. 무엇이 되었건 그 말은 그 자에게는 사전적 정의를 아득히 초과한다. 다른 말들조차 그 말의 부름을 받아 그 말을 거쳐 가며 전과는 색채가 달라진다. 그런 말을 일러 화두라 할 것이다. 내게는 10년 가까이 '동아시아'가 화두였다.

박사과정에 진학해 동아시아 연구자로 지내기로 했을 때, 동아시아라는 말은 시간/공간, 주체/타자, 근대/탈(반)

근대, 국가/지역, 이론/역사 등, 내가 알고 있다고 생각하고 소중히 여기던 개념들과 활발히 반응했으며, 반응 이후에 그 개념들은 빛깔이 달라졌다. 그때의 감상을 지금 그대로 떠올리긴 어렵지만 저 큰 개념들, 추상명사들이 뭐랄까 생생해졌다. 동아시아를 화두로 만난 뒤 나는 공부하는 감각을 바꾸고, 그간 무장해왔던 말들, 갑옷 같은 말들로부터 나를 해방시키고 대신 자신의 고유한 표현을 벼리고 싶어졌다. 유물론, 탈구조주의, 생체권력, 상징계, 차연, 시뮬라크르, 세계화, 훈육사회, 위험사회, 호모 사케르. 갑옷 같은 말들은 유동하는 바깥 세계와 낯선 대상으로부터 혼란을 겪지 않도록 나를 보호하지만 나의 사고력을 짓누르고도 있었다. 나는 사변적 성향이 강해 이 이론, 저 개념들을 차근차근 쟁여놓는 걸 공부로 여겼다. 컴퓨터 속 파일명의 다수는 그 목록이었다. 동아시아는 그것들과 달랐다.

그런데 추상명사도 아닌 말이 어떻게 화두가 되었을까. 역시, 인연 조건을 말하지 않을 수 없다. 동아시아를 모종의 문제의식이 감도는 말로 접하던 시기, 나는 연구자들의 공동체인 수유너머에서 공부했고, 이 말을 입에 담는 분들이 매력적이었다. 우리에겐 수십 명의 일반회원 모두가 참여하는 케포이필리아라는 세미나가 있었는데, 동아시아 편 때 대단한 수준의 논의가 오가고 있다고 느꼈다. 고수들의 바둑을 보면 바둑돌이 이리저리 얽혀 있는 치열한 접전 중에 한 수 한 수가 놓일 때마다 판 전체가 뒤집어졌다가 다시 뒤집어지곤 한다. 집중해서 보고만 있어도 식은땀이 흐른다. 케포이필리아의 그때 공기는 무겁고 뜨거웠다. 동아시아의 제국, 식민 지배, 총력전, 적대, 균열, 갈등, 연대, 소수자, 차별, 문명, 근대성, 민족주의, 국민감정, 역사 기억, 탈국경화, 패권 경합, 권역화. 발언을 하려면 지식을 활용할 뿐 아니라 자신의 무언가를 걸어야 했으며, 감정선을 타고 나와야 했다. 그 자리에 계셨던 분들. 고미숙, 이진경, 이희경, 정선태, 길진숙, 류준필, 이정훈, 권보드래, 박성관, 권용선, 손기태, 이수영, 김영진, 고봉준, 문성환, 이은봉, 고병권, 한영주, 이마마사 하지메, 최정옥, 진은영, 김경희, 이차원, 손애리, 윤영실, 윤혜진, 손유경, 문경연, 이승원, 김태환, 이종영, 최진호, 장보혜, 이경근, 최진석, 정정훈, 박동범, 현영종, 한경애, 정여울, 오선민, 신지영, 황희선, 최순영, 김신재, 김선화 그리고 현민과 만세. 선배와 동료들이 열정적으로 발언하는 저마다의 모습을 지금도 떠올릴 수 있다.

당시 수유너머는 일본의 이케가미 요시히코池上善彦, 중국의 쑨거孫歌, 대만의 천광싱陳光興, 미국의 사카이 나오키酒井直樹 등 동아시아 지식인들이 서울에 오면 들르던 방문지였다. 그분들이 찾아와서 발언하면 제대로 이해할 수는 없었지만, 대단히 독특하고 첨예한 내용 같았으며, 무엇보다 정말 좋은 사람들 같았다. 좋은 사람들이 하는 이 공부는 좋은 공부일 것 같았다. 이 공부를 하는 사람들이 좋은 사람들이니 이 공부는 믿을 만하다, 나도 해보자 식의 동선은 이후 커먼즈 연구자가 될 때도 이어졌다.

그리하여 동아시아 공부가 시작되었다. 한동안 누군가가 내게 "무엇을 공부하세요"라고 물으면 '동아시아'라고 답했다. "요즘엔 ○○○을 읽고 있어요", "○○○에 관한 자료를 찾는 중이에요"라는 식의 지난 대답보다 더 오래갈 뿌듯한 답변이었다. 하지만 상대가 구체적으로 동아시아의 어느 시대, 어느 지역을 다루느냐고 물으면 더 이상 답하지 못했다. 왜냐하면 동아시아는 내게 목적어가 아니었기 때문이다. 즉 동아시아를 공부한다기보다 동아시아라는 지평에서 공부한다는 의미였기 때문이다.

내게 동아시아는 지역명이나 지리적 범주만을 가리키지 않았다. 당시 한국 학술계에서 동아시아가 회자된 것도 지리적 범주 이상의 의미를 지녔기 때문이다. 동아시아는 구성해야 할 제도적 권역의 이름이기도 했고, 때로는 자본주의-국가주의-패권주의를 넘어서는 이념적 가치를 띠기도 했다. 앞으로 구상해야 할 미래상인 '기획의 동아시아'가 있다면, 해결하지 못한 역사적 과제와 얽힌 '기억의 동아시아'도 있었다.

내게 동아시아는 지식 행위를 되묻기 위한 장, 논리와 실감 사이의 괴리를 사고하기 위한 장이었다. 일본 네트우익의 준동, 영토 문제를 둘러싼 한국과 일본 국민 감정 간의 대결적 양상, 일본의 중국문학연구자인 다케우치 요시미竹內好의 루쉰 독해, 제주 4·3과 대만 2·28에서의 백색 테러, 한미동맹과 북중동맹의 비대칭성, 홍콩의 민주화 시위 등. 동아시아에서 살아가면서 동아시아를 이해한다 함은 자기가 포함된 타자 인식에서 출발하지 않을 수 없다. 인식 주체와 대상 혹은 타자가 매개 없이 동떨어져 있는 게 아니라 유동적인 상황에서 한데 얽혀 있다. 따라서 대상에 대한 인식은 대상을 거쳐 내게로 되돌아온다. 그런 의미에서 지식의 윤리성을 시험하는 지평이라고 여겼다.

번역 공간으로서의
동아시아

동아시아를 화두로 삼은 10년간은 번역자로서 활발히 지냈다. 한 해에 번역서 한 권 정도의 꾸준함을 지키려고 했다. 번역에 관한 문제의식이 많았고, 그 문제의식은 동아시아 연구에 투영되었다.

번역자는 경험을 통해 알고 있다. 어떠한 번역도 이쪽의 언어를 투명하게, 등가로서 저쪽으로 옮길 수는 없다. 마찬가지로 현실에서는 이쪽 맥락에서 선한 동기와 정당한 주장이 저쪽 맥락에서 옳거나 좋은 결과를 보장해주지 않는다. 하지만 언어의 불투명성, 의미의 호환불가능성으로 인해 번역은 기술에 그치지 않는 사상적 영위일 수 있듯이, 한 개체가 의도한 윤리적 행동의 결과가 굴절될 수 있기에 인간은 윤리적 존재일 수 있다. 아울러 거기서 모어 사회의 가치체계를 절대시해선 안 될 이유가 생겨난다.

그런 맥락에서 보자면, 동아시아는 역사 기억, 영토 문제, 근대화를 향한 각축 가운데 각 사회 사이에 적대성이 어지러이 깔려 있다. 동아시아는 국민감정의 충돌, 기억의 항쟁, 상호 이해의 간극으로 점철되어 있다. 동아시아 국가들은 유럽처럼 힘을 모아야 한다는 주장이 나온 지 오래되었지만, 동아시아 각국의 착종된 역사 관계와 현실의 적대성, 그리고 규모의 비대칭성에서 빚어지는 균열로 말미암아 의미 교환조차 등가적이지 않으며 연대는 요원하다. 민족이란 말을 생각해보더라도 각 사회마다 의미와 용례, 민족 문제의 사회적 양상은 사뭇 다르다.

그렇기에 번역적 실천이 필요하다. 전쟁이건 식민주의이건 민족주의이건 근대화이건 간에 한 사회에서 올바른 주장, 일국의 논리가 다른 사회에서 그대로 통하지는 않는다. 그렇다면 의미의 표면적 유사성에 기대어 섣부른 공감을 꾀할 게 아니라, 맥락의 전환에서 발생하는 문제에 대하여 민감한 의식을 길러야 한다. '네이션'이란 그것이 민족, 언어, 문화 등 무엇으로 구성되든 간에 그 안에서라면 가치판단이 공유되리라고 가정되는 단위다. 번역적 실천은 바로 이 네이션 감각에 파열을 낸다. 그때의 동아시아란 내게 맥락의 전환을 거치면서 개척해가야 할 인식의 지평, 국민국가들의 집합이 아니라 번역 공간이었다.

쓰기 공간으로서의
동아시아

동아시아는 쓰기 공간이기도 했다. 글을 쓸 때 한동안은 동아시아를 살았거나 살아가는 사람들을 독자로 떠올렸다. 석사논문을 제출하고 자신에게 주는 졸업 선물로 멕시코 여행을 하는데 이런 생각이 들었다. 만약 내가 멕시코인으로 태어나 스페인어로 글을 쓴다면, 글 쓰는 감각이 어떻게 달라졌을까. 자국인만을 독자로 상정하지는 않을 텐데. 페루인, 칠레인, 스페인인이 읽을 수도 있고 미국에서 거주하는 히스패닉도 읽을 수 있겠지. 그렇다면 집필할 때 환기되는 세계의 반경이 달라질 텐데. 나는 한국어로 글을 쓰며 한국어 사용자 중 누군가가 읽으리라고 막연히 생각하지만, 가령 중국의 조선족이나 일본의 재일조선인이 읽으리라고 의식한 적은 거의 없다. 실제로 읽히는 일도 없을 테고. 결국 남한이라는 한정된 범위에서 의식이 은연중에 영향을 받으면서도 이를 의식조차 못한 채 쓰고 있을 것이다.

　그런데 동아시아 연구자로 지내는 동안은 조금 다른 독자상을 떠올렸다. '쓰기 공간으로서의 동아시아'에는 한국인만이 아니라 중국인, 일본인도 독자로서 들어와 있다. 일본인이라면 다케우치 요시미만이 아니라 다니가와 간谷川雁, 후지타 쇼조藤田省三 같은 사상가가 내게는 중요한 인물이다. 나는 쓸 때 이런 상황에서 "다케우치 요시미라면", 다음 문장을 "후지타 쇼조라면"이라고 자문할 때가 있다. 이들은 모두 세상을 떠난 인물이지만, 내가 한국어로 써낸 글이 일본어로 번역되어 그들이 읽으면 어떻게 반응할까, 이런 공상을 했다. 다케우치 요시미의 유족이신 다케우치 히로코나 텐트연극을 하는 모리 미네코, 히토츠바시 대학에서 만난 또래 친구 야마오카 켄지로처럼 교류하는 지인을 떠올릴 때도 있다.

중국이라면 내가 아는 구체적 중국인은 쑨거 선생이 유일하다. 일본사상사를 전공하시고 '지知의 공동체'라는 중일 지식인 간 교류의 장을 이끄셨다. 선생의 책을 몇 권 번역했다. 내게는 쑨거 선생 이외에 학계 바깥의 사람들을 만나 그들로써 형성되는 실감의 공간이 필요했다. 2013년 중국사회과학원 소속 신분으로 반년간 중국에서 체류했을 때 거대한 변경으로 다녔다. 내몽골, 신장 위구르, 티베트 그리고 마지막이 연변 지역. 피상적 만남에 그쳤지만, 다른 지방에서 다른 민족으로서 다른 직업을 갖고 살아가는 그들을 만난 것은 당시 중국 체류의 가장 큰 소득이었다.

그렇게 책으로, 교류로, 여행으로 만난 사람들 가운데 각인된 몇몇이 각각 하나의 별로서 존재해 형상화되는 성좌가 내게는 '쓰기 공간으로서의 동아시아'다. 별자리의 별들은 모두 다른 시간 속에서 출현했으나 서로 이어진 듯 함께 빛난다. 그리고 별 하나가 바뀌면 별자리 전체가 바뀐다. '쓰기 공간으로서의 동아시아'에는 역사적 인물도 지금의 지인도 들어와 있으며, 누가 의식되느냐에 따라 그때그때 달라진다.

그들의 존재는 문장을 써나갈 때, 특히 동아시아 인식에 관해 쓸 때 그 글이 빈소리가 되지 않도록 표현을 고르게 하는 중력으로 작용했다. 물론 그 글을 써냈다고 그들이 실제로 읽을 일은 없다. 다만 동아시아 연구자였던 시기, 사고하고 표현하기 위해 나는 그들을 잠재적 독자로서 불렀다.

토론을 위한
토론문

박사논문 최종심사를 앞두고 「토론을 위한 토론문」을 써서 발표했다. 이제 정말 길었던 학생 시절이 끝나가고 있었다. 초등학교 입학으로부터 셈한다면 근 30년을 학생으로 지냈다. 마지막 10년간은 박사과정생으로 소위 학계에 발을 들여놓았다. 이 글은 졸업하면서 학계에 보내는 나름의 선물이다. 박사논문이 학계에 보탬이 된다면 좋겠지만,

소수의 사람만이 그런 논문이 있음을 알 테고 과연 보탬이 될지도 자신하기 어렵다. 대신 나름의 선물이라며 「토론을 위한 토론문」을 썼는데 결국은 학계를 향한 쓴소리였다. 다만 나로서는 자신이 살아가는 동네를 좋게 가꾸고 싶은 심리 비슷한 것이 작성 동기였다.

가장 먼저 꺼낸 이야기는 토론회에 관한 것이다. "최근 여러 일로 바빠서 발표 준비를 제대로 못 했습니다." 나는 이런 표현을 학회 자리에서 종종 들었다. 발표자는 어떤 사정이 있어서 발표 준비를 제대로 못 했나 보다. 그렇더라도 저 발언을 하지 않았더라면 청중으로서 고마운 일일 텐데, 굳이 저렇게 운을 뗀다. 듣는 나는 벌써부터 김이 샌다.

자, 한쪽에는 무능력, 한쪽에는 불성실이 있다. 무엇을 고를 텐가. 발표자는 대체로 불성실을 고른다. 저 발언은 '바쁘지만 않았더라면 발표 준비를 제대로 할 수 있었다'를 전제하고 있다. 그래서 저 발언은 "우리 애는 머리가 나쁜 게 아니에요. 공부를 안 해서 그래요"라던 엄마 심리의 연장처럼 들린다. 우리 애는 공부머리를 다 사용하지 않았고, 이날 발표자는 능력을 다 꺼내지 않았다. 나는 시간 제약 속에서 얼마만큼 준비할 수 있는지야말로 능력의 문제라고 생각하지만, 발표자는 (시간 제약에 따른 불가피한) 불성실로 처리한다.

청중으로 앉아 있는 나는 발표자가 무능력이 아닌 불

성실을 택할 때 기대치가 낮아진다. 어떻게 공부하는 사람들이 청중으로 모일 자리에 불성실하게 올 수 있지. 그런데 청중으로서 나는 저 발언을 자주 들었다. 한국 학계에서는 양해의 영역이라 할 만큼 일반화되어 있는 듯했다. 그리고 청중인 내게는 거슬리는 저 발언이 현장에서는 그다지 문제시되지 않는 듯했다. 그러니까 거의 관용어구처럼 번번이 등장할 수 있는 것이다. 그건 행정 업무, 연구소 일, 논문 마감 등 발표 준비를 하기 어려웠던 피치 못할 사정을 이해해서라기보다 토론회 자체에 대한 참가자들의 기대치가 이미 낮아서라고 보였다.

더구나 토론회의 형식 자체가 토론으로 발전할 여지를 사전에 차단하는 것 같았다. 대학에서 열리는 토론회에 가보면 발표자 한 명에 토론자 한 명을 대응시키는 식이 많다. 이때 발표자는 발표만 하고 토론자는 지정된 발표문에 대해서만 토론한다. 발표자가 토론자의 발언에 답변을 하는 게 아니라 물음을 보태 토론을 더욱 확장하거나 토론자가 지정되지 않은 발표자에게 말을 건네면 결례다. 이런 식이라면 토론회보다 논평회에 가까워진다. 학술대회라면 이런 형식이 효율적일지 모르겠지만, 토론회에서는 토론하지 않기 위한 형식에 가깝다. 여러 발표자와 지정 토론자 사이에서 순서대로 논평이 오가봤자 공동의 논점이 형성되지 못한다. 토론회라면 일대일 대응보다는 방사 형태혹은 교차 형태가 바람직해 보인다.

그런데 대학에서 열리는 토론회는 대체로 행사이며, 행사에는 사람을 여럿 불러야 하니 정작 토론은 기대하기 어려워진다. 발표–질의–답변으로 끝나는 한 차례의 논평을 토론으로 부르지 않는다면 말이다. 하루짜리 행사라면 보통 아침부터 저녁식사 전까지를 세 섹션으로 나누고 한 섹션에 세 명의 발표자와 토론자를 배치한다. 그나마 전체 토론을 집어넣으면 산술적으로 발표시간 20분, 토론시간 5~10분이다. 이런 테일러식 논평회로는 이미 토론은 글러 먹었다. 화제는 30분 단위로 바뀌니 시간이 지날수록 쌓이는 것은 논점이 아니라 피로감이다. 강행군이지만 '사유의 경제'라는 점에서 볼 때 오히려 비생산적이다. 토론회가 워크숍, 세미나, 포럼, 심포지엄, 콘퍼런스, 컬로퀴엄으로 명칭이 화려해질수록 끝나고 나서 머리는 몽롱하고 몸이 지쳐 있을 공산은 크다. 지친 자들은 뒤풀이를 기다린다.

　　시간에 쫓기다가 끝나갈 무렵 좌장은 "혹시라도 꼭 해야 할 질문이 있으시다면"이라고 청중에게 발언 기회를 주는 듯하지만, 정말 손을 든 용자라면 자신의 눈치 없음을 상쇄할 만큼 매력적인 발언을 짧게 하는 편이 좋다. 드디어 좌장은 "못 다한 이야기는 뒤풀이에 가서 하자"라며 폐회를 선언하지만, 뒤풀이에서 토론을 이어가면 이것도 결례다. 그제야 활력이 도는 걸 보노라면 토론회는 뒤풀이의 사전 행사일까 싶을 정도다.

　　「토론을 위한 토론문」에서는 그 밖에 고유한 문체를

사장하는 논문식 글쓰기, 학계에서 신분에 따른 소속 밝히기, 연구업적을 위한 공저 만들기 등의 관행들에 대해 겪은 만큼 비판했다. 학계에 대한 비판의식만큼은 박사논문 작성의 긴 터널을 가까스로 빠져나오려는 시기의 연구자가 가장 출중하지 않을까. 마지막 문장은 이랬다.

나는 이제야 대학원을 졸업하는 아마추어 연구자다. 하지만 누군가가 이 문제 제기를 두고 학계가 돌아가는 사정도 모르고 떠드는 풋내 나는 소리라고 일축한다면, 나는 지식계를 위해 그에게서 구린내를 맡을 것이다. 이런 글은 누군가를 불편하게 만든다. 알고 있다. 이런 글이 불편하다면 불편하기를 바란다. 자꾸 이런 삐딱짓을 하면 발표하라고 부르지도 않고 공저에 껴주지도 않을지 모른다. 그건 두렵지 않다. 나는 여전히 관심 있는 주제의 토론회에 가서 앉아 있고 책을 사보며 청중과 독자로서의 권리를 행사할 것이다. 열심히 듣고 읽고 문제를 제기할 것이다.

그런데 정작 이런 글을 발표해서 불편해지는 것은 나 자신이다. 가장 두려운 것은 누군가가 이 글을 가지고서 나를 비판하는 일이다. 글은 이렇게 써놓고 너는 왜 그러느냐고. 비판을 받아야 한다면 비판을 해주길 바란다. 그 비판이 나로서는 두렵지만 필요하다. 이제 학교를 졸업하니 일을 구해야 할 것이다. 연구업적도 채워야 할 것이다. 그런데도 나는 책과의 밀약을 지킬 수 있을까. 설령 운이 좋아 취직하더라도, 나는 업무에 치이면서도 매번의 토론에 성실히 임할 수 있을까. 그때 이 글을 괜히 썼다고 후회할지 모른다. 그때 누군가가 이 글을 들춘다면 민망해질 것이다. 그때 민망해지기 위해 이 글을 쓴다. 그런 의미에서 이 글은 무엇보다 나 자신에게 주는 졸업선물이다. 이 졸업선물을 나중에 누구로부터 건네받게 될지는 모르지만 말이다.

학위논문을 제출했다. 이제 어디로

2015년 2월, 박사논문을 제출했다. 지도교수이신 정근식 선생은 "여일이는 책은 내는 녀석이 논문은 쓸 줄을 몰라"라며 종종 핀잔하셨지만, 선생님 어찌저찌 끝냈습니다. 그런데 이제 뭘 해야 할까요.

박사학위를 받으면 박사가 되지만, 그건 학생 신분이 사라진다는 뜻이기도 하다. 이제 어떻게 할까? 공부하는 삶을 이어가고 싶은데, 어디서 어떻게? 박사논문을 마무리할 무렵부터 고민했다. 논문을 쓰며 내 몸은 많은 대가를 치렀다. 불면증과 소화 불량에 피부까지 벗겨졌다. 대학에서 강의를 하고 싶지는 않았다. 학술논문도 쓰고 싶지 않았다. 이 상태로 강의 자리를 알아보고 논문을 준비하다 보면 공부의 의욕이 꺾일 것 같았다.

허들을 넘는 삶에서 일단 떠나자. 애초 나는 무얼 하길 원했던가. 공부하고 싶다. 앎의 즐거움을 느끼며 살고 싶다. 이 무렵은 수유너머도 떠난 때였다. 학부 3학년인 2000년에 들어간 이후 13년간 수유너머에서 공부했다. 수유너머를 쫓아 이사를 가고, 수유너머에서 있으려고 대학원 수업도 되도록 하루로 몰았다. 수유너머를 떠난 뒤로도 저자 소개에 "수유너머의 일원이었다"라고 적은 것은 커다란 지적 영감과 자원을 얻었기 때문이다.

개인적 차이는 있겠지만, 수유너머의 회원이었던 사람들은 세포 깊숙이 잠든 지적 열정을 깨운 경험이 있을 것이다. 열심히 책을 읽고 세미나를 여러 개 하지만, 지식이 늘어간다는 건 남들의 관념을 기성복으로 삼아 여러 벌 껴입는 것에 불과할지도 모른다는 불안감이 엄습하기도 한다. 지식을 이것저것 추구하다가 어느새 회색지대의 나른함에 빠지거나 무엇을 왜 공부하려 했었더라 싶을 수도 있다. 그런데 수유너머는 지식을 얻는 곳일 뿐 아니라 지식을 적용하고 쇄신시켜야 할 현장이었다. 우리는 공부하는 삶을 위한 공간을 함께 꾸렸고, 그곳에서 끊임없이 발생하는 문제들에 대처하기 위해 지식의 용법을 시험해야 했다. 지식은 먼 데 있는 문제를 설명하기에 앞서 당장 겪는 문제를 풀어가는 데 쓰임새를 발휘해야 했으며, 그로써 지식 행위는 생명력을 얻는 듯했다. 비록 수유너머는 떠났지만, 공부하는 그 생생함을 되찾고 싶다.

그리고 쓰고 싶다. 제대로 작가가 되자. 세상에 알고 싶은 것들은 많지만, 다 읽을 수는 없다. 읽는 시간을 줄이고 쓰는 시간을 되도록 늘리자. 당분간은 쓰기 위한 것들만을 필요한 시기에 읽자. 그리고 떠나자. 여행하자. 석사 논문을 제출하고 나서 증명한다, 축적한다는 지식 행위에 대한 반발로서 월간지 『인물과 사상』에 2년간 여행기를 연재하며 돌아다닌 시기가 있다. 경험에 기초한 글, 실감 어린 글, 사색적인 글을 써보고 싶었다. 여행기를 쓰려면 타지에서 겪은 일을 독자에게 전해야 한다. 경험은 순간 발생했다가 지나가기 마련인데 어떻게 시간의 흐름에 견딜 수 있는 형태로 가공할 수 있을까. 특히 타지에 나갔을 때의 경험에는 언설의 영역에서 포착하기 어려운 감각들이 개재되는데, 어떻게 그것을 놓치지 않고 거기서 구체적인 사유의 단서를 발견할 수 있을까. 여행기가 배경지식을 함부로 남용하는 식이거나 풍경의 서툰 묘사, 장황한 체험담, 설익은 감상의 진열장이 되지 않으려면, 여행 작가는 개체의 체험이 지니는 구체성을 소중히 다루되 사변적이거나 상투적인 언어로 자신의 경험을 치장하지 않으면서 자신에게만 밀착되는 게 아니라 타인과 공유할 만한 요소를 품도록 표현을 일궈내야 한다.

여행기를 연재하며 '지식의 육체성'이란 개념을 생각

했다. 지식은 지적 주체에게 육체적 체험으로 다가와야 살아 있는 것일 수 있다는 의미이며, 아울러 지식은 자신의 육체성으로 말미암아 시간과 사건에 노출되어 상처 입고 흔적을 남기고 때로 부패하며 그렇게 변해간다는 의미이기도 하다. 지적 주체는 지식과 개념 세계의 유한성을 자각해야 하며, 지식은 지적 주체의 감각으로까지 내려가는 자기검증을 거치지 않는다면, 아무리 개념의 성을 쌓아올린들 사상누각일 따름이다. 나는 진정한 체험에 육박하는 글쓰기를 하고 싶었다. 그게 여행기가 줄 수 있는 사고의 실험이자 쓰기의 훈련이었다. 그 시절의 글쓰기 경험을 다시 원했다.

한편 여행자는 자신의 일상을 떠났지만 타인의 일상 곁에 잠시 머물러 삶을 지속한다. 여행에는 일상으로부터의 일탈과 일상으로의 인접이 공존한다. 여행에서는 자신의 삶과 타인의 삶이 겹쳐지고 자신이 타인에게 의존해야만 살아갈 수 있다는 사실을 좀 더 뚜렷한 형태로 체험하기에, 일상에서 무신경하던 영역을 들여다볼 기회를 얻는다. 이번에는 여행하듯 일상을 보내자. 계속 이동하는 게 아니라 부유감과 생활감각이 공존하는 타지살이를 해보자.

교토행과 화요회

교토행을 마음먹었다. 나는 어디서 지내길 원하며, 누구와 어울리길 원하는가. 교토의 도시샤대학 글로벌스터디즈연구과에는 도미야마 이치로冨山一郎 선생이 계시다. 수유너머 시절 뵙게 되었다. 내가 소장한 오키나와에 관한 그의 저서 『전장의 기억』과 『폭력의 예감』은 여기저기 밑줄이 그어져 있고, "옆에서 일어나는 일이지만 이미 남의 일이 아니다" 같은 문장 곁에는 메모가 남겨져 있다. 도미야마 선생의 강연을 몇 차례 들었는데, 질문보다 대화를 해보고 싶은 충동이 일었다. 더구나 선생은 참 자상하시다. 미소 지어주시면 격려가 된다. 선생의 곁에 있으면 왠지 깊어지고 누긋해진다. 교토로 가자. 여행하듯 얼마간 들떠서 생활하자. 토론하는 즐거움을 되찾자. 도미야마 선생이 하시는 화요회에 참가하자.

화요회. 주에 한 차례 정기적으로 모인다는 것 말고는 지향이 전혀 드러나지 않는 모임명. 도미야마 선생은 대학 공간에서 화요회를 10년 넘게 꾸려오셨다. 도시샤대학 소속의 제자들만이 아니라 여러 대학의 여러 전공생들, 대학 바깥의 다양한 활동가들, 교토에서 연구하는 외국인들이 모인다. 정해진 참가 자격은 없고, 매주 성원이 바뀐다. 내가 참가하던 시기는 화요일이 아닌 수요일이었는데, 우선 오후 1시경에 모여서 네 시간 동안 두 명의 발표와 전원 토

47

론이 진행된다. 각자의 발표시간은 한 시간으로 일반 학회보다 훨씬 길다. 그리고 각각 한 시간씩 토론. 여기까지가 공식 일정이다.

5시경에는 일단 마치고 세미나실에서 도미야마 선생의 연구실로 자리를 옮긴다. 와인과 사케는 보통 구비되어 있고, 몇 명이 장을 보러 가서 안주와 끼니를 때울 삼각김밥 같은 걸 사 온다. 연구실에는 술 마실 때 쓰는 테이블보가 있다. 그렇게 두 시간 정도 파티하듯이 토론을 이어간다. 대화 상대자가 마구 뒤섞이는 시간이다. 연구실로 불리는 공간 입장에선 뿌듯할 것 같다. 7시 정도가 되면 걸어서 10분 정도 거리의 가모가와 강변에서 제대로 마신다. 이 무렵이 되면 술도 들어갔겠다 일본어가 한결 수월해진다. 입이 풀린다. 그러다가 정신 차리면, 숙소 침대 위였던 적이 있다. 감사하게도 누군가가 데려다주셨군. 꼬박 12시간을 듣고 떠든 날도 있다.

매주 하루, 앎을 매개로 해서 낮에 우연의 공동체가 생겼다가 밤에 사라진다. 화요회를 하는 수요일이 내게는 일요일 같았다. 한 주의 주기가 되는 날. 수요일만큼은 몇 주 전이라도 뭘 했는지 기억할 수 있다. 반가운 얼굴들이 모이고 새로운 얼굴도 보인다. 발표가 시작된다. 종이 위에 이것저것 한국어로 메모하며, 어떤 단어들은 일본어 발음을 찾아둔다. 토론이 시작된다. 떠듬떠듬 횡설수설 일본어로 말한다. 나 스스로도 정리 안 되는 발언을 다들 이해하

48

려 애쓰며 들어준다. 말의 감촉. 이 표현을 도미야마 선생은 종종 쓰시는데, 화요회에서는 꺼내는 말도 있지만, 말이 끌려나오는 느낌도 받는다. 화요회는 말의 그릇 같다는 인상인데, 거기에 들어가 여럿이 어우러져 있다보면 그릇이 데워지고 말의 충동이 달아오른다. 내가 한 말이긴 한데, 그 열기에 끌려 나와버린 말 같다. 도미야마 선생은 이러한 관계성과 집단성을 대학 안에서 10년 넘게 구현해오셨다. 화요회를 거쳐 간 사람들은 모처럼 화요회 소식을 들으면 그리움과 두근거림 속에서 어떤 말의 정경을 떠올릴 것이다.

외국어로 말하기의
사고 체험

화요회에서 말의 충동에 이끌려 일본어였음에도 열심히 떠들었다. 그런데 한편으로는 한국어가 아닌 언어였기에 더욱 말해보고 싶은 마음도 생겼다. 외국어로 말한다는 건 분명히 사고와 표현의 역동적 계기다.

전에 2년간 도쿄에서 생활한 적이 있었지만 한참 지나서 교토에 왔고, 일본어로 말하는 게 여전히 서툴렀다. 잠을 이루지 못하는 날들이 많았다. 낮에 일본어로써 제대로 꺼내지 못한 표현들이, 잠을 청할 무렵 의식이 내리누르는 무게가 가벼워지면 몽롱한 가운데 불쑥 튀어나와 한국어와 뒤섞여 자꾸 뒤척였다. "아! 아까 이렇게 말해야 했는데." 또한 한국어로 생각하고 일본어로 말하다 보니 표현 욕구도 달라졌다.

모국어인 한국어로 말할 때면 머리와 입과 몸짓 사이의 간극은 외국어로 말할 때보다 크지 않다. 머리에서 떠오르는 대로 표현을 구사하고 몸도 자연스럽게 따라간다. 말을 섣불리 꺼냈다 싶으면 어찌저찌 수습할 수 있고, 추상적인 말들을 늘어놓다가도 순발력 있게 사례를 가져와 어렵잖게 공감대를 형성할 수 있다. 외국어로 말할 때는 그렇지 않다. 어떤 추상적 개념을 알고 발음할 수 있더라도 그 개념의 언저리를 표현해내지 못하면, 그 개념에 담으려던 내 감각은 상대에게 좀처럼 전달되지 않고 개념은 개념인 채로 허공에 뜬다. 더구나 익혀둔 어휘가 많지 않은 상황에서 구사할 수 있는 표현이란 빈약한 어휘들의 조합이니, 말이 길어지면 비약도 쌓인다. 일단 말문을 열었지만 좀처럼 수습되지 않고, 알고 있는 어휘들을 밟아 어렵사리 의미의 강을 건너가본들 애초 의도와는 다른 곳에 도착해 있곤 한다. "어라, 이 말을 하려던 게 아닌데."

시간이 지나며 일본어로 말하는 게 서서히 나아졌다. 덜 부담스러워졌다. 그런데, 그게 좋기만 한 것일까. 쥐어짜내야 힘겹게 전할 수 있었던 표현들이 어느새 입에 붙으면 외국어 실력은 늘어난 셈이나, 외국어로 경험해야 했던 날것의 피부감각은 잊히고 만다. 일본 생활 초기에는 일본어로 수 시간을 내리 떠들면 얼굴 근육에 경련이 일고, 힘이 부치면 혀는 헛돌고 머리는 뜨거워지고 이어나갈 다음 말은 영 떠오르지 않았다. "오늘은 일본어로 그만 말하고 싶어." 이제 그 단계가 지나 문장을 떠올리려고 미간을 찌푸리지도 않고, 다른 사람이 갑자기 말을 건네도 덜 긴장한다.

이러한 경험은 개념으로 세계를 분절하고 구성하고 이해하는 학문의 영역에도 적용할 수 있지 않을까. 가령 애초 생경했던 어떤 학술적 개념은 점차 익숙해지면 이윽고 능란하게 구사할 수 있는 무기가 된다. 하지만 그 과정에서 따르는 의도치 않은 손실도 있지 싶다. 그 개념과의 긴장관계를 잃어버려 그 무기가 사고를 다듬기보다 안이하게 만드는 데 쓰일 수 있는 것이다. 그 개념에 적당히 의존해 스스로 치밀하게 사고하지 않고 넌지시 넘어가는 것이다. 외국어로 말해야 하는 조건에 있다보니 이런 생각이 들었다. 외국어 능력의 제약이 내게 안기는 그 간절함, 상대에게 내 생각과 감각을 어떻게든 전하고자 애쓰는 그 간절함에 비하건대, 익숙한 모국어를 활용할 때면 적당히 표현의 관성에 맡겨도 상대방이 알아듣겠거니 여기는 어떤 사고의 안이함에 젖는 건 아닐까.

아침의 번역부터

2015년 3월, 교토 생활을 시작했다. 숙소는 도시샤대학 내 100년 넘은 서양식 문화재 건물 2층의 방 한 칸이었다. 아모스트관이라고 불렸는데, 도시샤대학 설립자인 선교사 애머스트를 기념하는 공간이라고 했다.

이 건물에 머무른 1년 동안, 나 말고 한 달 이상 체류한 투숙객은 없었다. 방문연구자용으로 마련된 신식 맨션이 있는데 잘못 배정받은 것이다. 메이지기에 지어진, 붉은 벽돌에 방만 열 개가 넘고 길게 이어진 나무 복도는 삐걱대고 창문은 위로 힘주어 들어올려야 하는 네오 고딕 양식의 건물에서 나는 홀로 유럽의 밤을 보냈다. 1층 주방에서 라면을 끓이다가 문화재 관리인과 마주치면, 잘못 배정받은 게 내 탓은 아니지만 왠지 그분만 있어야 할 공간을 침범한 것 같아 민망했다. 이 건물은 안으로 들어오는 방문객이 거의 없어 꿀보직 같았다. 그러다가 한 번은 주방에서 라면을 서서 흡입하는데 단체 관광객이 들어오는 바람에 얼어붙었다. 그래도 관리인이 떠난 늦은 시간엔 1층의 파티룸을 친구들과 몰래 활용할 수 있었다. 길만 건너면 천황과 황후의 옛 거처인 고쇼御所가 있어 밤에 달리러 갔다.

교토 생활에서는 하루하루를 달리 쓰고 싶었다. 박사논문 작성 시기에는 박사논문만 생각한다고 진도가 매일

나가는 것도 아닌데 다른 작업을 벌이기도 어려워 그다지 효율적이지 않은 시간을 보냈다. 한 가지 작업에 집중할 수 있는 양질의 시간은 하루 안에서 그리 길지 않다. 그래서 시간을 효율적으로 쓰려면, 하루를 나눠 두세 가지 작업의 진도를 안정적으로 나가는 편이 나을 것 같았다.

아침에는 번역을 했다. 그동안 번역은 주로 여행을 다니며 했다. 호텔에서든 기차에서든 원서와 노트북, 전자사전만 있으면 가능해서다. 내게 영감을 줄 거라고 기대하는 책을 번역했고, 여행하며 그 책을 매일 대하고 있으면 여행의 체험도 풍부해졌다. 번역할 책을 읽으며 얻은 단상과 그날 여행의 체험이 맺어지면, 여행기의 소중한 글감으로 이어지기도 했다.

교토에서는 매일의 일상에 번역을 두기로 했다. 이는 타지 생활에 안정감을 줬다. 아침에는 번역을 하고, 점심에는 평론을 쓴다. 사회적 현상이나 동향에 대한 비평적 접근으로 대략 A4 10장 내외이며, 보통 두세 달 안에 작성해 잡지에 발표한다. 그런데 평론은 내면에서 차올라 쓰긴 쓰지만 그게 과연 마무리될지, 마무리된들 쓰임새가 있을지 자신할 수 없다. 그러나 번역은, 타인의 글을 옮기는 일은 가치 있다는 확신을 갖고 있다. 가치 있다고 확신하는 타인의 글을 번역하기 때문이다. 그래서 하루를 번역으로 시작하면 그 하루가 아침부터 그만큼은 유의미해지며, 점심부터는 얼마간 마음을 놓고 자신의 글을 시도해볼 수

53

있다.

저녁에는 책 작업이다. 5년 정도 지나면 나오겠거니 느긋하게 작업하는 긴 호흡의 원고를 이것저것 손댄다. "이 책은 1년 안에 내야 해." 이렇게 기한을 촉박하게 잡으면 마음이 쫓겨서 다른 구상들은 뒷전으로 밀려날 것이다. 졸업도 했으니 이 정도의 정신적 여유는 허락해도 되겠지. 그런데 이렇게 하루를 세 구간으로 나누어 작업하니, 하루 안에서 새어나가는 시간이 줄어들었다. 또한 과거 타인이 쓴 글을 번역하는 것으로 시작해 미래의 내 책으로 시간대를 옮겨가는 동안 예상치 않은 소득도 생겼다. 아침에 번역한 평론가 다케우치 요시미의 문장이 점심에 평론을 쓰는 데 심정적 버팀목이 되고, 저녁의 책 작업에서 착상으로 되살아나기도 한다.

이런 하루하루를 고대했다. 이렇게 지내려면 생활이 단조로워야 한다. 하루를 큼직하게 나눠 쓰려면 그 밖의 자잘한 일들로 쪼개져서는 안 된다. 그러나 학생 신분이 끝나 더욱 불안정한 상태가 되었으니 이대로 서울에 있다가는 휘둘릴 일들이 계속 생겨날 것 같았다. 신경 쓸 일들에 신경 쓰는 일은 일단 뒤로 미루고 싶었다. 당장은 이런 하루하루를 보내고 싶었다.

산맥의 모임

교토 1년을 떠올리면 기억 속에서 여러 사람이 소란스레 말을 걸어온다. 기억에 선명한 첫 장면은 5월 '산맥의 모임'이다. 다케우치 요시미의 선집을 번역한 적이 있다. 1910년 한일병합의 해에 태어난 다케우치 요시미는 중국 연구자인 동시에 아시아주의를 비롯한 일본의 사상사 연구에 매진했으며, 또한 전후에 들어서는 안보투쟁, 중국과의 강화 문제 등 현실에서 부각된 민감한 사안들에 적극적으로 개입한 실천적 평론가였다. 주제와 대상이 무엇이든 간에 그의 작업은 일본인의 통념을 때리는 데 목표가 놓였다.

다케우치 요시미의 유족인 다케우치 히로코 씨에게 교토에 왔다고 알리자 '산맥의 모임'에 가자고 제안하셨다. 어떤 모임인지도 모르는 채로 그러겠다고 말씀드렸다. 이후 '산맥의 모임'을 준비하신다는 다카하시 사치코 씨로부터 편지가 왔다. 공식 안내문이었는데 첫 문장이 이랬다. "주류, 안주, 각지의 명산물, 자기 어필을 위한 인쇄물 등의 반입은 모두 OK입니다." 주류, 안주로부터 시작되는 걸 보니 연회 자리일 테고 사람들이 각지에서 모이는 모양이었다. 그런데 '자기 어필을 위한 인쇄물'의 반입은 왜 OK라는 걸까. 지참해오기를 왜 은근하게 권유하는 걸까. 궁금했다.

모임 장소는 비야코 호수 근처의 오래된 여관이었다. 2박 하는 동안 각지에서 추렴한 술들은 빈병이 되어 쌓여 갔다. 낮에는 견학하고 저녁부터 자기소개와 근황 보고다. 다다미가 깔린 별관에 서른 분 넘게 모이셨고 2년 만의 회합이다 보니 그것만으로도 한참이다. 자기 근황으로 시작된 어르신들의 이야기는 한참 먼 데까지 번져나간다. 그사이 새 술이 탁자 위에 오른다. 그러면서도 모두 집중해서 듣는 힘이 대단했다. 발언의 마디마다 나오는 "네~"라는 추임새가 듣기 좋았다. 그 자리에 모이신 분들이 연로하셔서 내게는 더욱 인상적이었을 것이다.

　　'산맥의 모임'은 1959년에 시작되어 2년마다 한 번 하는 회합으로 이번이 29회째다. 한 번도 끊긴 적 없는 걸 긍지로 삼고 있다. 근 60년 전에 당시 삼십대였던 시라토리 쿠니오와 야스다 다케시 두 분이 주축으로 이십대 몇 명과 시작했다는데, 이제 두 분은 이 세상에 없고 명부에 이름을 올린 90명 가까운 회원의 평균연령은 70세라고 들었다. 2년 만의 회합에서는 그사이에 세상을 떠난 분들의 이야기가 올라온다. 내게는 생경한 고유명이지만 그때마다 공기가 조금씩 바뀐다. 1959년 '산맥의 모임'이 시작되었을 때는 전쟁체험 기록이 주된 목적이었다고 한다. 지금은 2년마다 모여 그간의 활동을 공유한다. 이분들의 근황이란 바로 활동이다. 이분들은 평균연령 70세의 현역이다. '자기 어필을 위한 인쇄물'이 무엇인지를 알았다.

이분들이 들려주시는 활동의 내용은 다양했지만 주된 방식은 역시 '기록'이었다. 작은 잡지를 하신다는 분이 많았다. 이 자리에서 작다 함은 크다의 반대말이라기보다 구체적이라는 의미였다. 생활의 문제를 붙들거나 생활의 지평에서 사고한다는 의미이며, 아울러 누가 읽을지 그 얼굴을 떠올릴 수 있는 범위에서 말들이 생겨나고 전해지고 연쇄하고 축적된다는 의미였다. 이분들은 그걸 '통신'이라고도 불렀다.

나는 참석자 가운데 유일한 외국인이자 유일한 삼십대였다. 거기에 사회자분이 나를 다케우치 요시미의 번역자라고 소개하셨다. 그 자리에서 다케우치 요시미는 특별한 이름인 듯했다. 이 또한 대단하다기보다 무언가를 환기하는 이름이라는 의미다. 외국인이고 삼십대고 다케우치 요시미의 번역자라는 조건으로 많은 분들이 말씀을 건네주시는 호사를 누렸다. 물론 가장 중요한 조건은 자신의 경험과 생각을 전하려는 그분들의 의지다. 그 의지의 내력은 말씀을 들려주시는 분들마다 다를 것이다. 그런 자리에서는 듣는 자의 소중한 책임을 느낀다.

생활,
사고의 근거지

노모토 산키치 씨는 1941년생이다. 『생활자』라는 개인잡
지를 꾸려오셨다. '개인잡지'라는 복합명사는 형용모순 같
았지만 듣다보니 개인이 하는 잡지이자 잡지적 개인의 이
야기였다. 창간호는 1972년 5월 5일에 나왔다. 이후 30년간
이어왔다. "이어왔다." 역시 이 말에 그의 긍지가 실린다.
창간 취지는 이런 것이었다. 사람은 누구나가 작품이다.
살아가면서 나름으로 사고하고 나름으로 삶의 방식을 잡
아간다. 그렇게 모두가 다르다. 따라서 모두는 자신사自身史
를 정리해야 한다. 노모토 씨는 삼십대에 들어서며 만년에
자신의 삶을 돌아보려고 개인잡지를 시작했다. 그것이 일
기가 아닌 까닭은 매달 그동안 생겨난 일, 생각한 일을 담
아 『생활자』라는 잡지로 발행해 지인에게 보냈기 때문이
다. 처음에는 100명이었다.
　　물론 타인에게 보낸다고 잡지가 되는 건 아니겠다. 하
지만 정기적으로 타인에게 보낸다면 받아볼 타인을 의식
하게 된다. 더구나 독자는 구체적인 존재, 자신에게 소중
한 사람들이다. 사람은 누구나가 작품이라고 여기는 그는
글자를 눌러 적는 동안 저마다가 다를 시선을 느꼈을 테
며, 그 시선들은 교차해 쓰기의 무게이자 동력이 되는 자
장을 이뤘으리라는 짐작이다. 그 100명에게 읽힐 것을 상

정해 자신을 응시하고 또 열어간다(그렇다면 100명이란 엄청난 숫자다!). 그런데 잡지를 보내니 몇 사람에게서 답신이 왔다. 그 내용을 다음 호에 소개하기 시작했다. 자신을 기록하는 일이 타인과 연루하는 행위가 되어간다. 여기서 개인잡지라는 말이 성립한다.

『생활자』는 1989년부터 '전후 0년'으로 표기되어 발행되었다. 그해 쇼와 천황이 죽었다. 쇼와 천황은 제2차 세계대전 패전을 거치고도 참으로 오랫동안 그 자리에 있었다. 환갑을 맞이한 2002년, 노모토 씨는 30년간의 『생활자』를 모아 합본했다. 그것은 누구의 30년일 것인가. 무엇의 30년일 것인가. 『생활자』의 일부를 받아 소중한 자료로 간직하고 있다. 그는 2010년부터 『생활의 노트』로 이름을 바꿔 재개했다.

그런데 왜 '생활'인 걸까. 노모토 씨의 말씀에 취해 정작 중요한 질문을 놓쳤다. 잡지명이 '생활자'이니 생활은 사고의 근거지를 뜻할 거다. 그리고 지금 내게 생활은 '정치'의 상대어로 들린다. 정치가 과잉인 시대이지 않은가. 엄밀하게 말하자면 정치는 고사해가고 정치의 공간은 사라지는데, 이른바 정치권 이야기만 늘어가는 시대다. 뉴스를 보면 정권 비판이든 옹호든 태반이 정치 이야기, 결국은 선거 이야기다. 거기에 없는 것은 생활이다. 그의 작은 잡지는 정치에 중독된 거대 미디어와 달리 생활을 집요하게 붙든다. 그리고 그 생활이란 그저 일상이 아니다. 스스로 기록하고 타인과 공유해 윤곽을 이루는 삶의 형태다.

일본을 여행하는 어느 아르헨티나인의 이야기를 알고 있다. 배낭여행 중인 그는 만나서 말을 트고 대화가 깊어진 일본인에게 편지를 써달라고 부탁한다. 그 편지는 그 아르헨티나인이 다음에 만날 누군가에게 전달된다. 그게 누구일지는 물론 알지 못한다. 그 누군가는 편지를 받아 그것을 읽고 다시 다른 누군가에게 편지를 보낸다. 그 아르헨티나인은 편지를 간직하고 다음의 누군가를 찾아 여행한다. 그는 이렇게 여행했다.

그의 여행은 장소의 이동이라기보다 사람 간의 이어짐이다. 그가 여행하면 세상에 편지가 늘어난다. 고민이 닿는다. 그러면서 그는 그 편지들을 사진으로 찍어둔다. 그 사진을 본 적이 있다. 짧게 적은 엽서 같은 게 아니었다. 그 편지들은 어디서 어떤 이야기로 불어나고 있을까.

사상가가 남긴
사물

'산맥의 모임'이 해산하던 날 다케우치 히로코 씨와 함께 다카하시 사치코 씨 댁에서 하루를 신세 졌다. 전에 다케우치 히로코 씨로부터 아버지인 다케우치 요시미의 저작 목록을 받은 적이 있다. 거기에는 다케우치 요시미가 지면에 발표한 1,491편 글들이 시간순으로 정리되어 있다. 한 인간이 매달 한 편씩 120년을 써내면 1,440편이 된다. 다케우치의 그야말로 다작은 사후에 열일곱 권의 전집으로 갈무리되었다. 또한 저작 목록에 실린 그의 글들을 보면 실로 형식도 다채롭다. 논문도 평론도 서평도 대담도 좌담도 선언문도 강연도 일기도 있다. 어떻게 한 인간이 저리도 많은 작품을 써내고 다양한 표현법을 지닐 수 있는지, 나는 그 숱한 문장들을 내고 들이는 작가의 품이 궁금했다.

그는 같은 달에도 여러 편씩 글을 발표했다. 수십 년간 그리했다. 하지만 보다 눈길을 끄는 대목은 같은 달에 발표한 여러 편의 글들이 전혀 별개의 사안을 향해 작성되기도 했으며, 그럴 경우 글마다 감정의 결과 호흡의 길이가 다르다는 점이었다. 한 인간이 어떻게 저토록 여러 구상을 동시에 머릿속에 품고, 또한 서로 부딪쳤을 법한 여러 감정을 어떻게 다스리며 한 편 한 편 글로 옮겨낼 수 있었을까. 저작 목록이라는 귀한 자료가 생겼기에 사상가에 관한 나의 첫 논문 대상은 다케우치 요시미가 되었다.

다카하시 사치코 씨 댁에서 신세 지던 밤, 다케우치 히로코 씨는 아버지인 다케우치 요시미가 남긴 사물들을 어찌해야 하는지 고민을 털어놓으셨다. 사람은 세상을 떠나며 사물을 남긴다. 그 사물들에 생이 응결되어 있다고 여기는 자는 사물을 쉽게 처리하지 못한다. 다케우치 요시미가 1977년에 세상을 떠났으니 다케우치 히로코 씨는 근 40년 가까이 당신의 아버지가 남기고 간 사물들을 보관하고 계셨던 것이다. 그사이에 자신도 환갑을 넘겨 이제 그 사물들을 어떻게 해야 할지 정해야 할 시간이 다가오고 있었다.

다행히 책, 원고, 작업노트, 일기 등은 일본근대문학관에서 가져가 보존하기로 했다. 하지만 문자가 되지 못한 사물들이 남아 있다. 책상, 의자, 펜, 담배파이프, 외투, 모자, 바둑판. 그것들은 어찌해야 하는가. 이제 미련을 접고 버려야 하는가. 아니면 남겨둬야 하는가. 남겨둔다면 어디에 어떻게 둘 것이며, 그 의의는 무엇인가.

답이 없는 문제였다. 하지만 힘닿는 데까지 함께 고민하고 싶었다. 나의 실감으로부터 말씀드려야겠다고 생각했다. 작가가 남긴 사물을 보존해두는 것은 인간화와 신비화 양쪽의 여지가 모두 있을 것이다. 사물들 없이 생활할 수 없고 작품도 나올 수 없다. 따라서 작품이 작가가 남기고 간 결정체라고 하더라도 다른 사물들 역시 결정체의 파편들이다. 하지만 작품을 써낸 작가의 사물이라서 특별한 가치가 더해진다고 여긴다면, 그 작가와 더불어 사물을 물신화하는 일일 수도 있다. 작가는 역시 작품을 남기는 자다.

다케우치 요시미는 열일곱 권의 전집이 나왔고, 거기에 담기지 못한 문헌들을 '다케우치 요시미를 기록하는 모임'이 발굴하고 데이터베이스를 구축했으니 다음 세대를 위해 보존해야 할 것들은 그로써 충분하다고 생각한다. 하지만 내게도 8년 전 다케우치 히로코 씨가 가져오셔서

만져볼 수 있었던 다케우치 요시미의 도수 높은 안경, 잘 빠진 담배파이프, 그의 옛 서재에 들어가 앉아본 의자, 손으로 쓸어본 책상, 걸으면 삐걱 소리가 나던 나무 바닥의 감촉은 소중히 남아 있으며, 다케우치 요시미의 글을 대하며 떠올릴 때가 있다. "아버지가 골똘히 생각할 때면 서재 나무 바닥 위로 맴맴 도는 소리가 아래층에서 들렸다고 하셨지." 그런다고 글이 더 잘 이해되는 것은 아니지만, 어떤 인간적 힘이 전해진다. 이런 생각과 감상들을 말씀드렸다. 결국 결정을 내리시기에는 별 보탬이 못 되는 이야기가 되고 말았다.

오랜 현역분들

7월 말, MAT(동아시아현대사상계획)에 참가하러 도쿄에 갔다. 오랜 현역분들을 뵙는 자리였다. 사흘간 네 분의 강연이 이어졌다. 그중 재일조선인 소설가 김석범 선생은 아흔을 넘기셨고, 최연소자인 식민지 문제 연구자 오타 마사쿠니 선생도 일흔셋이셨다. 그분들은 다음 세대를 향해 힘을 다 쏟겠다는 듯 두 시간이 넘도록 열정적으로 발언하셨다. 대체로 체험담이지만 개체에게서 생겨나 개체의 영역을 아득하니 넘어서는 이야기들이었다.

조심스러운 말이지만 저 현역성은 내게 제국 일본의

어떤 유산 같았다. 그들이 여전히 현역일 수 있는 동력인 그 건강함, 강인함, 끈질김, 집요함 그리고 성찰과 반성의 능력은 역사의식과 윤리감각에서 비롯된다고 보였다. 비록 네 분의 이야기는 재일조선인 소설가로서, 라틴아메리카 관련 출판인으로서, 이슬람 연구자로서, 오키나와 문학 연구자로서 방향을 달리했지만 그 이야기들은 사흘간 엮이며 어떤 공간을 형상화했는데, 그것은 제국 일본과 냉전 동아시아였다. 그들은 제국 일본에 대한 비판자로서 현역이다. 수십 년간 현역이고, 정말 긴 호흡의 비판이다. 머잖아 제국 일본에 관한 발언을 자신의 체험담으로 들려주실 세대는 이 세상에서 사라진다. 그들이 없는 세상은 얼마간 균형을 잃을 것이다.

그렇다면 한국은? 반사적인 물음이지만 그래도 묻게 된다. 나는 왜 한국 학계나 사상계에서 그 연배의 분들을 원로가 아닌 현역으로는 만나지 못한 걸까. 그보다 아래 세대의 분들을 만날 때도 현역성을 느꼈던 경우는 드물다. 여기에는 호흡이 짧은 문화풍토의 문제도 있겠고, 내 만남의 경험이 비좁다는 한계도 있겠다.

이번 MAT에서는 김석범 선생이 강연하신다는 소식을 듣고 왔다. 그날을 기다렸다. 김석범 선생은 1925년 오사카에서 태어났다. 김석범 선생의 말씀을 접하고 싶은 이유는 여러 가지였고 점점 늘어나고 있었다. 당시는 번역 중이던 김시종 선생의 자서전 『조선과 일본에 살다』 내용과 함께 김석범 선생을 떠올리고 있었다.

김시종과 김석범. 이렇게 두 이름이 함께 거론되기 전, 두 분에게는 비껴가듯 뒤얽힌 역사가 있다. 무엇보다 4·3. 그때 김시종 선생은 제주에 있어 이후로 오랫동안 침묵했고, 김석범 선생은 제주에 없어 줄곧 파고들었다. 그 궤적은 두 분의 대담집인 『왜 계속 써왔는가 왜 침묵해왔는가』에서 접할 수 있다.

또 하나의 장면이라면 8·15일 것이다. 4·3에 관해 침묵해온 김시종 선생은 자신의 8·15에 관해서는 몇 편의 글로 밝혔다. 제주에서 살고 있던 황국소년 김시종은 1945년 8월 15일 "이것이 너의 나라다"라며 갑자기 조국 조선으로 떠밀려났지만, "조선독립 만세"를 외치는 군중 속으로 끼어들지 못했다. 일본의 패전을 알자 맥이 풀리고 울적했다. 홀로 제방에서 서성였다. 그러다가 아버지가 들려줬던 〈클레멘타인의 노래〉가 입에서 조선어로 흘러나오자 가까스로 일본과의 거리감이 생겨났다. 김시종 선생은 자신의 8·15를 이렇게 전해주고 있다.

김석범 선생은 김시종 선생보다 세 살 연상이다. 제주 출신인 어머니가 그를 임신한 채로 밀항해 1925년 오사카에서 태어났다. 1943년 제주에 1년여 머물며 의기투합한 청년들과 조선의 독립을 고민했고, 1945년 3월 상하이의 임시정부로 갈 계획을 세웠다가 장티푸스로 사경을 헤맸다. 결국 오사카로 돌아왔다가 8·15를 맞이했다. 김석범은 일본의 패전을 알고 기뻤다. 그러면서도 일본에서 해방을 맞이했다는 게 속상했다. 일본으로 돌아오지 않고 조선에 남아 있었더라면 "조선독립 만세"("대한독립 만세"가 아니었다)를 마음껏 외칠 수 있었을 텐데. 주위 조선인 아저씨들의 함성에는 되레 마음이 삐딱해졌다. 불과 얼마 전까지 "일본, 일본"을 외치던 자들이 아닌가. 그 함성 소리가 듣기 싫어 홀로 자리를 떴다.

어딘가로 가서 혼자라도 만세를 외치고 싶은데 천황이 사는 황거 앞에서 일본 군인들이 집단으로 할복한다는 이야기를 들어 구경해주겠노라며 전차에 올랐다. 몇 사람 없는 전차 속 승객들은 얼이 빠진 모습이었다. 맞은편 자리에 보따리를 끌어안은 여성이 앉아 있었다. 자신보다 두세 살 많아 보였는데 심각한 표정으로 울고 있었다. 분발하며 살아왔는데 일본이 지는 바람에 맥이 풀렸을 것이다. 김석범은 그렇게 해석했다. 그 여성이 문득 자신을 봤다. 김석범은 덩달아 운다고 할지 주르륵 눈물이 흘러내렸다. 그러자 상대는 자신의 눈물에 자극받아 소리 내어 울었다. 자신은 슬퍼서 운 게 아니었는데 상대는 자신을 일본인으로 봤던 것이다. 전차에서 일어난 일은 복잡했다.

김시종의 8·15와 김석범의 8·15. 둘 모두 "만세"를 외치는 군중에서 벗어나 혼자가 되었다. 한 사람은 제주에서, 한 사람은 오사카에서. 둘 모두 눈물을 흘렸다. 한 사람은 제방에서 아버지가 전해준 조선 노랫말이 갑자기 입에서 흘러나와, 한 사람은 전차에서 일본인 여성의 눈물을 보고. 이후 한 사람은 4·3에 연루되어 제주에서 도망쳐 오사카로 밀항해 그 사실을 숨기며 살았고, 한 사람은 4·3을 움켜쥐고 20여 년간 22,000장의 원고, 『화산도』를 써냈다.

그 김석범 선생을 뵙고 싶었다. 그날 김석범 선생의 강연은 재일조선인 문학에 관한 것이었다. 그의 책 제목으로 풀자면 '언어의 굴레'였다. 그는 일본에서 살아가며 소설을 썼다. 일본어로 문학활동을 해온 것이다. 조선어로도 쓸 수는 있었다. 하지만 무슨 언어로 쓸 것인가는 누가 읽을 것인가와 직결된다. 그는 일본에서 살아가는 자들, 무엇보다 다음 세대의 재일조선인이 자신의 소설을 읽길 바랐다. 그래서 종주국이자 적대국의 말로 소설을 써야 했다. 그는 이 상황을 굴욕적이라고 표현했다. 강연 내용은 재일조선인 작가가 일본어로 쓴다는 것이 어떤 일인지였고, 물음으로 옮기자면 '재일조선인 문학은 일본문학인가'였다.

김석범 선생은 일본어로 썼다고 재일조선인 문학이 일본문학은 아니라고 단호히 말했다. 재일조선인 문학이 오키나와 문학 등과 더불어 일본문학의 하위범주로 들어간다면 제국주의적 지배사상을 인정하는 꼴이다. 이런 분류를 받아들일 수 없었다. 그는 1971년부터 일본문학 대신 일본어문학을 말하기 시작했다. 일본어로 쓴다고 일본문학은 아닌 것이다. 하물며 제주 4·3 사건을 파고든 『화산도』가 일본어로 썼다고 일본문학이겠는가.

그런데 이번에는 한국의 문학연구자들을 만나니 재일조선인의 문학은 교포문학이라는 소리를 들었다. 또 누군가는 아무래도 일본어로 작성되었으니 한국문학에 포함되지는 않는다고 했다. 한쪽에는 속족주의屬族主義가 있고 한쪽에는 속어주의屬語主義가 있다. 자신의 문학이 일본과 한국 사이의 피고석에 세워진 것 같았다. 그는 이제『화산도』를 '망명자의 문학' 혹은 '국적 없는 문학'이라 불렀다.

그렇게 한 시간 가까운 강연이 끝났다. 이어서 질의 시간이었다. 마지막 질의였다. "제주는 선생에게 어떤 의미인가요." 마지막 질의로 예정된 것은 아니었으나 마지막 질의가 되었다. 김석범 선생은 자신에게 제주는 조국과 같다고 말문을 여셨다. 그러나 곧 말씀이 끊겼다. 30초 정도 침묵이 이어졌다. 침묵이 장내를 무겁게 눌렀다. 그러고는 말씀하셨다. "제주에서 그런 일이 일어나서……." 다시 침묵하셨다. 그런 일. 이윽고 제2차 세계대전 이후 세계에서 최초로 일어난 제노사이드라고 하셨으니 무얼 두고 하신 말씀인지는 짐작할 수 있었다.

그러시고는, "여기 한국에서 온 친구들 많이 있겠지만 잘 생각을 해봐." 이 말씀만 일본어가 아닌 조선어로 하셨다. 일본인 청중뿐 아니라 통역에 의지하고 있던 중국, 타이완, 싱가포르 등지에서 온 참석자들은 선생이 무슨 말씀인가를 꺼내셨지만 알아들을 수 없었다. 하지만 무슨 일인가가 일어나는 중이라고 느꼈을 것이다. 그러시고는, "저주받은 민족"이라는 함석헌의 말을 꺼낸 뒤 저주의 역사를 제주 학살, 조선전쟁, 이승만, 박정희, 재일 유학생 간첩단 사건, 전두환, 광주 학살로 쉼 없이 이어가셨다.

이렇게 말씀하셨다. "한국은 보통의 역사가 아니다." 그런 일이 일어나서. 보통의 역사가 아니라서. 통역 조건으로 모여 있던 한국인 참석자들은 수사 없는 그 육성을, 수사를 가져올 길 없는 그 역사의 증언을 고개 숙인 채 흐느끼며 듣고 있었다.

스승을 회상하는
표정

내가 아는 교토의 지식인이라면 역시 츠루미 슌스케鶴見俊輔다. 1922년생으로 전후 일본사상계에서 잡지『사상의 과학』을 창간하고 자신도 연구자이자 평론가로서 활발히 활동해 100권 가까운 책을 펴냈다. 도시샤대학에서는 사회학과 교수로 재직하다가 1970년 대학분쟁 때 대학 당국의 학내 경관대 도입에 반대하여 사직했다.

교토에 있는 동안 그의 책을 한 권 번역하고 싶었다. 수많은 책 가운데 무엇을 번역할까 고민하다가『어느 방법의 전기』를 골랐다. 어느 방법. 츠루미 슌스케는 다케우치 요시미를 그렇게 불렀다. 이 책은 츠루미 슌스케가 쓴 다케우치 요시미의 전기다. 내 관심은 다케우치 요시미만큼이나 츠루미 슌스케였다. 다케우치 요시미를 알기 위해서만큼이나 츠루미 슌스케를 이해하고 싶어 이 책을 골랐다. 하나의 정신이 어떻게 형성되었는지를 알고자 할 때, 다른 인물에게 어떻게 접근했고 무엇을 중시했는지를 살펴보면, 그 정신의 본질을 얼마간 엿볼 수 있다고 여기기 때문이다. 과연 츠루미 슌스케는 다케우치 요시미의 무엇을 중시하고 어떻게 접근했는가. 이를 확인해 츠루미 슌스케에게 다가가는 진입로를 얻고 싶었다.

이해 7월 20일, 츠루미 슌스케가 세상을 떠났다. 11월 8일, 츠루미 슌스케의 제자분들이 도시샤대학에서 추도 강연을 했다. 제목은 '츠루미 슌스케에게서 물려받은 것', 발언의 형식은 '츠루미 슌스케와 나'였다. 여기서 '와'란 무엇일까. 또 츠루미 슌스케의 제자라고 할 때 '의'란 무엇일까. 무엇이 '와' 그리고 '의'를 가능케 하는가.

츠루미 슌스케의 삶과 사상. 사상이 사상가의 삶에서 떨어져 나와 하나의 지식으로 유통되는 시대에 제자들의 존재는 소중하다. 제자들이란 사상을 전수받기 이전에 삶을 공유한 자들일 것이다. 그런 제자들이 있기에 스승은 스승이 된다. 이날 그들은 스승의 사상을 소개하기보다 삶을 증언하고자 했으며, 삶을 통해 사상됨을 밝히고자 했다.

그 발언에 귀 기울이다가 발언하는 얼굴에 눈길이 머

물렀다. 스승인 츠루미 슌스케와의 일을 회고할 때 뭔가 약간 들뜨고 그윽해졌다. 그 표정도 츠루미 슌스케의 어떤 표정인가를 떠올리며 번역하는 중이었을지 모른다. 그들은 모두 츠루미 슌스케를 주인공 삼아 조연으로 출연하기를 자처했다. 그렇게 소소한 에피소드들로 이야기를 엮어 갔는데 그러다가 묘한 전도가 일어났다. 어느덧 츠루미 슌스케를 회고하는 동안 츠루미 슌스케라는 무대에서 자신이 주인공이 된 듯한 표정을 짓고 있었다. 스승인 츠루미 슌스케에 관해 들려주며 자신의 형성사를 증언하고 있었다. 츠루미 슌스케와 나에서 '와'는 중층적이었고, 츠루미 슌스케의 이야기에서 '의'는 그저 소유격만이 아니었다. 이것은 분명 인간이 만들어낼 수 있는 숭고한 관계다.

가장 긴 발언을 하신 다카하시 사치코 씨는 심장 질환으로 수술 날짜가 잡혀 있었으나 그걸 미루고 이 자리에 오셨다. 반년 전 '산맥의 모임'에서 뵈었을 때보다 수척해지고 머리가 많이 세셨다. 그는 츠루미 슌스케의 말을 모아 오셨다. 이런 것들이다. "우리는 허상에 둘러싸여 살아간다. 당신은 어떤 허상에 속기 쉬운가", "자기 안에서 미개인을 기르자", "패배는 패배인가", "국민국가라는 것은 아무리 생각해도 모르겠군요." 만년의 말이다. "새로운 자신이 나왔다! 자신이 몰랐던 자신. 그러나 자신 속에 줄곧 있었던 자신이다. 인간이란 이상해, 불가해하다. 재밌구나!"

여기에 다 옮기지 못하지만 말의 목록은 수십 개에 이르렀다. 그것은 글이 아니라 말이었다. 책에 적힌 글귀를 발췌해온 게 아니라 츠루미 슌스케와 교류해온 세월, 자신에게 각인된 말들을 적어오신 것이다. 따라서 츠루미 슌스케의 말이라고 하더라도 그 '의'의 절반은 다카하시 사치코 씨의 몫이다. 발한 자는 츠루미 슌스케였으나 받은 자가 없었더라면 그를 추도하는 자리에서 공유될 수 없었다. 만년에 "새로운 자신이 나왔다"고 말하던 때 츠루미 슌스케는 어떤 표정이었을까. 그 표정의 얼마간은 상기되어 그때 일을 들려주는 다카하시 씨의 표정 속에 있을 것이다.

다카하시 씨는 이런 에피소드도 들려줬다. 츠루미 슌스케가 전철 안에서 『자본론』에 관해 한참 말하는데, 네다섯 살 정도 되는 아이가 빨려들듯 쳐다보고 있다. 『자본론』 이야기를 동화 구연처럼 듣는다. 아마도 생생한 표정과 큰 몸짓 때문이었을 것이다. 츠루미가 웃으면 아이도 웃는다. 주위 승객들은 츠루미와 아이를 신기한 듯이 지켜보고 있다. 이 장면은 유쾌하다. 당시 그는 여든여섯이었다.

나도 콕 찌르면 꿀물이 흘러나오듯, 잘 익은 수박이 갈라지듯 말하는 사람을 둘 안다. 연극인 사쿠라이 다이조와 수유너머의 선배 고병권이다. 그들은 대화의 상대를 가리지 않는다. 그리고 그들은 상대를 향해 대화한다. 그들의 대화는 성실하다. 츠루미 슌스케의 이야기를 다카하시 씨가 들려줄 때 나는 내 경험 안에 있는 그들을 떠올린다. 아마도 저 말의 목록도 츠루미 슌스케의 지론인 만큼이나 다카하시 씨를 향한 성실한 대화였을 것이다. 그래서 저렇듯 기억되고 그 자리에서 다카하시 씨를 통해 울릴 수 있었을 것이다.

츠루미 슌스케는 한 시간을 말하면 100명 넘는 고유명이 튀어나왔다고 한다. 그리고 너구리를 좋아했다고 한다. 기록해두고 싶은 내용이다.

전집이 나오려면

이제 츠루미 슌스케도 전집이 간행될 것이다. 어쩌면 저작이 너무나 많아서 간행되지 않을지도 모르겠다. 그렇더라도 이미 여러 형태의 선집이 나왔고, 그가 세상을 떠난 뒤 몇몇 잡지는 특집호를 냈다. 나는 일본사상계에서 이것이 부럽다. 사상계라는 것은 몇몇 작가나 논자가 있다고 되는 게 아니라 이런 노력으로 서서히 일궈질 것이다. 특히 전집이 나오는 풍토가 부럽다. 전집 자체가 중요하다기보다 그걸 가능케 하는 요소들이 부러운 것이다.

전집이 나오려면 적어도 세 가지가 있어야 한다. 첫째, 전집을 낼 만한 작가. 다작했으며 글의 함량이 높을 뿐 아니라 글들을 여기저기 흩뿌리고 간 작가인 경우, 사후에 전집으로 모아낼 필요가 커진다. 살아 있는 동안 책으로

다 정리했다면 군이 전집을 만들 필요가 없다. 그때는 선집이 필요하다. 그렇게 긴 호흡으로 유동하며 평론하고 나서 세상을 떠난 작가가 있어야 한다.

둘째, 잡지. 글이 실릴 지면만을 가리키는 게 아니다. 그 잡지의 성장과 함께하는 작가들이 있으며, 그들이 길게 현역으로서 다작하는 사례를 봤다. 안에서 차오르는 글만을 꺼내서는 그런 폭넓고도 지속적인 평론 활동이 불가능했을지 모른다. 그 작가를 알아본 편집자의 청탁도 중요하다. 그리하여 잡지라는 사회적 생명과 부침을 함께하는 동안 한 편 그리고 또 한 편 글이 나왔다. 츠루미 슌스케의 경우는 단연 마루야마 마사오 등과 함께 창간한 『사상의 과학』이겠다. 다케우치 요시미라면 이십대에 창간한 『중국문학월보』로 시작해 육십대에 꾸린 『중국』에 이를 것이다. 그의 평론 활동 기간은 잡지를 만들고 부수길 거듭해간 시간이기도 하다. 여기에 삶과 사상에서 '과'를 해명하는 하나의 통로가 있을 것이다. 그들은 작가로 활동하던 때 동시에 편집자 내지 기획자였는데, 그 사실은 내가 매료된 그들의 문체상 특징과 무관하지 않으리라는 짐작이다. 그들의 문체는 홀로 비상하는 게 아니라 두텁게 싸안는다.

셋째, 전집 간행이라는 큰 사업을 짊어질 다음 세대. 작가가 남긴 사고의 편린들을 소중히 여기고 그것들을 모아 역사화하려는 자들이다. 이러한 다음 세대에는 제자나 후학만이 아니라 편집자도 포함될 것이다. 그런데 한국사상계는 이 세 가지가 모두 약해 보인다. 일본사상계와 섣불리 비교해서 하는 소리가 아니라 1990년대와 비교하건대도 크게 약해진 것 같다. 긴 호흡으로 끈질기게 써내는 평론가, 매체일 뿐 아니라 운동이기도 한 잡지, 세대의식을 지닌 후학과 역사감각을 갖춘 편집자를 좀처럼 만나기 어렵지 않은가.

누구의
다음 세대인가

산맥의 모임, 56년. 개인잡지 『생활자』, 30년. 소설 『화산도』, 22,000장의 원고지. 다케우치 히로코, 40년간의 유품.

　교토에서 1년간 접했던 저 숫자들을, 뭐라고 표현해야 할까. 인간, 의지, 역사……. 이런 단어들을 담아 문장으로 만들어보려는데 잘 되지 않는다. 이 단어들로 포착할 수가 없다. 사실 이 큰 단어들을 가지고서 뭐라고 표현할 수 있을 것도 같지만, 그리하면 너무 안이하고 뻔할까 봐 꺼려진다. 제대로 된 문장을 얻을 때까지 우선은 표현을 지연시켜야 한다. 지금 당장은 완성하지 못하는 문장을 얻었다고 적는 수밖에 없다. 이것이 교토 1년에서 받아온 것이다.

　교토 1년간 세대에 관해 생각하게 되는 만남을 여러 번 얻었다. 나는 누구의 다음 세대인가. 누구의 다음 세대가 되고자 하는가. 달리 표현하면 이리된다. 나는 누구의 고민을 계승하고자 하는가. 다케우치 요시미라면 지금 이런 상황에서 어떻게 할까. 먼저 살았던 자가 남긴 과제를 지금 사는 자가 자신의 조건 속에서 계승하고 조금이라도 진전된 형태로 가다듬어 앞으로 살아갈 자에게 넘긴다. 세대는 그때 필요한 말이지 않을까.

츠루미 슌스케는 이렇게 말한 적이 있다. "자신이란 지금까지 만났던 사람들이 사귀고 있는 장소다." 이렇게 말해보는 것은 어떨까. 자신이란 자신이 그리되겠다고 마음먹은 복수의 세대들로 만들어진다. 나는 누군가의 2세대이자 누군가의 3세대다. 그리고 어떤 사건의 1세대이자 어떤 희생의 2세대다.

2 　　번역하는 이유

2016

제주로

교토 체류는 1년 예정이었다. 끝이 다가오고 있었다. 이제
는 또 어디로 가야 할까. 서울로 돌아가고 싶지는 않았다.
허덕였던 대학원 생활을 서울에서 해서 그런가 보다. 바쁨
과 근심이 기다리는 곳 같았다.

　　교토라는 공간이 내포한 삶이 내 성향에 맞는다고 여
겼다. 도시의 크기가 마음에 들었다. 어지간해서는 자전거
로 10분이면 가닿을 수 있다. 생활반경에 신사나 절, 산이
나 강처럼 산보할 곳들이 다채롭다. 가모가와 강변은 담소
를 나누고 악기를 연주하는 여유로움이 있다. 거리에는 목
조 건물들이 여전하고, 아파트가 치솟아 하늘을 마구 도려
내지 않았다. 이제야 골목길을 익혔고, 벼룩시장이 여기저
기서 열리는 날들을 파악했다. 오래된 문화적 시간과 보존
된 자연적 원형이 정서적으로 명랑함과 안정감을 준다. 나
중 일이야 나중 일이고 차분하게 지내다가 수요일 하루 달

아오르는 이 생활을 좀 더 이어갈까 했다. 이십대 시절 도쿄도 1년 예정으로 갔다가 쑨거 선생이 도쿄로 오시는 바람에 한 해 더 머물렀는데, 교토도 한 해 더 있는다고 인생에 큰 지장은 없지 않을까 싶었다. 그러다가 지도교수로부터 연락이 왔다. 제주대학교의 연구기관에서 일본어가 가능한 연구원을 뽑는단다. 제주! 제주라면 살아보고 싶다. 섬이다!

스승과의 대담집

교토를 이제 떠나야 한다. 어떻게 떠나야 할까. 도미야마 선생과의 책을 구상했다. 전에 도쿄살이를 했던 때는 쑨거 선생과 『사상을 잇다』라는 대담집을 만들었다. 쑨거 선생은 1955년생으로 1957년생인 도미야마 이치로 선생과 비슷한 연배다. 쑨거 선생은 일본사상사를 전공한 중국 학자로서 다케우치 요시미에 정통하시다. 2007년 2월, 나는 선생의 『다케우치 요시미라는 물음』을 번역해 펴내고 3월 도쿄로 향했다. 원래 체류 기간은 2008년 봄까지였지만, 2007년 가을 선생이 도쿄로 오셨기에 선생의 숙소 근처로 이사를 가고 도쿄 체류를 한 해 늘렸다.

　히토츠바시대학에서 개설된 선생의 대학원 수업에 참가했다. 거기서 선생이 가르치는 방식의 한 가지 특징을 발견했다. 선생은 나를 포함한 학생들이 아무리 허술한 질문을 꺼내더라도 "참 좋은 질문이다"라고 먼저 반응하고는 대답을 이어가셨다. "참 좋은 질문이다"는 괜한 입발림이 아니었다. 엉성한 질문도 선생의 답변을 거치면 꼭 필요했던 질문으로 바뀌었다. 그건 질문자가 표현으로 미처 꺼내지 못한 질문의 동기를 선생이 헤아렸기에 가능한 일이었다. 그리고 선생은 학생의 질문에 직접 답을 내놓기보다 자신의 경험담으로 풀어내 모두에게 실감 어린 생각거리로 돌려주셨다. 거의 모든 질문을 저렇게 펼쳐낼 수 있으려면, 그 질문들을 먼저 곱씹어봤으며 생각을 정리해두었어야 할 것이다.

수업을 들으며 선생이 지닌 사고의 품과 깊이에 대한 신뢰가 깊어졌고, 그 내용을 책의 형태로 담아보고 싶었다. 그래서 인터뷰를 통해 책을 만들자고 제안드렸다. 내 질문이 아무리 미진하더라도 선생은 가치 있는 대답을 들려주시리라는 확신이 있었기 때문이다. 돌이켜보면 무척 주제넘은 제안이었다. 당시 나는 논문 한 편 제대로 발표한 적 없는 일개 유학생이고, 선생은 국제적인 명성의 학자였다. 선생은 바로 응해주셨다. 2005년 수유너머에서 처음 뵈었던 때 깊은 인상으로 "저분에게 배워야 한다"고 마음먹고 베이징의 자택으로 찾아뵙고 싶다고 연락드렸을 때도 응해주셨다. 당시 나는 중국어로도 일본어로도 선생과 제대로 대화할 수 없었기에 재일조선인 친구 김우자 님에게 동행을 부탁했다. 그런 주제에 그 자리에서 선생의 책『다케우치 요시미라는 물음』을 번역해도 되겠는지 여쭤보았더니 그것도 응해주셨다.

다만 이번에는 두 가지 조건을 내거셨다. 인터뷰가 아닌 대담으로 진행할 것, 그리고 통역자에게 의존하지 않고 내가 스스로 일본어로 발언할 것이었다. 둘 다 버거운 조건이었다. 먼저 인터뷰가 아닌 대담이란 문답의 형식에서 벗어나 함께 의견을 개진하자는 의미였다. 선생의 표현을 빌리자면 서로에게 타자가 된다는 의미였다. 선생은『다케우치 요시미라는 물음』에 이렇게 적었다. "타자라는 매개를 통해 자기해체를 진행하면서도 타자를 따르지 않는 방식으로 자기를 재건한다. 이러한 재건은 타자를 타자로서의 자족성에서 해방하고 자기를 자기로서의 배타성에서 자유롭게 한다." 나도 선생에게서 진정한 교육을 받으려면 서로에게 타자인 관계로 들어서야 한다는 걸 알고 있었다.

통역자를 두지 말자는 요구는 더욱 곤혹스러웠다. 애초 나는 선생을 인터뷰하게 되면 통역자를 구할 작정이었다. 일본살이 1년을 갓 넘긴 때로 일본어가 많이 서툴렀다. 만약 인터뷰처럼 준비해둔 질문만을 꺼내는 게 아니라 그 자리에서 의견을 교환해야 한다면, 사고의 빈곤함도 문제지만 일본어로 임기응변하기 어렵다는 것도 고민이었다. 특히 선생과 대화하면 미묘한 지점에 자주 부딪힐 텐데 그때 적절한 표현을 골라내지 못한다면 대화가 헛돌 것이 걱정이었다. 그래도 인생의 기회를 놓칠 수는 없다. 나는 이유와 형식을 갖춰 선생과 차분하고 길게 대화하고 싶었다.

대담을 앞두고 나름의 준비를 했다. 먼저 선생이 작성한 일본어 원고를 읽고 선생의 일본어 표현상의 특징을 파악했다. 그리고 내가 꺼내려는 물음에 대해 선생이 내주실 가능한 대답을 예상하며, 선생의 발언에서 나올지 모를 일본어 표현들을 조사해뒀다. 선생이 내주시는 대답의 경우의 수를 상정해, 거기서 이어나갈 나의 후속 질문들을 일본어로 마련해뒀다. 그사이 거의 매일같이 선생의 숙소에서 저녁을 신세 지고, 선생은 나의 일본어 표현법을 훈련시켜주셨다. 그러나 막상 대담에 들어서자 선생의 답변은 나의 예상 범위를 한참 초과했다. 당연하게도 선생은 내게 타자였다. 도쿄 시절에 구상한 대담집 『사상을 잇다』에는 그러한 교착과 동요의 흔적이 기록되어 있다.

이어 쓰는 책

교토를 떠날 무렵이 되어 도미야마 선생과의 책을 구상했다. 선생의 지난 책들에서는 드러나지 않은, 선생의 다채로운 사색을 내용으로 삼고 화요회식 토론을 차용하는 형식을 궁리했다. 도미야마 선생의 제자이자 나의 친구 심정명 님에게 함께하자고 연락했다. 심정명 님과는 2005년

『현대사상지도』를 공역했는데, 내게는 첫 번째 출판물이었다. 이번에는 셋이서 논의해 책의 가설을 짜보았다.

　도미야마 선생은 길지 않지만 밀도 높은 에세이를 자주 쓰신다. 화요회 때면 어김없이 여러 장의 백지와 연필 그리고 연필깎이를 지참하신다. 화요회를 한 번 할 때마다 몇 장씩 메모를 해서 글감으로 남기신다. 어떤 식으로 메모를 하시는지 궁금해서 사진을 찍어도 되는지 여쭤본 적이 있는데 쑥스러워하시면서 허락해주셨다. 대학원 수업 방식도 독특했는데, 첫 시간에는 책이든 문건이든 영상이든 하나의 자료를 가지고서 난상 토론을 한다. 이날은 많이 발언하시기보다 학생들 전원이 발언하도록 유도하신다. 거기서 메모해둔 내용들을 정리하고 키워내서 두 번째 시간에는 서너 장 되는 논점 단위의 글을 써오신다. 그 글을 바탕으로 학생들은 보다 정돈되고 심화된 토론으로 나아간다. 대학원 수업에서 보통 써오는 부담은 학생에게 부과되기 마련인데, 도미야마 선생의 경우는 당신이 한 학기 동안 가장 자주 글을 쓰신다.

　아무튼 가설의 책 이야기로 돌아오자면, 선생의 에세이들 가운데 토론으로 펼치고 싶은 것을 나와 심정명 님이 고른다. 그러고선 읽고 둘이 각자 글을 쓴다. 그 두 편의 글을 읽고 도미야마 선생도 글을 쓴다. 그렇게 나온 세 편의 글을 두고서 셋이서 토론한다. 이후 함께 한 편의 글을 쓴다. 분량을 나눠서 쓰는 글이 아니라 서로 덮어 쓰는 글이다. 혹은 상대가 쓴 문구를 그대로 남기되 거기에 각주를 달고, 그 각주에 다른 사람이 다시 각주를 달아 하염없이 이어지는 글이다. 이런 식으로 도미야마 선생의 에세이로부터 사고가 연쇄하고 증식하는 과정을 담아내는 책을 궁리했다.

이런 가설을 세워본 것은 글의 어떤 가능성에 관한 믿음 때문이다. 읽다-사고하다-쓰다라는 동사들이 연계된다, 글이 사람에 따라 의미가 다양해지고 독해가 풍부해진다, 읽는 자의 상황에 따라 사고가 재설정되어 돌아온다, 이렇게 타인의 고민을 타인이 계승하며 사고가 불어나고 글이 두터워질 수 있다는 가능성 말이다. 글 속의 문장은 타인에 의해 다시 작성될 잠재성의 문장을 머금고 있다는 가능성인 것이다. 도미야마 선생의 글은 이 가능성이 확실히 크다.

이후 도미야마 선생과 심정명 님이 제주대로 오셔서 구상을 구체화하기도 했지만, 결국 가설의 책은 실현되지 못했다. 다행히도 출발점으로 삼으려던 도미야마 선생의 에세이들이 포함된 선집을 심정명 님이 『시작의 앎』으로 번역 출간했다. 그 책은 지금도 독자들에게 말을 걸고 손을 내밀고 있을 것이다. 교토를 떠난 이후 몇 차례인가 도미야마 선생이 꿈에 나오셨는데 뭔가 잔뜩 이야길 주고받았다는 어렴풋한 인상이다. 나는 한국어로 떠들었던 것 같은데, 꿈속에서 선생은 다 이해해주셨다.

원작의 부름

2016년 3월, 제주살이가 시작되었다. 제주대 교직원아파트에 자리 잡았다. 아파트 바로 곁이 오름이라서 숲길을 산보하다 보면 노루를 만나곤 했다. 이렇게 말하면 너무 입주자 중심적이고, 실상은 오름을 깎아낸 자리에 아파트가 들어선 걸 거다.

'제주에 와서 산다', 이걸 "입도入島하다"라고도 표현한다. 입도하고 나서 한동안 교토에서 지내던 날들을 떠올리면 부유감에 사로잡혔다. 모어 사회로 돌아왔는데도 기억의 긴 손은 문득 어딘가에서 뻗어나와 붙든다. 가모가와 강변에서 맥주 마시던 밤 풍경이 특히 그리웠다. 일순 생각의 질서가 흐트러진다.

한국에 돌아오고 나서 일본어 번역 작업을 이어간 것도 부유감의 이유였을 것이다. 나는 전문 번역가가 아니다. 번역을 의뢰받거나 계약을 체결하고 번역하는 게 아니라 번역하다가 얼추 마무리한 책을 출판사에 제안하는 식이다. 번역하는 까닭은 출간해서 남들에게 소개하기에 앞서 스스로 그 책을 제대로 이해하기 위해서다. 깊이 음미할 만한 책을 만났을 때, 그 책이 외국어로 작성된 경우, 그 책을 외국어인 채로 남겨둔다면 대강의 의미에 만족하게 될지 모른다. 그러나 번역의 시련을 거친다면 마음에 드는 문장만이 아니라 모든 문장, 그리고 논리적 흐름과 말투까지도 읽어내고 그 독해를 책임져야 하니 정말로 이해했는지가 가려진다. 그런 의미에서 번역은 어쩌면 번역자인 내가 시작한 것이 아니다. 원작의 어떤 문장이, 요소가, 행간이, 주름이 번역을 추동하고 나는 번역을 받아들여 한동안 번역자가 되어 그 책에 매달린다.

번역을 한다. 우선 원문을 읽는다. 번역을 하며 읽는다면, 번역의 속도로 읽을 수 있다. 그것은 원작을 문장들이 수놓이던 가상의 시간으로 되돌리는 읽기다. 창작의 시간은 고심으로 가득했을 것이다. 작가는 힘겹게 한 문장을 적고 이어갈 다음 문장을 고심한다. 고심은 길어지고 다음 문장은 서서히 온양된다. 번역을 하면, 한 문장에서 서둘러 다음 문장으로 넘어가는 게 아니라 문장과 문장 사이의 이음매로 미분해 들어가 한 문장 이후에 나올 수 있었던 가능성의 문장들을 떠올려보고 작가가 왜 저렇게 문장을 남겨야 했는지, 작가의 내적 고민을 헤아리게 된다. 작품은 이미 완성되었으나 번역자는 그렇게 생성 중이던 세계 속으로 들어간다. 번역자는 써진 것 이면의 써지지 않은 작가의 고민에 다가가 작가가 사적 정신을 어떻게 공적 언어로 빚어내는지를 경험한다.

번역을 한다. 한국어 문장으로 옮긴다. 번역에서 가필하거나 새로 쓰는 일은 허용되지 않는다. 번역은 원문이 지니는 가능성의 폭 안에서 그 생명력을 되살려내는 금욕적 실천이다. 번역자의 눈은 원문을 보고 번역자의 손은

키보드 자판 위로 움직이는 동안 모니터 위로 한 글자 한 글자가 형상화된다. 번역자는 모어 안에서 어떤 말을 골라야 할지 망설이며, 어떻게 문장으로 일궈야 할지 고민한다.

번역은 본질적으로 토론행위다. 번역자는 번역할 때 말의 의미를 살필 뿐 아니라 말의 무게도 재야 한다. 저울 한쪽에 원문의 말을 얹고 다른 쪽에 번역어를 올려놓는다. 둘이 균형을 이룰 때까지 저자와의 상상적 토론은, 그리고 번역자 자신과의 내적 대화는 계속된다. 사전을 들춰봐도 저울에 올라와 있는 원문의 말에 값하는 등가어를 찾아낼 수 없을지 모른다. 원문의 말은 감지하기 어려울지언정 저자가 일반적 정의에 깊은 수정을 가한 말이다. 저울에 올라온 문자에는 저자의 생의 무게가 실려 있다. 따라서 번역자도 언어사전만이 아닌 삶과 기억의 사전에서 번역어를 골라내야 한다.

반시대적이어서 진정 시대적인

그간 단독번역 작업은 다케우치 요시미, 쑨거, 츠루미 슌스케, 김시종처럼 동아시아 사상가의 책이 대부분이다. 존 어리의 *Sociology beyond Societies*를 번역한 『사회를 넘어선 사회학』이란 예외가 있긴 한데, 그를 잘 알아서라기보다 사회학과 출신으로서 오랫동안 신세를 진 사회학계에 뭔가 기여하고 싶다는 바람으로 골랐다.

내가 번역한 대부분의 책은 평론이다. 다케우치 요시미의 경우『다케우치 요시미라는 물음』으로 시작해 10년간 그와 관련된 여덟 권의 책을 작업했다. 그의 책들을 번역하거나 그에 관한 책들을 번역하거나 그에 관해 책들을 썼다. 그건 그가 문학가, 중국연구자이기도 했지만 평론가였기 때문이다. 그의 평론가적 기질이 나로 하여금 그에 관한 연구 이상으로 번역을 지속적으로 추동했다. 이해하고 분석하기에 앞서, 그의 문장을 깊이 접하고 싶어진다. 시인으로 알려진 김시종의 작품 중 번역해야겠다고 마음먹은 것도 평론집『재일의 틈새에서』이며, '현대 일본의 마지막 사상가'라고도 불린 후지타 쇼조도 평론가로서 특히 존경한다.

과거의 평론, 그 평론의 번역 작업이 내게 갖는 의미는 이렇다. 여기서 내가 말하는 평론은 텍스트 비평이라기보다 사회적 현실, 나아가 시대에 개입하려는 비평적 에세이를 가리킨다. 어떤 글은 시대를 반영하는 게 아니라 시대를 거스른다. 그런 평론을 쓰려는 사람을 생각해보자. 그는 미약하고 부자유하다. 자신의 의지를 실현하려는 시도는 시대의 힘에 의해 굴절된다. 하지만 미약하고 부자유하기에 시대 속에서 시대의 추세를 거스르려는 시도는 시대적 시도로서 의미를 지닐 수 있다. 나의 평론가들은 자신의 시대를 반시대적으로 살아갔기에 진정 시대적이었던 인간이다. 그들은 시대와 불화를 겪었기에 자신의 시대에 철저히 속할 수 있었고, 그들의 존재로 말미암아 그 시대는 음영이 조금 달라졌다. 나는 번역을 통해 반시대적이어서 진정 시대적이었던 과거 인간의 정신을 동시대적으로 전유하고 싶은 것이다.

다케우치 요시미는 자기 안에 모순을 품고 살아갔으며, 그 모순을 끊임없이 파헤치고 끄집어내며 모순을 양식으로 삼아 평론을 해나갔다. 그는 유동하는 인간이었고 체계를 세우지 않는 유형이었다. 현실 문제에 직면하면 가설을 만들어 사용한다. 그러나 새로운 국면에 이르면 가설을 다시 짠다. 전에 만들어뒀던 가설이 당시에는 유용했더라도 그것을 도그마로 삼지 않는다. 이런 사상가는 체계를 갖추기 어렵다. 체계화된 사고가 풀어낼 수 없는 현실과 마주하면 스스로 체계를 무너뜨린다. 그는 자신의 논리적 일관성을 지키기보다 격동하는 상황 속으로 진입할 수 있는지를 중시했다. 이것이 평론가로서 그의 일관성이다. 덕분에 그는 상반된 평가를 받았다. 친중파(때로는 중국공산당의 첩자), 아시아주의자, 내셔널리스트, 반근대주의자, 근대적 계몽가, 반마르크스주의자, 민주주의 운동의 사상적 지도자, 학자에 이르지 못한 평론가, 일본의 대표적 지성 등등. 그는 한 가지 이론적·정치적 입장을 충실히 따르지 않았다. 맨손으로 상황에 뛰어들고 거듭해서 좌절했다. 어떤 의미에서 그의 평론 행보는 좌절의 기록이다. 그가 살아가고 평론하는 방식이 좌절을 필요로 했는지 모른다.

그는 뒤틀리고 꼬여 있어 풀어내기 어려운 문제를 회피하지 않고 격동하는 시대상황의 한복판으로 들어갔으며, 그 속에서 방황하며 때로 오류를 범했다. 그의 평론은 시대와 함께 동요했기에, 오늘날의 독자들이 읽기에 혼란스러운 대목이 많다. 그런데도 그의 평론은 오늘날에도 타인에게로 손을 뻗는다. 그의 말들은 독자와 교감하며 증식하려고 꿈틀거린다. 살아서 고동친다. 자기 시대의 문제에 천착하면서도 섣부른 추상화를 허용치 않는 한 인간의 지난한 사고의 흔적이 오늘날 독자에게 강렬한 물음으로 육박해온다. 그의 평론에 담긴 고민과 정서는 짙은 농도로 말미암아 독자에게로 삼투되고, 독자는 그의 평론에 자신의 고민을 투사해 그동안 자기 안에 잠재되어 있던 여러 물음이 구체적 형상을 이룬다. 그런 글에는 어떤 번역성이 감돌고 있다. 원문에서 이미 번역이 시작되고 있다.

베이징 유학에서 돌아온 서른의 젊은 다케우치 요시미는 「메카다 씨의 문장」이란 글로 일본사상계에서 평론활동의 포문을 열었다. 그 글의 말미에 자신이 추구하는 말들을 하나하나 눌러 적었다.

미려한 말. 사랑스러운 말. 우렁찬 말. 침착한 말. 하늘을 찌르는 불꽃 같은 말. 기둥에 기대어 나지막하니 탄식하는 말. 말이 사상인 말. 사상이 그대로 행위가 되는 말. 이국의 시인에게 세태가 여의치 않아도 슬퍼하지 말라고 전하는 말. 귀여운 자기 아이에게 바르게 살라고 격려하는 말. 싸움을 말리는 말. 숯이 없을 때 숯이 되고 종이가 없을 때 종이가 되는 말. 어떤 것을 전할 때 다른 표현으로 그 어떤 것을 전하는 말. 교단을 내려올 때 잊히지 않는 말. 학문인지 예술인지 모를 것을 학문이나 예술로 보이게 하지 않는 말. 정치나 관념이나 일상생활을 정치나 관념이나 일상생활 이상으로 다루지 않는 말. 그러나 정치나 관념이나 일상생활을 떠나면 역사 역시 존재하지 않음을 깨우치게 하는 말. 말이 사라져도 그 말이 거하는 공간만은 남는 말. 신들의 말. 인간의 나라와 하백의 나라 혹은 참새의 나라를 이어주는 말. 무의미한 말. 지쳐 힘없는 말……

번역의 사연

교토에서 생활하며 다케우치 요시미의 평론집『일본 이데올로기』와 함께 붙들었던 책은 김시종의 자서전『조선과 일본에 살다』그리고 평론집『재일의 틈새에서』였다.

　김시종의 책을 번역하게 된 사정은 이렇다. 2014년 10월 한국, 중국, 일본, 대만의 출판인·번역자·연구자들이 모인 동아시아출판인회의에서「번역 공간으로서의 동아시아」라는 제목의 발표를 한 적이 있다. 이후 전체토론 과정에서 한국 출판사의 편집자가 일본 출판사의 편집자에게 "한국에서는 일본어 서적을 많이 번역하지만, 일본에서는 한국어 번역 출판에 소극적이다"라고 발언했는데, 그 말을 듣고는 삐딱선을 탔다. 얼마 지나서 그 회합을 기록한 책을 받았는데, 당시 내 발언은 이랬다.

> 가라타니 고진의 책이 스무 권 넘게 번역되는 동안 김시종 씨의 시집은 『경계의 시』, 『니이가타』 두 권만이 번역되었고, 김석범 씨의 경우는 소설 『화산도』가 1988년에 미완역 상태로 나왔다가 그마저도 절판되었습니다. 일본 서적의 출판 종수는 많지만 그것들로써 일본 전후사상사의 조감도를 얻기는 어렵습니다. 중요 사상가 가운데 저작이 한 권도 소개되지 않은 경우가 다반사입니다. 요시모토 바나나의 책은 스무 권 넘게 번역되었지만, 아버지인 요시모토 다카아키의 책은 한 권밖에 번역되지 않았다는 사실을 아시나요. 그나마 그 한 권도 『내 안의 행복』이라는 자기계발서 풍입니다. 단지 연구자로서 번역서가 없다는 아쉬움을 토로하는 것이 아닙니다. 일본 사회와 한국 사회의 뒤얽힌 특수관계를 고려하건대, 현재 번역 출판 양상에서 드러나는 일본 수용 방식은 한국 사회 자신에 대한 불감증을 대가로 치르고 있다고 여겨집니다. 간단히 말해 일본은 소비되고 있으며, 그것은 한국 사회

가 자신의 역사, 자신이 직면한 문제에 둔감해지고 있는
실태의 이면입니다. 패션 같은 분야만이 아니라 소설도
비평도 소비되기는 마찬가지입니다. 일본의 소설가 가운
데 누구의 책이 번역되어 활발히 읽히고 누구는 전혀 소
개조차 되지 않는지를 보더라도, 소위 일본의 뉴아카데
미즘 이후의 젊은 비평가가 한국 사회에서 유통되는 양
상을 보더라도 그렇습니다. 이 또한 그 소설가, 비평가의
자질에 앞서 이쪽의 수용태도를 문제 삼아야겠죠.

일본어 서적이 한국어로 많이 번역되었긴 하나 김시
종조차 제대로 번역되지 않은 실정이라고 꼬집은 것이다.
저 발언을 할 당시, 내가 직접 번역해볼 수 있다는 의식은
없었다. 하지만 책에서 나의 발언 내용을 확인하며 스스로
에게 물었다. 일본인 평론가는 번역하면서, 왜 재일조선인
사상가는 번역할 생각을 못했을까? 아마도 막연히 재일조
선인 3, 4세 번역자나 한국의 문학 연구자가 작업해주길
기다리고 있었던 것 같다. 저 발언에 나름의 책임을 지기
로 마음먹었다. 게다가 김시종에게는 평론집『재일의 틈새
에서』가 있지 않은가. 그 번역에 착수했는데, 돌베개 출판
사에서『조선과 일본에 살다』의 판권을 확보해 번역 작업
을 맡겨주었다.
　그렇게 해서 번역에 나섰는데, 내 실력으로는 벅찬 작
업이었다. 다케우치 요시미를 번역할 때보다 훨씬 어려웠

다. 나는 일본어로 번역하다가 막히는 문장이 있으면, 여쭤보던 네 분이 있다. 수유너머에서 '일본잡지읽기' 세미나를 하며 일본어 번역하는 법을 알려주신 박성관, 수유너머의 일본어 회화 선생 이마마사 하지메, 어학천재 나의 친구 심정명, 그리고 훌륭하고 깐깐하신 후지이 다케시. 김시종을 번역하면서는 후지이 다케시 씨를 찾아갔는데 "너는 그 정도 일본어 실력으로 김시종을 번역하느냐"며 용기가 가상하다고 하셨다. 핀잔이었겠지만, 격려로 받아들였다.

　교토에서 『조선과 일본에 살다』부터 번역했다. 그 책은 구성상 세 덩어리였다. 식민지기의 황국소년 시절, 4·3, 그리고 밀항 후 재일조선인으로 살아간 시기. 4·3 때 남로당 연락책으로 활동하다 밀항해 재일조선인이 된 그는 한국에서 4·3이 역사적으로 복권되던 1990년대 후반에야 자신이 겪은 4·3을 말하기 시작했다. 이 자서전은 오랫동안 침묵해온 4·3의 기억을 마음먹고 꺼낸 기록으로 본다면, 4·3과 그 전후의 이야기로 읽을 수 있다. 일본에서 한국으로 돌아올 때, 이제껏 두 번밖에 여행으로 가본 적 없는 제주로 성큼 향했던 데는 그 자서전의 번역 경험이 컸다. 제주에서 일할 기회가 생기자 제주행이 왠지 자연스럽게 느껴졌다. 『조선과 일본에 살다』 번역서는 제주생활이 시작된 첫해의 4월 3일에 출간되었다.

조선어의 자취

이어서 『재일의 틈새에서』를 본격적으로 번역했다. 그런데, 두 해 동안 김시종의 문장을 번역하다 보니 이런 생각이 들었다. 나는 지금 일본어를 한국어로 옮기고 있는 걸까. 분명히 문자적으로는 일본어를 한국어로 옮기는 중이다. 하지만 김시종의 일본어이지 않은가. 김시종의 일본어는 일본어로부터 해방되고 일본어에 보복하기 위한 것이었다. 유려한 일본어가 될까 봐 불안해한 일본어다.

김시종은 제주에서 일본의 황국신민화 교육을 받으며 황국소년으로 자랐다. 학교에서 배운 일본 동요와 군가에 흠뻑 빠졌으며, 집에서도 일본어를 쓰지 않는 부모를 답답해했다. 그래서 8·15 때 "조선독립 만세"를 외치는 군중 속으로 끼어들지 못하고 일본의 패전을 알자 맥이 풀리고 울적했다. 그러곤 자신이 얼마나 일본에, 일본어에, 일본식 서정에 젖어 있었는지를 깨달아 맹렬하게 조선어를 익히고 조선어 시를 읽었다. 그러다가 4·3에 연루된 그는 1949년 스무살 나이에 살아남기 위해 제주에서 일본으로 밀항했다. 그곳에서 일본어로 시를 썼다. "나는 일본어에 복수하는 심정으로 일본어 시를 쓴다." 그는 매 문장마다 기성의 일본어와 대결하여 일본식 서정과 맞서며 새로운 언어의 세계를 형상화하려 했다.

그리고 김시종의 일본어는 조선어의 자취가 짙은 일

본어다. 그가 조선에서 있었던 일을 상기해 일본어로 쓰는 일은 그 자신에게 조선어에서 일본어로의 번역 과정을 동반하고 있었을지 모른다. 그 일본어를 나는 다시 한국어로 번역하는 것이다. 그렇다면 그 일본어 안에 있을 조선어를 어떻게 한국어로 번역해낼 수 있을 것인가. 여기서 번역은 '옮기다'만이 아니라 '되살리다', '끄집어내다'와 같은 다른 성분을 갖게 된다.

'ひたすらつづらおり'.『조선과 일본에 살다』번역 작업에서 어떻게 한국어로 옮겨야 할지 몰라서 끝까지 홀로 일본어인 채로 남아 있던 구절. 그를 만났는데 여쭙기도 전에 먼저 답을 주셨다. 일본어판 제목은 여운이 부족하니 한국어판 제목은 "가도가도 꼬부랑길"로 하는 게 어떻겠냐고 제안하신 것이다. 생각지 못한 표현이었다. 듣는 순간 내가 머리를 싸매던 그 일본어가 그의 마음속에 자리 잡고 있던 조선어였음을 알아차렸다.

그가 조선에서 사용했을 조선어와 그것을 번역해오는 한국어. 김시종은 나보다 두 세대 위다. 그래서 아버지에게 번역 원고의 검토를 부탁드렸다. 내 세대가 놓치고 있을지 모를, 그러나 김시종이 일본어로 그렇게 쓸 때 떠올리고 있었을지 모를 조선어를 살려내고 싶다고 말씀드렸다. 아버지는 고등학교에서 오랫동안 한국어를 가르치셨다. 큰 도움을 주셨고, 이 자서전을 두고 아버지와 여러 대화가 오간 것은 큰 선물이었다.

4·3과 기억의 모습

2016년 4월 3일, 처음으로 4·3 위령제에 갔다. 부슬비가 내리고 가라앉는 날이었다. 공식행사가 끝나고 일반인들이 앞에 차려진 단에 헌화하던 무렵이었다. 뜻밖에 김임만 씨를 만났다. 그는 촬영 중이었다. 그러고 보면 작년 그를 우연히 만났을 때도 그는 카메라와 함께였다. 날품팔이 노동자들이 집단 거주하는 오사카 가마가사키의 삼각공원 여름축제에 갔던 때 만난 그는 촬영 중이었다. 그는 재일조선인 다큐멘터리 감독이다.

그와는 10년 전쯤 수유너머에서 아는 사이가 되었다. 작년 오사카에서 만난 날은 그의 집에서 잤다. 1층과 2층에 걸쳐 각종 사물이 빼곡히 들어차 있는 집이었다. 그날 밤 김시종에 관한 이야길 나눴고, 뭔가 뜨거운 게 있었던 것 같은데 다량의 알코올에 기억은 증발되었다. 다음 날 재일 노인요양시설 '고향의 집'에 계신 그의 어머니를 찾아뵈러 갔던 일은 기억한다. 그의 아버지도 동행하셨다. 어머니는 병이 깊어 말을 못하시고, 아버지는 남아 있을 의식을 향해 말을 건네고, 그는 그런 부모의 모습을 촬영했다. 그 가족의 모습은 선명히 기억한다.

김임만 씨는 위령제가 끝나고 사람들이 떠나간 묘소의 묘비들을 찍었다. 정확히는 묘비명들을 찍는 듯했다. 묘소라지만 시신도 묘도 없다. 비석에 새겨진 이름이 있을 뿐이다. 유족들이 이곳에 와서 찾는 것은 이름이다. 유족들은 비석에 가지런히 써내려간 한자명들에서 무엇을 보는 것일까. 김임만 씨는 무슨 생각을 하며 묘소를 찍는 것일까.

빗속에서 한참의 촬영이 끝나고 평화공원을 나오면서 이제 어디로 가느냐고 그에게 물었더니 고씨 할아버지 댁이라고 했다. 그는 내게 함께 가자고 했다. 그 할아버지에게 대단한 이야기가 있다며. 가서 통역을 해달라고 했다. 그날은 그를 따라 고씨 할아버지를 찾아간다는 게 왠지 해야 할 일 같았다.

고씨 할아버지 댁으로 가서 두 시간 넘도록 4·3 때 겪은 고초를 들었다. "4·3 사건을 생각하면 이가 갈린다. 빨갱이들이 남한을 빨갱이 사회로 만들려고 작당한 일이지 않은가"라고 말문을 여시고는 파란만장한 고생담을 두 시간 넘도록 토로하셨다. 사실 김임만 씨가 고씨 할아버지를 찾아뵌 것은 4·3 때 고초를 듣기 위해서만이 아니었다. 고씨 할아버지는 김임만 씨 아버지와 소학교 동급생이었다. 김임만 씨는 이따금 아버지에게서 4·3 때 일을 들었는데 어딘지 기억이 토막 나 있다고 느꼈다. 그래서 고씨 할아버지의 이야기를 찍어서 그 영상을 아버지에게 보여주면 보다 분명한 이야기를 들을 수 있지 않을까 기대했던 것이다.

김임만 씨가 말한 대로 확실히 대단한 이야기였다. 내용도 그렇거니와 당시 일의 묘사가 너무나 세밀했다. 마을

99

의 모습이며 고초를 겪으신 일, 주변 사람들 이야기. 반세기 넘게 지난 일을 어쩌면 이토록 생생히 기억하고 계실까. 그런 기억이란 대체 어떻게 가능할 것일까. 김시종의 자서전을 읽으면서도 기억이 너무나 세밀해 여러 차례 놀랐다. 자서전에는 이런 문장이 나온다.

가시 돋친 밤송이 껍질 같은 기억이라 닿기만 해도 상처가 나서, 생각해내지 않으려고 노력해 마음 깊숙이 묻어둔 기억입니다. 그 탓일까요. 원상原象은 엷어지지도 않고 차례차례 프레임을 넘기듯이 떠올랐습니다.

오랫동안 침묵 속에 봉인해뒀던지라 기억은 훼손되지 않은 것일까. 동결된 기억은 긴 동면에서 깨어나듯 고스란히 되살아나는 것일까. 나는 알지 못한다. 다만 이렇게 짐작해본다. 기억이 뜨거운 동안은 말로 꺼내기 어려웠고, 말로 꺼내지 못한 기억은 식지 않았다. 쓰지 않더라도 그는 마음속에서 몇 번이나 저 때로 돌아갔을 테고, 오히려 쓰지 못해서 영상의 프레임으로 남아 있었는지 모른다. 그렇다면 고씨 할아버지의 이 기억은, 이러한 기억력은 어떻게 가능한 것일까. 그는 자신의 기억을 누구에게 얼마나 들려줄 수 있었을까. 꺼내지 않았기에 닳지 않은 기억일까, 아니면 누차 꺼내며 살찌운 기억일까. 초대면의 사람에게 두 시간을 들려줄 수 있는 기억은 어떠한 감정과 의지의 산물인가.

제가 따라가도 될까요

제주대에서 4대 보험이 적용되는 첫 직장을 구했다. 내 직장은 얼마 후 '공동자원과 지속가능사회 연구센터'라는 이름을 갖게 되는데, 여기서 공동자원이란 커먼즈commons 다. 커먼즈 연구는 내게 생소한 분야였다. 애초 지도교수가 지원해보라고 권유하셨을 때 "거기 가면 동아시아 공공성을 연구할 수 있다"고 하셨지만, 막상 와보니 공공성이 아니라 공동자원이었다. 목장, 어장 말이다. 제주로 이주하기 전, 상하이에서 제주대 연구센터 구성원들과 먼저 만났다. 연구센터에 계시며 대학원 선배이기도 한 정영신 님에게 물어봤다. "선배, 커먼즈가 뭐예요."

"글쎄, 우리 모두의 것이라고나 할까."

"그런 좋은 게 있어요?!"

코뮤니즘은 공부했는데, 커먼즈에 관해 전혀 몰랐다니. 동아시아에 관해 지난 10년간 나름대로 쌓아온 지식이 커먼즈 연구에서는 별반 쓸모를 찾지 못했다. 새로운 땅에서 새로운 공부를 시작할 시점이었다.

다행히도 동료가 정영신, 김자경 님이었다. 김자경 님은 제주의 실정에 대해 열정적으로 들려주신다. 정영신 님은 궁금한 걸 자상하고 명료하게 알려주신다. 김자경 님은 자꾸 어디론가 나를 보내고, 정영신 님은 이따금 자신이 아는 현장으로 데려간다. 두 분과 동료라면 내가 아니라도 누구든 제주의 커먼즈 연구자로 성장할 것이다. 그리고 연구센터장인 최현 선생은 제주를 '커먼즈의 섬'으로 가꾸려는 의지가 크신 데다가 센터 운영은 자유방임형이어서 동료들과 함께 능동적으로 활동할 수 있었다. 이후 장훈교, 박서현 님이 동료로 합류해 많이 배웠다. 공동연구원인 이병천, 윤순진, 홍성태, 이항우, 백영경, 최정규, 서영표, 김치환, 정창원, 홍덕화 선생은 사회학, 경제학, 환경학 등의 영역에서 출중한 연구자 선배들이었다. 세대적 구성으로 보자면, 1980년대 변혁운동에 관여했거나 그 경험을 공유한 1980년대 중후반 학번의 교수들이 지원하고 1990년대 학번의 연구교수들이 대학 외부의 여러 현장 및 운동들과 연계하는 형태였다.

첫해에는 커먼즈 연구를 위한 입문적 공부를 하며, 번역을 주된 개인 작업으로 삼았다. 그러던 중 제주살이의 계기적 사건이 생겼다. 연구자로서 제주 사회로 진입하게 된다는 의미다. 그 사건은 강정에서 일어났다. 엄문희 님과 만난 것이다. 강정의 지킴이인 그는 강정에서 '멸치'로 불리고 있었다. 엄문희 님은 2016년 나와 거의 같은 시기에 입도했다. 2014년 4월 16일 세월호 사태를 목격하고는 그날 제주로 향했다가 강정마을을 경험했던 일이 계기였다. 두 아이의 엄마이고, 제주에서 강정해군기지반대운동, 제주신공항저지운동, 난개발저항운동, 기후평화운동의 현장에 있었다.

2016년 9월, 정영신 님은 강정에서 사흘간 이어지는 포럼으로 나를 데려갔다. 둘째 날 마을의 의례회관에서 저녁식사 자리가 있었는데, 테이블 맞은편에 두 여성이 앉아계셨다. 자연스럽게 그들의 대화가 귀에 들어와 한 분은 강정마을의 지킴이이고, 다른 한 분은 『카톨릭 뉴스 지금 여기』기자란 걸 알게 되었다. 솔깃한 대화였다. 듣기로 식사가 끝나면 두 분은 지킴이 분의 댁으로 자리를 옮겨 인터뷰를 할 예정이었다. 나는 원래 참여하려던 다른 프로그램이 있었지만, 오늘은 저 둘을 따라가야 한다는 걸 직감했다. 그런 날이 있다.

"두 분 말씀을 듣게 되었는데 너무 궁금하더라고요. 혹시 처음 뵈었지만, 저도 따라가 인터뷰를 들어볼 수 있을까요?" 엄문희 님은 웃으며 환영해주었다. 두 분 사이의 인터뷰를 한 시간쯤 들었을까. 나도 말이 올라왔다. 내 전화기로도 녹음하던 중이었다.

우연히 식당 맞은편에 앉았다가 집까지 쫓아와 중요한 말씀을 아주 많이 들었어요. 거리에서 시민들이 모이고 촛불이 켜져 힘과 힘이 충돌하는 싸움은 보다 정의로워지기 위한 것이라면, 이곳의 싸움은 정말 살기 위한 싸움

같아요. 이런 싸움은 강정, 밀양처럼 고유명을 갖게 돼요. 그런데 시간이 흐르면 그 이름이 구체적인 게 아니라 지엽적인 것으로 여겨지곤 해요. 그때 거기서 벌어진 일이라고요. 그렇다면 이곳의 싸움과 저곳의 싸움은 어떻게 이어질 수 있을까요. 강정과 밀양을 연결하는 것은 개발주의, 국가주의 같은 큰 개념만이 아니라 구체적인 존재인 지킴이들인 것 같아요. 2000년대 이곳저곳에서 전개된 지키는 싸움들에는 지킴이들이 있었어요. 제게는 지금이 지킴이 분의 이야기를 직접 처음 들은 시간이에요.

오늘 두 분의 인터뷰는 신문 기사용인데, 혹시 들려주신 이야기를 책으로 만드실 생각은 없으실까요. 제가 책 기획 같은 걸 하거든요. 아까는 제가 관여하는 『말과 활』이라는 잡지에 담으면 좋겠다고 생각했어요. 그런데 듣다 보니 저의 상상이 책 분량으로 커졌어요. 이것은 강정에 관한 책이라기보다 엄문희 님의 강정 이야기일 것 같아요. 이때 '의'는 소유격이 아니라 형용사격이겠죠.

낯선 사람의 갑작스러운 제안을 바로 수락하진 않았다. 하지만 우리는 이후 녹음기를 틀어놓고 몇 시간씩 대화를 나누는 사이가 되었다. 시간이 5년 정도 지나 타이핑해보니 A4 용지로 500장을 넘겼으나, 그 기록들로 책을 만들지는 못했다. 엄문희 님은 계속해서 새로운 운동에 나서고 있었기에 우리의 대화는 갈무리할 지점을 찾지 못했다.

그러나 제주에서의 나의 사고는 그의 활동, 그와의 대화 속에서 다져진 바가 크다. 그로부터 시선을 건네받아 시작된 연구들이 많다. 2019년 펴낸 『광장이 되는 시간』이란 책의 후기에 이렇게 적었다. "이 책의 일부는, 둘은 만난 적 없겠지만 내 안에서 고병권과 엄문희가 서로에게 대화한 내용이기도 하다. 그것은 또한 이십대 내내 나를 길러주었던 수유너머와 그로부터 10년 가까이 지나서 만난 천막촌 사이의 대화이기도 하다."

3 접혀진 목소리를
   펼치면

2017

주변, 한계, 이익

고병권은 수유너머의 선배다. 수유너머가 분화된 이후 수유너머R에서도 함께했다. 형의 존재를 알게 된 이십대 중반 이후로 나는 여러 자리에서 형에 대해 말했다. 이미 유명 작가이시지만, 그가 더욱 알려졌으면 했다. 내가 알린다고 알려지는 것도 아니겠지만, 그의 존재를 알게 된 사람으로서의 사명감 같은 것이었다. 그 존재에 매료되어 멋대로 사명감을 갖게 된 인물들이 몇 분 있다. 누군가를 만나 밀도 있는 대화를 하다보면, 특히 강연이 끝나고 뒤풀이에서 모인 분들과 이야기가 깊어지면 들떠서 그 존재들을 말하게 되었다. 다케우치 요시미나 김시종의 경우 그런 마음으로 번역자가 되었고, 한국의 연구자들 중에는 고병권과 『밀양전쟁』을 쓴 장훈교가 그런 존재다. 가장 많이 알리고 다녔던 사람은 텐트연극을 하는 사쿠라이 다이조櫻井大造다. 이분은 잠시 후 등장한다.

고병권은『추방과 탈주』에서 '주변화'marginalization라는
개념을 통해 한국 사회에서 대중에 대한 추방 현상을 사고
한 적이 있다. 그는 마진margin이란 개념이 지닌 다양한 함
의에 착목했는데, 마진은 주변boundary, 한계limit, 이익profit 등
의 사전적 의미를 갖는다. 그는 마진이라는 개념을 이렇게
읽어 들였다. 첫 번째 의미인 '주변'은 권력과 부의 영역에
서 부차화된 대중의 지위를 나타낸다. 두 번째 의미인 '한
계'는 대중의 삶이 처한 상황을 나타낸다. 세 번째 의미인
'이익'은 국가권력과 자본이 대중을 주변화시켜 노리는
것이 무엇인지를 말해준다.

　　그의 발상은 내게 강정마을의 상황을 해석하기에 유
용했다. 아울러 강정마을의 현 상황을 해석하는 일이 한국
사회에서 갖는 의의가 무엇인지를 밝히는 데도 유용했다.
강정마을은 한국의 주변인 제주에서도 남쪽 끝에 있는 마
을이다. 그리고 주변이라서 군사기지가 들어선 마을이다.
다시 말해 주변화된 마을이다. 강정마을이라는 주변은 국
민으로서의 권리를 보호받지 못하는 사각지대이자, 주권
의 폭력적 정체와 자본의 착취적 논리가 노골적으로 드러
나는 한계 지대다. 그곳에서는 불안정과 위기가 삶의 기본
조건이 된다. 하지만 그렇기에 강정마을에서 벌어지는 사
태와 거기에 대응해 생겨나는 활동은 한국 사회에서 중요
한 의미를 갖는다. 강정마을은 상이한 논리와 가치들이 충
돌하는 현장이다. 개발주의와 생태주의, 중앙집권과 지역

주의, 안보와 평화, 착취와 보존, 경쟁과 협력, 획일성과 다양성이 이곳에서 맞붙는다. 따라서 강정마을의 투쟁에 대해 조망하는 것은 한 마을을 알아보는 것 이상의 의미를 지닌다.

기지촌으로
끌려가는 마을

강정마을의 해군기지 건설 사업은 내가 처음 방문하기 10년쯤 전에 시작되었다. 2007년 4월, 인구 1,900명 중 단지 87명이 모인 마을 임시총회에서 비밀리에 해군기지 유치 신청을 결정한다. 곧바로 제주도정은 해군기지 건설 신청을 수용한다. 이에 2007년 5월, '강정마을 제주해군기지 반대대책위'가 결성되어 반대운동에 나선다.

  2011년 3월, 제주해군기지 반대운동이 고조되며 전국의 평화 및 종교 단체와 활동가들이 강정마을을 찾으면서 제주해군기지가 전국적 관심사로 떠오른다. 2011년 9월, 강정마을에 공권력이 투입된다. 2012년 3월, 강정마을의 '구럼비'라는 바위의 발파작업이 시작되며, 이를 계기로 전국에서 많은 사람들이 강정마을을 찾는다. 구럼비는 길이 1.2킬로미터, 폭 250미터에 이르는 거대하고 평평한 바위로, 주민들에게 오랫동안 마을의 광장, 손님방, 놀이터,

성소이자, 그러한 문화를 간직한 공간이었다. 파괴의 위기를 겪고, 또 실제로 파괴되며 구럼비는 외부에서 사람들을 불러오는 상징이 되었다. 그리고 강정을 찾아온 다른 사회적 배경과 내력을 가진 사람들은 마을에서 '지킴이'라는 공통의 이름을 갖게 되었다. 그들은 홀로 왔지만, 저마다 다른 사연과 성격과 희망과 능력을 가져왔다.

2016년 2월, 제주해군기지가 완공되었다. 나는 이 시점에 제주에 왔다. 10년에 걸친 반대투쟁으로도 막지 못했다. 내가 방문한 시점의 강정마을은 해안가까지 공사판이고 건물은 고층화되고 있다. 마을 어디서나 볼 수 있었던 바다는 시야에서 점점 사라지고 한라산의 모습마저 잘려 나가고 있다. 크루즈 항구가 완공을 앞두고 있다. 거리에는 서비스 업종의 가게가 늘어난다. 골목길은 확장 공사를 거치더니 자동차 도로로 바뀌고 있다. 마을의 토지는 외지인과 해군 측이 차츰 사들여 용도 변경되고 있다. 이미 해군기지와 크루즈항으로 해안의 절반과 땅의 4분의 1이 잠식되었다. 거기서 그치지 않고 유류 저장탱크들을 만들기 위해, 무기고를 만들기 위해, 헬기장을 만들기 위해 토지는 조금씩 수용되어 기지 관련 시설들이 차지할 것이다.

해안에는 무기를 탑재한 군함과 잠수함이 정박해 있다. 군용 차량과 군인들이 마을 안을 활보한다. 눈에 보이는 것뿐만 아니라 귀에 들리는 것도 변화하고 있다. 아침부터 저녁까지 곳곳에서 공사 소리가 시끄럽고 해군의 군

112

가, 군함의 굉음, 헬리콥터의 소음도 겹친다. 이렇게 기지의 마을로 변해가고 있다. 거기에 크루즈항이 완공되면 기지촌이자 관광지로 끌려갈 것이다.

세 가지 자료,
세 가지 마을

강정마을에서 제주 시절의 첫 연구를 했다. 논문명은「강정, 마을에 대한 세 가지 시선」. 세 가지 시선인 이유는「제주 민·군 복합형 관광미항 지역발전계획」(이하「지역발전계획」),『강정향토지』江汀鄕土誌,『강정이야기』라는 세 가지 자료를 바탕으로 작성했기 때문이다.

　　제주에서 진행한 연구들은 문제적 자료나 누군가의 경험담으로부터 비롯된 경우가 많았다. 이 논문은 제주특별자치도가 발주한「지역발전계획」을 입수한 데서 시작되었다. 이 문건을 보면 마을을 노골적인 개발 대상으로 간주하여 다섯 가지 전략을 제시한다. '전략 1. 크루즈를 통한 관광 허브 조성', '전략 2. 농수산물 특화 개발로 주민소득 증대', '전략 3. 풍요롭고 살기 좋은 정주환경 개선', '전략 4. 화합과 공존의 민·군 커뮤니티 조성', '전략 5. 친환경 경관조성 및 신재생에너지 구축'.

　　그런데 정말로 이 전략들에 따라 사업이 추진된다면

강정마을은 어떻게 될 것인가. 거리는 '쇼핑 스트리트'와 '음식테마 거리'로 조성되고 '야시장'이 들어서고 '마을 순환형 자전거 도로'가 깔린다. 학교는 '영상매체를 활용한 양질의 화상교육 시스템'이 구축되고 '원어민 영어 화상학습 프로그램 원격교육'이 가능해진다. 용천수 주위로는 '워터파크'와 '음악분수'가 지어진다. 강정항은 '조망 가능한 데크'와 'LED 조명'으로 단장된다. 연안에는 '양식장'과 '바다목장'이 조성되고 '해상풍력발전기'가 올라간다. 범섬 쪽으로는 '범섬 수중공원'과 '해양수중생태관'이 자리 잡는다. 그 모습을 과연 강정마을이라 할 수 있을까.

반면 『강정향토지』는 마을의 유구한 역사와 풍요로운 땅, 하천, 바다의 환경을 긍지 어리게 서술하고 있다. 강정 마을회가 1996년에 펴냈으며, 500쪽이 넘는 두툼한 분량이다. 총 8부 구성인데 1부 설촌 유래, 2부 자연환경과 취락, 3부 지명 유래, 4부 마을 공동체, 5부 산업 경제, 6부 구비 전승, 7부 신앙 및 희생·유공자, 8부 교육·문화 순이다. 그리고 세대별 명부, 마을 자생 단체장이 부록으로 실려 있다.

『강정향토지』를 펼치면 설촌 유래로부터 시작한다. 향토지야 대체로 이런 기술 방식을 취하지만, 역시 「지역발전계획」과 견주면 차이가 뚜렷하다. 마을을 이야기할 때 사람들이 어떻게 모여들어 마을이 어떻게 형성되었는지부터 풀어가는 것이다. 반면 「지역발전계획」의 서두를 장식하는 내용은 서귀포시와 대천동의 지역 현황, 즉 인구 추세, 지역 면적, 제주도 지역 내총생산GRDP, 사업체 수, 종사자 수, 관광객 증가 추이처럼 수치로 기술할 수 있는 것들이다.

그러나 20년이 지난 지금, 강정마을은 『강정향토지』가 묘사한 모습과는 크게 달라졌다. 그리하여 세 번째 자료는 마을신문인 『강정이야기』다. 강정이야기 발행위원회가 한 달에 한 번 발행한다. 신문인 『강정이야기』에서 만나는 마을의 시간은 「지역발전계획」과도 『강정향토지』와도 다르다. 「지역발전계획」은 2012년이라는 발표 시점으로부터 개발사업이 마무리될 10년 후의 모습을 묘사하고 있으며, 『강정향토지』는 1996년이라는 발간 시점으로까지 이어진 지난 긴 시간을 서술하고 있다. 하지만 『강정이야기』는 한 달 단위로 현재의 시간을 새겨가고 있다. 거기서는 사건이 잇따르며 부단하게 움직이는 마을의 모습이 드러난다.

2016년 1월호는 4면부터 6면까지를 「사진으로 보는 강정의 2015」로 뽑았다. 『강정이야기』가 회고하는 2015년은 사건과 행사가 연이어지는데, 곰곰이 살펴보면 세 층의 시간대로 이뤄져 있다. '별포제-영등할망축제-멀구슬 논 쌀농사'처럼 제주의 농촌마을로서 지속되는 시간이 있다면, '농성천막 행정대집행-강정생명평화대행진-반대투쟁대책위 결성 3000일'이라는 투쟁하는 마을로서의 시간이 있고, 'WCD대표단 강정 방문-세월호 유가족 강정 방문-미국 평화재향군인회 강정 방문'처럼 연대를 위해 찾아온 사람들과의 만남으로 기입되는 시간이 있다. 『강정이야기』에서 엿보이는 강정마을은 확실히 독특한 시간의 공간이다. 한 해를 보더라도 별포제로 시작해 강정국제평화영화제, 강정생명평화대행진, 강정평화콘퍼런스를 거치는 시간이 있다. 하루를 보더라도 7시 생명평화백배, 11시 길거리 미사, 12시 인간띠잇기로 이어진다. 별다른 행사가 없는 한 주도 여러 소모임으로 빼곡히 채워진다.

그런 의미에서 『강정이야기』가 비추는 강정마을은 공간만이 아니라 어떤 시간의 이름이라고도 말할 수 있다. 혹은 세상을 대하는 특정한 눈높이라고도 말할 수 있다. 여느 도시생활에서 대중매체가 공급해주는 눈높이가 아닌 세상을 자신들의 집단적 시각에서 바라보는, 혹은 자신들의 세상을 구성하는 눈높이를 갖는 것이다.

「지역발전계획」에서 강정마을은 "법정동인 강정동 중 강정마을은 강정1통을 지칭"한다며, 말단 행정구역으로서 자리매김된다. 아울러 크루즈항의 배후지 내지 서귀포 혁신도시의 인접지처럼 다른 시설이나 도시에 근거해 정의된다. 한편 『강정향토지』에서 강정마을은 20여 개의 용천수가 있는 땅이고, 역사 문헌을 통해 그 외연이 보증된다. 이와 달리 『강정이야기』에서 강정마을은 외부의 사람, 사건, 문제와 얽혀드는 장이다. 들숨과 날숨을 하듯 마을로 사람들이 드나들고 그로써 생겨난 일들이 다시 마을의 기록과 기억이 된다. 강정은 이미 이곳에서 살지 않는 많은 사람들에게도 마음속 마을로 자리 잡고 있다. 더욱이 강정 마을이라는 반경 안에서의 만남은 한국이라는 지역 범위로 국한되지 않는다. 강정마을은 이미 오키나와, 대만, 미국 등지의 여러 지역운동, 사회운동과 연계되어 있다.

그리고 반대운동을 거치고, 반대운동 이후에도 대안적인 삶을 실험하는 운동이 펼쳐지고 있다. 평화센터, 평화회관, 평화서점, 거리미사천막 같은 '공간', 안녕기원제, 강정생명평화대행진, 강정평화콘퍼런스 같은 '시간', 그리고 강정마을과 지킴이를 지원하는 공식 단체 강정친구들, 제주 먹거리를 판매해 수익금을 생명평화마을 활동에 쓰는 강정평화상단, 마을 신문 『강정이야기』, 지킴이의 안정적 주거환경을 마련하고자 평화의 집짓기를 하는 마가지 협동조합 같은 '활동'은 모두 수년에 걸쳐 지킴이가 마을 주민과 함께 해낸 성과이며, 미약하더라도 다른 미래를 품는다는 의미에서 상징적 사건이다.

텐트연극

수년간 여러 사람에게 사쿠라이 다이조라는 인물이 있다며, 현재 일본에서 활동하는 사람들 중에서 가장 주목하는 인물이라고 소개했다. 내가 주목한다는 게 대단한 의미를

117

갖지는 않겠지만, 기꺼이 그를 선전하고 싶었다. 그는 텐트연극을 한다. 통상 한 편의 연극은 극장에서 반복 상연되지만, 그는 한 편의 연극을 공연하기 위해 한 장소에 텐트를 세우고 며칠간의 공연이 끝나면 텐트를 걷고 떠난다. 그렇게 텐트연극을 1970년부터 40여 년간 이어왔다.

사쿠라이 다이조는 텐트연극에 관한 자신의 가설을 들려준 적이 있다. 그에게 텐트는 극장의 대용물이 아니다. 텐트의 얇은 천 한 장으로 현실공간의 일부를 잘라내 거기에 함몰을 만든다. 그 함몰 속에서 공연함으로써 바깥 현실을 허구화한다. 텐트 속에서 시간의 서열은 뒤바뀌고, 공간은 엿가락처럼 늘어나거나 뒤틀리고, 가로였던 세계는 세로로 세워진다. 기성의 논리가 전복된다. 이게 텐트연극에 관한 그의 가설이다. 그래서 그의 연극은 부조리극이다. 그러나 그가 텐트 안에서 부조리한 상황을 만들어내는 까닭은 텐트의 바깥 세계, 소비자본주의야말로 인간의 결핍을 소비로 메우는 부조리이기 때문이다. 그는 텐트를 세워 부조리를 두고 소비자본주의와 쟁탈전을 벌인다.

10년 넘게 그를 쫓아다녔다. 그는 매해 일본, 대만, 중국 어딘가에서 새로운 극본으로 닷새 정도 공연을 하는데, 공연 시기에 찾아가 공연이 다 끝나고 텐트를 철거하면 하루이틀 인터뷰를 하고 돌아오곤 했다. 내 컴퓨터에는 번역을 포함해 세 개의 폴더가 그에 관한 파일들로 채워졌다. 세 권의 책을 준비하고 있다. 하지만 그가 내게 원한 건 책이 아니었다. 배우로 참여하라는 것이었다. 연기를 하라니, 이건 무리한 권유였다.

다른 하나는 한국에서 텐트연극을 하자는 것이었다. 수년간의 인터뷰에서 이런 말들을 들었다. "한국에서 텐트연극을 해야 할 때가 되었다", "어머니는 조선의 노래를 불렀다. 그 기억이랄까, 몸에 있는 것을 돌려주고 싶다", "한국의 내가 나를 기다리고 있다", "한국에 있는 자신을 남겨야 한다", "한국에서 하지 않는 한 대만도 베이징도 일본도 바뀌지 않는다", "한국에 가서 누구도 알지 못하는 것을 발견해야 한다", "어서 가야 하는데 아직 계기가 없다", "직접적인 신체적 관계를 가진 자는 내 세대로 끝날 것이다. 비참히 사라지는 존재가 가진 가능성을 증명하는 주체가 되는 것이 내 세대의 책임이라고 생각한다."

사쿠라이 다이조는 1982년 광주를 가본 뒤 도쿄로 돌아와 극단 '바람의 여단'을 창설했다. 그리고 이웃 나라에서 '역사화되지 않은 역사'를 자국에서 실현하고자 텐트를 짊어지고 전국으로 공연을 다녔다. '바람의 여단'의 첫 번째 작품《도쿄 말뚝이》는 관동대지진 시기에 살해당해 아라카와荒川를 가득 메우고 있는 조선인의 뼈를 파내며 시작하려 했다. 극단은 강가에 텐트를 세웠고, 수백 명의 경찰기동대는 그들이 강가로 들어가지 못하도록 막았다. 대치 상황은 일주일간 계속되었다.

두 번째 작품《수정의 밤》에서 주인공은 조선인 종군

119

위안부였다. 그는 위안소에서 아이를 낳지만 기를 수 없어 변소에 버린다. 그러고는 정신이 나가 위안소에서 쫓겨나 산속 동굴에서 살아간다. 한편 강제징용당해 천황의 고쇼御所를 짓던 조선인 노동자는 탈출해 변기 속으로 숨어든다. 그는 거기서 갓난아이와 만나 천황 흉내를 내는 놀이를 한다. 그러다가 아이를 버린 어머니가 똥으로 뒤범벅된 조선인 노동자를 만난다. 어머니는 그 노동자를 천황이라고 착각해 "갓난아이를 돌려주세요"라고 직소한다. 노동자는 천황의 말버릇을 흉내 내며 대꾸한다. 조선인에게 천황 역을 맡긴 문제작이었다. 이 연극은 『아사히신문』이 꼽은 '20세기 일본 연극 10선' 중 한 편으로 선정되었다. 말소되어가는 조선의 기억을 일본 사회로 소환하는 것이 '바람의 여단'에게는 광주의 계승이자 반일의 행동이었다. 1994년, 사쿠라이 다이조는 '바람의 여단'의 후신으로 '야전의 달'野戰之月을 창단해 지금까지 이어오고 있다.

세계의 최선두여서
적막하다

제주살이 첫해인 2016년 10월, 후쿠시마현 이와키에서 하는 공연을 보러 갔다. 동일본대지진과 후쿠시마 사태로부터 5년 지난 시점의 재해지에서 텐트가 세워진 것이다. 텐트연극은 무대와 객석 모두를 텐트로 감싸야 해서 규모가 상당하다. 억척스럽게 아시바를 올리고 무대를 설치하고 장치들을 달았다. 이틀간 폭우가 내렸다. 텐트를 세우는 날은 위험했고, 공연 첫날은 텐트를 때리는 빗소리를 배우의 목소리가 뚫고 가기 어려웠다. 객석은 거의 비어 있었다. 공연 둘째 날에 비는 그쳤지만 객석은 여전히 비어 있었다. 나는 애초 텐트 안팎으로 돌아다니며 촬영할 계획이었지만, 10인분의 눈동자가 되겠다는 마음으로 객석에 있었다. 공연 마지막 날, 나는 제안을 했다. "제주에서 텐트 연극을 해요." 그리고 강정마을의 상황을 설명했다. 다이조는 말했다. "제주는 잠재적으로 내 안에 있었다. 꼭 그런 데서 하고 싶다. 한국이 지금 어떤 표정을 하고 있는지 보겠다."

다음 달인 11월, 사쿠라이 다이조와 그의 30여 년 동료 모리 미네코는 강정마을을 방문했다. 엄문희 님과 함께 이 회합을 준비했다. 박근혜 대통령의 탄핵을 요구하는 촛불시위가 전국에서 달아오른 시기였다. 매주 토요일이면 서울에서는 수만, 수십만 명이 광장으로 몰려나왔다. 다이조와 모리는 해군기지 정문 앞에서 연좌 농성을 하는 몇몇 사람 곁에 앉았는데, 그 경험을 이렇게 표현했다.

토요일에 도착해 제주시의 촛불집회에 참가했는데 거기서는 계속 박근혜, 박근혜를 들었습니다. 그리고 다음 날

아침 강정의 해군기지 앞에 섰습니다. 두 곳은 낙차가 컸습니다. 지난주 서울은 20만이었던가요. 제주시의 촛불집회도 성황리에 달아올랐습니다. 하지만 다음 날 아침 몇 명 안 되는 여성들이 기지 정문 앞에 앉아 소리를 높였는데, 그 적막함은 무척 대조적이었습니다. 저희가 하는 텐트연극은 이 적막함과 닿는 내용, 공간, 시간을 상대로 하기에 느끼는 바가 많았습니다.

그리고 강정에서 만남이 생겨나, 앞으로 어찌될지 모르지만 여기서 사람들과 함께 광장을 만들고 싶은 마음이 일었습니다. 싸움이 끝난 게 아니라 어떤 싸움이 시작되는 그곳, 적막한 그곳이야말로 세계의 최선두일 테니 거기서 광장을 만드는 게 중요하다고 생각했습니다. 선두이니까 눈앞으로 보이는 사람이 없습니다. 선두이니까 적막합니다. 강정에서 텐트연극을 하는 것 자체가 중요하다기보다 이 정도로 국가 파시즘에 시달려야 하는 상황이라면 이쪽에서도 거기에 맞서 광장을 만들겠다는 것이며, 텐트는 그 방편의 하나일 수 있겠죠.

워크숍과 자주연습

제주에서 해야 할 일이 생겼다. 제주에 있을 이유가 분명해졌다. 제주에 있는 동안 텐트연극집단을 만들어 다이조와 함께 텐트연극을 할 것이다. 4년은 걸릴 것이다. 제주에 와서 주도적으로 준비한 첫 번째 활동은 강정 텐트연극 '워크춉'이었다. 7월 7일부터 7월 9일까지 강정마을에서 열렸다. 다이조가 초대장을 썼다. '워크숍'이 아니라 '워크춉'인 까닭은 다이조식 유머다. 당수chop로 워크숍을 깬다는 거다.

강정에서 텐트연극 '워크춉'을 하려고 합니다. 텐트연극에 대해서는 여기에 세세히 소개할 수가 없습니다. "텐트를 세워 지금까지 연극 따위와 무관한 사람들이 연극을 만들어 자신도 출연한다"는 행위가 있는 모양이군 정도로 생각해주시기 바랍니다. 강정에서 그런 장을 열어보고 싶습니다.

　참가 자격은 물론 없습니다. 다만 '자주연습'自主稽古을 바탕으로 삼습니다. '자주연습'에는 규칙도 방법도 없습니다. 이것은 '연극'에 관한 기존의 이해 내지 편견과는 다릅니다. '표현 이전'이라고 해야 할 것입니다. 참가자는 각자 '자주연습'일 만한 것을 마음대로 떠올려서 준비해 와주시기 바랍니다. 무책임한 말 같지만, 하는 수 없습니다.

　한 사람에게 두 차례 정도 기회가 있습니다. 친구나 가족이 아닌 타인의 면전에서 하는 행위이니 부담스럽겠지만, '자주연습'에 입회할 수 있는 자는 '자주연습'을 하는 사람뿐입니다. 유일하게 거기가 공통된 입장立場입니다. 최장 15분 정도로 해주세요. 최단 3분 정도는 무대에 있어주길 바랍니다. 그 후 사쿠라이가 간단히 인터뷰를 합니다.

그 밖에 소리를 내겠습니다. 노래 말입니다. 이것은 반드시 30분 정도 전원이 하며 그 후 한 사람 한 사람이 부릅니다. 음감이 좋든 나쁘든 서투르든 능숙하든 좋든 싫든 부릅니다. 그리고 낭독입니다. 자신이 소리를 내서 읽고 싶은 것을 가져와주세요. 이것도 최장 10분 정도로 부탁합니다. 이른바 신체 훈련 같은 것은 하지 않습니다. 다치지 않는 체조를 2분 동안만 합니다.

첫 번째 워크숍에는 약 스무 명이 모였다. 그룹으로 본다면 일본 텐트연극집단 야전의 달, 대만 텐트연극집단 해필자海筆子, 강정의 지킴이, 수유너머 104, 『말과 활』, 그리고 작가들이었다.

다이조의 초대장은 확실히 무책임한 이야기였다. 한 참가자가 자주연습을 위해 무얼 준비해야 하는지 물어왔지만, 나도 답해줄 수 없었다. 하지만 모인 모두는 '보는' 책임을 나누고 타인의 움직임을 주시했다. 첫날은 모이자마자 함께 노래를 부르고, 둘째 날은 엄문희 님이 마련한 강정마을 미술관 '살롱드문'salon de moon, 마지막 날은 살롱 드 문 안에서 그리고 해군기지 정문 앞에서 자주연습을 했다. 다이조는 거의 아무것도 모르고 온 사람들에게 이런 말들을 들려줬다.

　　"자주연습은 배우가 되는 데 아무런 도움이 되지 않습니다. 당장은 투쟁에 유익하지 않을 수도 있습니다", "일상을 벗어나려, 자신을 떠나려 우리는 이 장에 모였습니다", "이 장에 참여한 사람들의 의무는 일순이라도 좋으니 침묵의 목소리를 꺼내려 노력하는 것입니다", "자신이 아니라 타인을 위해서 합니다. 그 증여를 기쁨으로 알아차리는 자기 안에 누군가, 무언가가 있을 수 있습니다", "자신을 버린다 함은 이 장에서 자신의 것을 표현하려 하면 타인의 것이 점점 침입하게 될 텐데, 그걸 받아들인다는 의미입니다", "자주연습은 자신이 하는 것이 아니라 타인을 보는 훈련입니다", "최소한 저는 무슨 표현이든 무조건적으로 전체를 볼 것입니다. 여러분이 서 있는 이 장을 신뢰해주세요", "표현은 자신이 드러내는 것이 아니라 장에서 일어나는 것입니다", "타인이 힘주어 보고 있기에 자신이 모르는 자신이 끌려나올 것입니다. 내몰렸을 때 비로소 끌려나오는 무언가가 있습니다", "표현은 진정한 현실을 대했을 때 놀람의 움직임, 몸부림입니다. 우리가 일상적으로 대하는 현실은 착각으로 이뤄져 있습니다. 이런 장에서 진정한 현실을 만났을 때 자기 안의 무언가가 거기에 놀라 어떤 반응을 일으킵니다. 그 반응을 정작 자신은 알아차리지 못할 수도 있습니다. 타인이 봅니다", "시간을 멈추는 힘이 있어야 합니다. 그러려면 시간을 구부려야 합니다. 표현을 위해서가 아니라 존재를 위해서 말입니다. 시간을 멈춰 세우면 올라오는 게 있습니다."

이때부터 1년에 두세 차례 모여 워크숍을 이어갔다. 나는 자주연습 참가와 함께 다이조와의 교신, 선전, 통역, 회계 그리고 음주를 맡았다. 제주 활동 중 가장 벅찼다. 이중적 의미에서.

『말과 활』 휴간

2017년 8월, 『말과 활』이 14호를 끝으로 휴간에 들어갔다. 격월간으로 출발했으나 주기를 지키지 못했고, 계간지로 전환하고서도 차질은 여전했다. 나는 4호부터 매호 글을 썼다. 휴간 시점에는 편집위원이었다. 『말과 활』은 내겐 잡지 이상으로 수유너머 이후 가장 소중한 집단적 관계였다.

『말과 활』을 통해 만난 분들이 있다. 문부식, 변정수, 장정일, 서동진, 김현호, 김신식, 정용택, 안진국, 미류, 오혜진, 윤인로, 한윤형, 금정연, 임태훈, 노혜경, 허윤, 김주희. 문부식 선생을 비롯한 몇몇 분들과는 운영을 고민했고, 어떤 분들은 글에 매료되었다. 내 또래 필자들의 치열한 글을 읽는 건 설레는 일이었다. 문학비평 영역이 아

니어도 우리 세대가 쓰는 시기가 되었구나. 하지만 『말과
활』은 돌아오지 못할 휴간을 선언했다. 수유너머가 분화되
었을 때도 들었던 "결국 그리되었다"는 소릴 다시 듣게 되
었다. 그러나 나는 실패의 서사로 남겨두고 싶지 않다. 아
이디어를 계속 짜내게 하고, 밤늦도록 고민케 하는 활동은
오랜만이었다. 비록 『말과 활』에 다시 글을 실을 수는 없
겠지만, 이 활동이 무슨 의미였는지를 돌아볼 수는 있다.

　『말과 활』은 내게 잡지 이상이었지만, 잡지여서 나도
거기까지 할 수 있었다. 잡지는 전부터 내게 각별한 읽기
의 영역이었다. 어린 시절 아버지는 『말』과 『우리학교』를
정기 구독했는데, 자잘한 글씨가 빼곡한 『말』은 내용도 빽
빽했지만, 한 장 한 장 넘길 때마다 알아야 할 것을 알게 되
었다는 흥분이 있었다. 십대에 읽었던 위인전, 문학책, 교
양서적은 대부분 번역서였는데, 『말』에서는 뭔가 한국 사
람이 치열하고 과감하게 사고하고 있었다.

　1998년 대학에 들어가서는 전년도에 창간된 『당대비
평』을 접했는데 어떤 글들에는 전율했다. 처음으로 원고
란 것을 발표한 지면은 2학년 때 교내잡지인 『고대문화』
와 『석순』이었고, 학교 근처 장백서점을 거점 삼아 나오는
『문화테러단 잡』의 영향을 받아 2학년 때 까탈이란 웹진을
만들고 딴죽거리라는 필명으로 활동했다. 대학원에 진학
하고서는 잡지에 본격적으로 투고하기 시작했다. 서른을
훌쩍 넘겨 박사학위를 받은 시기까지도 학술지에 게재된

논문은 셈할 때 다섯 손가락이 필요하지 않았지만, 잡지에 실린 원고는 꽤 되어서 『지식의 윤리성에 관한 다섯 편의 에세이』, 『상황적 사고』로 묶어냈다. 『말과 활』이 휴간해 구체적으로 관계하는 잡지가 사라지자 평론을 쓰는 일도 중단되었다.

잡지의 접힘,
잡지의 펼침

하지만 이후로도 나는 사고의 호흡이 거칠어지면 종종 잡지를 펼친다. 요즘 나온 잡지 중 마땅한 것이 없다면 철 지난 잡지여도 괜찮다. 때로는 철 지난 잡지여서 더욱 좋다. 사회적 참사, 공정과 정의, 젠더 갈등, 지역 격차, 정치의 사법화, 언론과 권력의 유착 등 잡지가 주목했던 그 사안이 진정 과거에 문제였다면 현재에도 사고 과제일 수 있다. 현실 사안으로는 지나갔더라도 사상사적 사건으로는 아직 무르익지 않았을 수 있다. 철 지난 잡지를 읽다가 어떤 사안에 대해 깊이 파고든 글을 만나면 거기서 지금의 사고 과제를 건네받아 이어달리기를 하고 싶어진다. 지금 시점에 돌아본다면, 그 글은 어디까지 해명했고 무엇을 지금까지 이어지는 문제로서 포착해 놓았던가. 이처럼 발행 시점이 한참 지났는데도 누군가가 사고 과제를 찾으려고 펼칠 때, 잡지는 더욱 잡지답게 읽힐 수 있다. 발행주기에 맞춰서 나온 잡지가 시간을 이겨내는 때다. 그런 독해를 기다리는 옛 잡지들이 있다.

사실 잡지는 1990년대처럼 한때 활발했으나 지금은 도태된, 이미 지난 세기에 속하는 퇴물처럼 여겨진다. 혹은 개개인의 가벼운 눈요깃거리거나 기껏해야 주기가 짧은 취향의 공동체를 만드는 데 쓰이는 소비재일 뿐이다. 오락지 같은 것만을 두고서 하는 이야기가 아니다. 시사지도 그럴 수 있으며 문예지라 한들 별로 다르지 않을 수 있다. 가십 기사가 실린 오락지이건 비평문이 단장한 문예지이건 여간해서는 개개인들의 (심리적·시각적·지적) 욕구와 취향에 따라 읽히고 버려지는 정보 모음집 이상이기 어렵다.

그럼에도 나는 여전히 잡지에는 다른 경험의 가능성이 잠재한다고 믿는다. 여기서 후지타 쇼조의 『정신사적 고찰』에서 경험에 관한 그의 견지를 참조하자. 그에게 경험이란 그저 겪은 일들에 관한 통칭이 아니다. 경험한다는 것은 자기 아닌 것과의 접촉으로 자의恣意의 세계가 흔들리고 자신의 욕구가 동요하는 시련을 내포하며, 그로써 자의의 세계와 자신의 욕구가 재편되는 과정을 일컫는다. 여기에 잡지가 추구할 어떤 경험의 이미지가 있지 않을까. 독자로 하여금 자신에 대해서는 자신이 이미 잘 알고 있다는 통념을 흔드는 잡지. 사유하지 않았음에 관한 사유를 촉발하고, 자기 사고의 관성을 응시하도록 유도하고, 그로써 독자를 멀리 데려가 거기서 자신과 대화하도록 이끄는 잡지.

펼침explication과 접힘implication. 독자는 읽으려면 잡지의 낱장을 펼쳐야 한다. 잡지의 '펼침', 그것은 잡지의 '접힘'에서 비롯된다. 여러 낱장이 모여 한 권의 잡지로 덮여 있다. 낱장들은 펼쳐지기를 기다리는 접힘, 개념적으로는 '주름'이다. 잡지를 펼친다는 것은 주름 속으로 들어서는 일이다. 때때로 나는 잡지의 주름 속에 빠져 자신의 통념 바깥으로 나서는 문을 발견한다. 잡지 속으로 깊이 들어가려면, 때로 자신에게로 깊이 들어가고, 때로는 자신에게서 멀리 떠나야 했다. 잡지의 주름은 자신의 주름과 만나고, 잡지의 펼침은 자신의 열림일 수 있었다. 주름이 깊을수록 펼침은 강렬하고 그 경험은 깊이 남았다.

만일 잡지-경험이 후지타 쇼죠가 말하는 시련일 수 있다면, 그 까닭도 잡지-읽기가 주름 속의 헤매임과 헤어나옴을 동반하기 때문일 것이다. 접힘과 펼침이라는 잡지-운동. 그래서 잡지는 그 판형보다 넓고 두께보다 깊다.

잡스러움의 가치

그렇다면 잡지는 그러한 경험의 발생을 어떻게 도모할 수 있을까.『말과 활』에서 기획을 고민할 때 내게는 최대의 물음이었다. 물론 문제의식이 충만한 글을 모아내는 일이 중요하겠지만, 훌륭한 글이 실린다고 경험의 발생이 보장되지는 않는다. 역시 잡지다워지는 것, 잡지로서 충실해지는 것이 그 방법이지 않을까. 잡지는 독자에게 신문보다 띄엄띄엄 나오는 단순한 정기간행물이 아니다. 필자에게 단행본으로 모을 글을 조금씩 선보이는 지면만도 아니다. 그건 잡지답지 않다. 잡스럽지 않다. 잡지라면 다양한 주제, 다른 어조, 상이한 입장을 아우르고 있어야 한다.

그러면 잡지이기에, 즉 이질적인 글들이 모여 있기에 어떤 사건이 일어날 가능성이 생긴다. 복수의 관점들의 교류, 충돌, 삼투에 힘입은 사건 말이다. 한 권의 잡지 속에서 글들은 서로에게 말 걸고 경합한다. 서로를 잡아내리고 끌어올린다. 그렇게 펼쳐지는 혼돈의 지대에서 잡지에서만 가능한 경험이 발생할 수 있다. 의도치 않게. 예기치 않게. 잡지는 그걸 노린다. 의도치 않고 예기치 않은 효과를 기대하고 기획하며, 글들의 상호 이질성이 빚어내는(각각의 글로 환원되지 않는) 특유의 색채와 음조를 창출한다. 그저 한 권의 잡지일 뿐이나 되는 데까지 함의의 폭을 넓히고 차원을 두텁게 만든다. 그로써 한 권의 잡지는 여러 편의 글 모음 이상이 된다. 『말과 활』은 그런 잡지이길 바랐다.

『말과 활』 같은 잡지는 시대의 문제들을 먹고 산다. 생각해보면 잡지는 이러저러한 문제들이 한데서 조우하는 기묘한 장소다. 독자는 잡지를 통해 여러 문제를 접하고 경험한다. 하지만 문제들을 직접 경험한다기보다 문제에 관한 누군가의 정신적 경험을, 말을 매개해 경험하는 것이다. 그렇다면 어떠한 말이어야 독자로 하여금 잡지의 시공간으로 들어와 머물게 하고 잡지-경험을 발효시킬 매력을 지닐 수 있을까. 매력은 끄는 힘이다. 잡지의 말은 끄는 힘이 있어야 한다.

어떤 말에 매력을 느끼는지는 독자마다 다르겠지만 나는 잡지를 펼칠 때 여느 매체, 가령 신문과는 다른 말을 접할 수 있길 바란다. 기사와 사설에서 기자와 논자들이 이러저러한 문제를 거론하는 방식에는 '다루다'라는 동사가 어울린다. 그 동사에서는 언제든 손 뗄 수 있다는 여유감, 언제든 돌아설 수 있다는 거리감이 느껴진다. 그들은 문제를 뭐라뭐라 명명하고 진단하며, 그렇게 문제의 경계를 둘러친다. 문제는 경계 안에서 점차 알 만해진다. 그리고 다 꿰뚫어본다는 듯이 의기양양하게 논한다. 자기 일로 떠맡기는 거부하면서도 늘상 가르치려든다. 그런데도 그들의 진단과 처방이란 것은 큰 원칙의 재확인에 머문다. 너무나 상식적이지 않은가. 맞는 이야기다. 그저 맞는 이야기일 뿐이다. 나른하다. 그들의 말을 거치면 문제는 제대로 조형造形되기도 전에 밋밋해진다.

내가 떠올리는 잡지는 문제를 대할 때 '를'보다는 '와'라는 조사를, '다루다' 대신 '부대끼다' 같은 동사를 불러들인다. 문제의 경계를 긋고 거기서 바깥으로 빠져나와 문제에 대해 나른하게 논하는 말이 아니라, 문제의 구획화를 부단히 되묻는 말을 확보한다. 문제는 복잡해서 문제다. 복잡한 문제는 얽히고 흘러넘치는 문제다. 문제의 상황 속에 있으려는 자는 상황을 명시明視하기 어렵다. 상황은 흔들리고 상황 속 자신도 흔들린다. 그러면 말도 흔들린다. 말이 흔들린다면, 말로써 흔들림을 전하고 흔들림으로 독자를 초대하면 될 것이다. 그로써 독자를 흔들면 될 것이다. 그것이 잡지적 경험일 것이다.

커먼즈 네트워크 결성

"2017년 10월 28일 오전 11시 무렵, 커먼즈 네트워크 결성." 기사 한 줄 안 나왔지만, 거사가 있었던 아침. 그런데 장난스러운 구석이 있었다.

전날 밤, 제주 동백동산 인근 펜션 이올락에서는 시끌벅적한 파티가 열렸다. 밤새 마당에서 술 마시고 노래하고 떠들 사람들은 술 마시고 노래하고 떠들고, 큰 방에서는 쓰러질 때까지 광란의 춤판이었다. 아주 흡족하게 놀았던 이들은 다음 날 아침까지도 들떠서 "그냥 헤어지기 아쉽다. 우리 뭔가 모임을 추진해보자"라고 모의를 하더니, 얼마 지나지 않아 "굳이 기다릴 것 없이 지금 만들자"로 도약해 '커먼즈 네트워크'라고 쓴 큰 종이 곁으로 모여 역사적 결성 사진을 남긴다.

물론 대박적 파티 때문만은 아니다. 이 파티는 '2017 커먼즈 워크숍―다른 장소, 공통의 질문'의 뒤풀이였다. 참가자들의 면면을 보면, 이승원·장훈교 님의 서울혁신센터 사회혁신 리서치 그룹, 박배균 님이 연구책임자로 계시는 서울대학교 아시아도시사회연구센터, 정기황·김상철 님의 시시한 연구소와 경의선 공유지 그룹, 민운기 님의 스페이스 빔, 엄문희·황용운 님 등 제주 활동가, 그리고 우리 연구센터 멤버였다. 대학 안팎의 연구자들과 현장 기반 활동가 32명이 함께해 2일간 18시간을 토론해 커먼즈 패러다임의 검토 및 발전을 위해 앞으로 심화할 118개의 질문들을 건져냈다. 어마무시한 이 기획은 장훈교 님이 세웠다. 나는 그와 함께 사흘간 열세 번의 섹션에서 진행을 맡았다. 제정신으로 해냈던 행사는 아니다.

커먼즈라는 공동 화두 아래서 서울, 인천 지역의 참가자들은 제주 선흘리와 강정 이야기에, 제주의 참가자들은 서울 경의선 공유지와 인천 배다리 공유지의 사례에 귀 기울였다. 연구자들은 활동가들의 생생한 고민을 들으며 무엇을 어떻게 연구해야 할지 따라서 고민했으며, 활동가들은 연구자들의 시각을 통해 자신의 현장을 되살폈다. 사실 본업이 다를 뿐 활동지향형 연구자와 연구친화적 활동가들의 만남이었다. "서로에게 배울 게 많다", "서로에게 도움이 된다"는 감각을 공유했다. 이 회합을 한 번으로 끝내기가 아쉬웠다.

그렇게 결성된 커먼즈 네트워크는 이듬해부터 학술적 논의와 사회적 실천의 접속을 꾀하는 '커먼즈 네트워크 포럼'을 개최한다. 연구자와 활동가가 함께해 커먼즈 연구의 관심사를 토의하고 여러 커먼즈 운동 현장의 경험을 나누면서 커먼즈 패러다임을 사회적으로 확산시켰다. 2박 3일 이상의 포럼 기간 동안 연인원 수백 명의 시민이 참가하며 한국 최대의 커먼즈 관련 회합으로 성장했다.

　　매해 개최지를 옮겼는데, 2018년 5월 제1회 포럼 '지금, 여기 커먼즈'는 사흘간 경의선 공유지에서 열렸다. 경의선공유지시민행동은 경의선 지하화로 생겨난 지상의 철로 부지를 상업적으로 개발하려는 한국철도시설공단에 대항해, 2016년 11월 27일 해당 부지를 도시공유지로 선언하고 도시 약자들을 위한 '서울의 26번째 자치구'로 운영했다.

　　그래서, 우리는 싸운다.

　　우리가 속해 있던 기존의 자치구가 우리를 버렸음으로 우리도 이들을 버린다. 대신 우리는 각자의 싸움을 우리의 싸움으로 만들기 위해 함께 자치구를 세우기로 했다. 이곳에서 우리의 삶을 포기하지 않으면서도 지치지 않는 싸움을 해나갈 것이다. 우리는 우리를 지우려 하는 이 도시에 지워지지 않는 화인을 남길 것이다.

　　우리는 모이고 살아가고, 투쟁하며 웃을 것이다. 이곳에 더 많은 시민들을 초대한다. 도처에 뿌리 뽑힌 이들은 이 곳으로 오라. 우리는 웃으면서 분노할 것이고 우리의 삶을 걸고 물러서지 않을 것이다.

우리의 '26번째 자치구'는 그들이 포기한 자치와 연대, 그리고 희망을 말하는 진짜 자치구가 될 것이다.

오늘부터 명령하고 빼앗던 어제의 서울과 작별한다.

'26번째 자치구' 만세!

경의선 공유지는 커먼즈 실험과 연구의 그야말로 근거지였다. 2019년 5월 제2회 커먼즈 네트워크 포럼 '커먼즈, 공동의 질문'은 닷새 동안 배다리 공유지와 경의선 공유지를 오갔다. 인천 배다리 마을을 관통하는 산업도로 건설 계획에 맞서 주민들이 건설 예정지를 공유지로 선언하고 관리하던 배다리 공유지. 2011년 10월 8일, "매우 사소한 것들이 가장 중요한 것이다"라는 원칙에 입각하여 배다리공화국의 헌장(45개조)과 국가 상징이 나왔다

"모든 사람은 그들의 권리를 알 필요가 있다."

"모든 사람은 빨리빨리 생활 방식에 대해 반대할 권리가 있다."

"모든 사람은 배다리 골목에 빨간 고추를 말릴 권리가 있다."

"모든 사람은 헌책을 읽을 권리가 있다."

"모든 사람은 안락한 길과, 휴식공간, 공원, 공중화장실에 대한 권리가 있다"

"모든 고양이는 언제 어디든 걸어 다닐 권리가 있다."

"모든 사람은 배다리에서 그들이 원하는 만큼 살 권리가 있으며, 어느 누구도 배다리를 떠나게 강요할 권리가 없다."

2020년에는 장훈교 님이 마련한 '전환 2050: 커먼즈와 지역계획' 제주 딥다이브 워크숍과 이승원 님이 주도한 서울혁신파크에서의 2차 딥다이브 워크숍이 개최되었다. '커먼즈와 안보'를 주제로 강정마을에서 3차 딥다이브 워크숍을 예정했으나 코로나 팬데믹으로 실현되지 못했다. 이후에는 커먼즈데이, 작은 포럼, 도시 커먼즈 워크숍, 커먼즈 인문학 콘서트 등의 형태로 홍성, 강릉, 서울 등지로 다니다가 코로나 팬데믹 종료 후 커먼즈 네트워크 포럼이 재개되어 춘천으로 향한다.

자원, 노력, 인물

커먼즈 네트워크의 행사는 대학에서 열리는 여느 학술대회와 사뭇 다르다. 일단 대학 건물에서 한 적이 없다. 불가피하게 선택한 온라인 공간이 아니라면 매번 어떤 실천 현장이었다. 커먼즈 네트워크는 출범 당시부터 서울, 제주, 인천의 운동 현장을 거점으로 삼았으며, 커먼즈 네트워크에 새롭게 접속한 공유지운동, 협동조합, 중간지원조직의 활동가가 자신의 실천 현장으로 데려가는 식이었다. 그 현장 측에서는 커먼즈 네트워크 포럼 개최가 사회적 주목과 역량 강화를 기대할 수 있는 활동의 연장이었다. 다른 경험의 활동가, 다른 시각의 연구자들이 그 현장에 모여 상황에 대해 경청하고 함께 고민한다. 매번의 포럼에는 어느새 또 다른 실천 현장에서 활동가가 와 있다.

그런데 한편으로 커먼즈 네트워크는 대학의 기관과 자원을 기반으로 삼았다. 서울대 아시아도시사회연구센터와 제주대 공동자원과 지속가능사회 연구센터는 기획을 맡고 예산을 충당했다. 두 기관의 연구원이신 이승원, 장훈교, 박서현 님은 탁월한 커먼즈 연구자인 만큼 커먼즈 네트워크 활동을 위한 실무도 남다른 식으로 해내셨다. 서울대 아시아도시사회연구센터 센터장 박배균 님의 '물심양면' 지원은 수사가 아니다. 센터의 자원을 아끼지 않으셨고, 자신의 시간과 노력도 아끼지 않으셨다. 이후 성신여대 인문도시사업단도 가세했다. 커먼즈 네트워크는 대학이 지닌 인적 자원, 관계 자원, 연구 역량, 예산을 대학 외부와의 유익한 활동에 얼마나 유용하게 활용할 수 있는지를 보여주는 실례다.

또한 이러한 성과가 가능했던 것은 꾸준히 참여하며

기획, 발제, 토론, 진행 등으로 문제의식을 함께 쌓아가는 활동가, 이론가, 연구자, 전문가의 두터운 층이 있기 때문이다. 박배균, 이승원, 민운기, 김윤철, 김상철, 정기황, 김성은, 정영신, 장훈교, 심한별, 백일순, 김자경, 박서현, 엄문희, 황용운, 김지혜, 최희진, 안새롬, 홍지은, 한경애, 이원재, 현우식, 이태영, 지음, 권범철, 정정훈, 윤영광, 신효근.

이렇게 여러 배경과 영역의 사람들이 뒤섞이다 보니 커먼즈 네트워크 포럼에서는 커먼즈의 갖가지 용법이 복잡하게 교차한다. 어떤 사례를 커먼즈 관련 현상으로 포착하고 설명하는 분석적 용법, 목장이나 숲 같은 자연자원을 커먼즈로 의미 부여해 보존하려는 규제적 용법, 어떤 활동을 커먼즈 운동으로 접근하여 대안적 서사를 마련하는 활성적 용법, 합정에 생긴 알커먼즈처럼 실제로 공간과 관계를 만들어내는 실험적 용법, 대안적 제도 설계를 위한 전환적 용법 등등.

4   경계의 곁에서

2018

미 군함 입항

제주살이 3년차의 연구 주제는 평화였으며, 강정발 문제 의식이었다.

　제주해군기지 준공으로부터 1년도 지나지 않은 2017년 3월 25일 미국 해군의 이지스 구축함 스테뎀(DDG-63)이 입항했다. 미 이지스 구축함은 미사일 방어망의 핵심 요소인 스탠다드 미사일3 등 요격 미사일과 토마호크 순항 미사일을 장착할 수 있다. 토마호크 순항 미사일은 필요시 핵탄두를 탑재할 수 있는 무기이며, 제주에서 발사하면 베이징이 사거리 안으로 들어온다. 이윽고 6월 20일 미이지스 구축함 듀이, 6월 22일 캐나다 호위함 오타와와 위니펙, 8월 15~31일 미 측량함 헨슨, 9월 26일 미 소해함 치프, 10월 22일 미 이지스 구축함 머스틴, 11월 3일 호주 함정 멜버른 함과 파라마타 함이 연달아 들어왔다. 11월 22일, 미군의 핵 추진 잠수함 미시시피(SSN-782)가 입항했다. 제주는 핵무기 문제를 맞닥뜨리게 되었다.

미시시피를 포함한 버지니아급 핵잠수함은 미 해군이 2010년대에 들어 취역한 최첨단 핵잠수함이다. 마찬가지로 토마호크 순항 미사일을 탑재해 세계 주요 대륙의 연해 지역에서 공격적 작전을 수행하는 데 최적화되어 있다. 미시시피는 일본 요코스카에서 들어왔다가 그곳으로 돌아갔고, 미시시피의 제주 기항 전날에 요코스카에서는 로스앤젤레스급 핵잠수함인 키웨스트가 기항했다. 요코스카에는 미 해군의 아시아태평양사령부가 있으며, 두 핵잠수함은 하와이의 진주만을 모항으로 하여 인도-아시아-태평양 지역에 있는 미국의 동맹국과 동반자관계 국가들의 항구를 순항하는 역할을 맡고 있다.

강정의 제주해군기지는 이미 미 해군 태평양함대 소속 서태평양 담당 함대인 미국 7함대의 영향력 아래에 있으며, 미군기지로 전용轉用될 우려가 있는 것이다. 향후 미국이 추진하는 미사일방어MD 체계에 편입될 위험성도 크다. 성주의 사드 기지가 지상 MD의 거점이 되고, 제주해군기지가 해상 MD의 중간기지로 활용될 수 있다. 제주해군기지는 '해적 소탕'이라는 애초 명분에서 유리되어 미국 주도의 동북아 동맹체제 중요 기지로 활용될 가능성이 커지고 있다.

어떤 세계 평화의
섬인가

이 섬은 세계 평화의 섬이다. 그저 수사가 아니라 2000년 제주도개발특별법에 '세계 평화의 섬' 지정의 법적 근거가 마련되었고, 2005년 정부는 제주를 '세계 평화의 섬'으로 지정했다. 하지만 제주가 '평화의 섬', 나아가 '세계 평화의 섬'으로 역할하고 있는지에 대해서는 회의적 시각이 많다. '세계 평화의 섬' 지정 이후 제주해군기지가 건설되었다. 제주도정은 국익이라는 명분과 개발주의 논리로써 '평화의 섬' 구상을 군사력에 의한 안보 강화 노선과 결부시키고자 했다. '평화의 섬'이 국제행사나 관광객 유치를 위한 홍보용 슬로건에 머무르고 있다는 지적도 존재한다.

애초 '평화의 섬' 구상의 지향성이 불분명했다는 의견도 나온다. 냉전이 종식된 1990년대 초기 '평화의 섬' 아이디어들이 등장했는데, 그 상이한 계열은 비무장평화지대 모형, 경제특별구역 모형, 국제교류협력거점 모형, 인권생태평화 모형으로 나눌 수 있다. 그렇다면 지금의 제주식 '평화의 섬'은 경제특별구역 모형을 기반으로 국제교류협력거점 모형을 가미해 전체적으로 개발주의의 방향으로 수렴했다고 평가할 수 있다. 인권생태평화 모형이나 특히 비무장평화지대 모형으로의 진전은 한참 더뎠다. 그리고 이제 미 군함과 핵잠수함이 드나드는 섬이 되었다.

그래서 시도한 첫 번째 평화 연구는 '평화의 섬'의 애초 구상의 일부였던 비무장평화지대화를 복원하기 위해 제주비핵조례의 가능성과 현실성을 탐색하는 작업이었다. 남태평양비핵지대, 동북아비핵지대 같은 비핵지대는 국제 행위자들 간의 합의를 전제로 하지만, 비핵조례는 지자체 차원에서 제정할 수 있다. 이 연구를 시작으로 환경영향평가 조례, 공동목장 보존 지원 조례, 커먼즈 조례 등 조례의 제개정을 목표로 삼는 연구를 이어갔다. 제주에서 얻은 연구의 동사는 "지키다"다. 지키기 위한 연구는 조사와 해석을 넘어 제도 변경과 수립에 문제의식이 이르게 되는데, 지역 차원에서는 조례가 접근 가능한 법제도의 구체적 영역이기 때문이다.

장기 투쟁과 지킴이

제주를 잘못 얕보는 말로 "제주에서 공 차면 바다에 빠진다"는 말이 있다던데, 제주는 서울 면적의 세 배다. 다만 제주대에서 비탈길로 공을 굴리면 계속 내려가 바다에 빠질 수도 있겠는걸 생각은 해본 적이 있다. 제주대는 한적한 중산간 지역에 자리해 있다. 캠퍼스에서 바다가 내려다보이고, 뒤로 돌면 한라산을 올려 보게 된다. 그 안의 교직원아파트에서 줄곧 거주했다. 이 아파트는 한라산 자락

도 일부 포함하는 아라동에서도 거의 가장 높은 고도에 위
치한 공동주택이다. 겨울철 폭설 때는 사람이 오가기 힘든
고도라고 들었다. 그런 날은 캠퍼스가 눈썰매장이 된다.
만약 마을로 이사를 갔더라면 제주살이가 달라졌을 텐데.
이웃 사람도 생겼을 텐데.

나의 제주 지인은 대학 바깥에서는 활동가 혹은 단체
나 기관 소속 분들, 아니면 동네책방 주인이었다. 강정이
유일하게 오가는 마을이었고, 지킴이들이 주요한 지인이
었다. 지인, 아는 사람. 이미 알고 있다고 여겨 더 이상 알
려고 하지 않는 사람일지도 모른다. 지킴이들은 알고 싶어
지는 지인이다.

2011년 3월, 제주해군기지 반대운동이 전국적 이슈가
되면서 '개척자들', '평화와 통일을 여는 사람들', '생명평
화결사 순례단'을 비롯한 여러 단체 그리고 많은 개인이
강정마을로 왔다. 그렇게 강정으로 찾아온, 다른 사회적
배경과 삶의 내력의 사람들은 마을에서 지킴이라는 공동
의 이름을 갖게 되었다. 지킴이는 '지키다'라는 동사에서
파생된 '지키는 사람'이라는 뜻의 명사다.

지킴이라는 용어는 2000년대부터 사회운동 현장에서
사용되어왔다. 한국 사회에서 지킴이의 존재감이 처음 부
각된 것은 2003년 시작된 '평택 미군기지 확장반대투쟁'이
다. 지킴이의 등장은 운동의 전개 과정에서 중요한 전환의
계기가 되었다. 국책사업 반대운동을 벌일 때 초기 국면에

는 대체로 그곳 주민들이 결집해 운동이 일어난다. 국책사업 예정지는 주민들의 생활과 노동의 터전이고 공동의 기억이 누적된 곳으로, 주민들이 맺고 있는 사회적 연결망이 자연스럽게 동원의 강력한 자원이 된다. 하지만 운동이 장기화되면 내부 동원만으로는 운동을 이어가기가 힘들어진다. 주민들 사이에 균열도 발생한다. 이러한 상황에서 그 땅을 함께 지키기 위해 활동가와 시민들이 찾아왔고, 그들 중 일부는 마을에 눌러앉아 주민과 함께 살았다. 그들은 이미 발생한 사건이지만 아직 그 의미가 결정되지 않은 사건 속으로 들어와서 사건의 의미를 변화시키고 공유하며 새로운 주민으로 살았다.

평택에서는 투쟁이 장기화되면서 투쟁을 그만두고 마을을 떠나는 주민들이 많았고, 지킴이들은 그 빈집으로 입주했다. 그리고 마을에 정착해 남은 주민들과 함께 농사를 짓고 일상을 나눴다. 지킴이가 마을에서 생활하자 주민들은 심리적 고립감에서 벗어날 수 있었고, 지킴이가 외부와 연대활동을 벌이면서 운동의 참가자가 확장될 수 있었다. 평택의 지킴이는 '황새울 지킴이'라고 불렸다. 황새울은 확장될 예정인 미군기지 부지에 속해 있던 들판의 이름이었다.

운동 이후의
운동

지킴이가 이처럼 그곳에서 주민들과 함께 살게 된 배경에
는 투쟁의 장기화가 자리한다. 국책사업이 강행 추진되고
주민들은 반발하는 상황에서 해당 문제를 중재하거나 해
결할 기구가 부재하면 투쟁은 장기화된다. 국책사업들로
발생한 지역사회의 문제들은 짧으면 수년, 길게는 10년 넘
게 이어지기도 한다. 투쟁이 짧게 끝난다면 '투쟁의 지속'
이 '일상의 중단'을 의미하지만, 장기 투쟁에서는 '일상의
삶'과 '투쟁'의 경계선이 분명하지 않다. 살아가는 방식으
로 싸울 수밖에 없고, 싸우는 식으로 살아갈 수밖에 없다.

하지만 투쟁이 끝나고 나면 투쟁공동체는 다시 일상
의 거주공동체로 돌아온다. 한국의 국책사업에 대한 반대
운동 중 그 사업을 실제로 막아낸 경우는 아주 드물다. 반
대운동은 실패하거나 주민이나 토지 소유권자가 일정 액
수의 보상금을 받고 마무리되곤 한다. 그리되면 지킴이도
운동의 소멸과 함께 마을에서 사라진다. 지킴이는 그 마을
의 주민이 되는 것 자체가 목적이 아니라 주민과 함께 운
동을 하는 게 목적이었기 때문이다.

그런데 강정마을의 경우는 달랐다. 강정마을에서도
지킴이들이 '새로운 당사자'가 되어 그곳에서 주민들과
함께 지내며 생활의 장을 운동의 무대로 삼았다. 그리고

149

운동의 패배를 주민들과 함께했다. 하지만 일부 지킴이들은 운동의 패배 이후에도 주소지를 강정마을로 옮겨 새로운 주민이 되어 마을에 눌러 살았다. 이는 운동 과정에서 마을에 애착이 생기고 주민과의 유대감이 깊어진 이유도 있겠지만, 강정마을의 생활공간에 해군기지가 인접해 있어 끊임없이 발생하는 문제들로 인해 평화활동을 중단할 수 없기 때문이기도 하다.

해군기지가 들어서면서 강정마을은 빠르게 기지촌으로 변모하고 있다. 강정마을의 해안에 무기를 탑재한 군함과 잠수함이 수시로 정박하고, 미군 핵잠수함 입항 때말고도 주민들은 일상적으로 폭력적인 상황을 마주해야 한다. 군용차량과 군인들이 마을 안길을 다닌다. 군용 차량은 화약류나 폭발물을 싣기도 하며, 총을 든 군인들이 강정초등학교 앞에서 군사훈련을 한 적도 있다. 해군기지가 완공된 이후에도 일부 지킴이들은 기지촌이 되어가는 강정마을에 남아 새로운 '공동의 활동'을 만들어내고 있다.

강정마을에서 전개된 활동을 해군기지 건설 반대운동으로 본다면, 이미 운동은 패배했다. 그럼에도 운동은 지속되고 있다. '운동 이후의 운동'이 이어지고 있다. 운동이후에도 운동이 지속되려면 '운동의 운동'이 필요하다. 즉 운동 자체가 자기갱신되어야 한다. 무언가를 지켜내야 할 뿐 아니라 지켜내야 할 것을 스스로 생산해내야 하며, 생활의 기반이 파괴당한 이후에 그것을 재구성해내야 한다. 그런 의미에서 강정 지킴이의 일차적 투쟁이 커먼즈를 지키기 위한 것이었다면, 이차적 투쟁은 커먼즈를 만들어 내고 관리하는 활동, 즉 커머닝commoning을 해내는 것이다.

일차적 투쟁에서는 패배했다. 구럼비로 대표되는 커먼즈를 상실하자 마을 공동체는 분열되고 마을 사람들이 마을의 일상생활을 관리하는 집합적 능력이 현저히 저하되었다. 이런 상태에서 커머너로서의 지킴이들은 일상의 일부를 '공동의 것'the common으로 전환해 새로운 커먼즈를 생산해냈다. 평화센터, 평화책방, 평화콘퍼런스, 평화상단, 평화대학, 마가지 협동조합, 『강정이야기』, 『강정영자신문』. 이렇게 새로운 집합적 능력을 길러내고 있다.

강정 지킴이의 사례는 성공 사례라고 단언하기 어렵다. 하지만 예시적豫示的 사례라고는 말할 수 있다. 이들은 자신이 원하는 삶의 형태로 투쟁의 형태를 만들어내고자 하기 때문이다. 이들의 활동은 투쟁 속에서 자신들이 원하는 삶을 시도하고 또한 표현한다. 이들의 활동을 커먼즈 패러다임에서 조명해 처음으로 영어 논문 「Gangjeong Village 'Jikimis' as commoners: For a commons paradigm-based social movement theory」를 발표했다.

난민,
경계 위의 존재

2018년 여름, 갑작스런 사건이 제주를 찾았다. 제주국제공항으로 500여 명의 예멘 난민들이 입국했다. 예멘 내전으로 발생한 난민들이 말레이시아에 있다가 비자가 필요 없는 제주를 향한 것이다. 어떤 사건에 직면했을 때, 사상적 차원에서 대면하려면 적절한 개념들로 사고의 회로를 짜내야 한다. 그 과정에서 과거에 들었던 누군가의 말이나 예전에 읽었던 어느 구절이 떠오를 수 있다. 예멘 난민들이 제주로 들어왔을 때 떠오른 것은 오키나와를 두고 오간 도미야마 이치로 선생과 고병권 선배 간의 대화, 프란츠 파농의 『검은 피부, 하얀 가면』에서 나오는 문장들이었다. 그리고 이때는 김시종의 『재일의 틈새에서』 번역을 마친 무렵이었다.

생각해보면 4·3 때 남로당 연락책으로 활동하다가 밀항한 김시종은 일본에서 난민과 크게 다르지 않은 처지였을 것이다. 그는 해방된 조국에서 '인민'위원회 활동을 하다 비'국민'으로 내몰려 숨어 다니다 '난민'으로 현해탄을 건너 일본 사회를 '유민'으로 떠돈 자였다. 그는 제주를 떠나 '재일'을 살았다. 그렇다면 예멘에서 내전을 피해온 난민들의 제주살이란 어떠했을까.

예멘 난민들은 김시종도 겪었을 일을 경험했다. 김시

종은 바다를 건넜지만 일본 사회에 안착할 수 없었다. 자기 내력을 숨기며 살아야 했다. 난민은 국경을 넘어가려 했으나 그것을 잡아끌고 온다. 국경은 그것을 벗어나려는 난민의 신체에 들러붙고, 난민은 어디를 가든 국경을 질질 끌고 다닌다. 국경은 자국을 벗어나 타국을 떠도는 난민에게 그저 지도상에 그어진 경계선으로 머물지 않는다. 그 자를 어디까지고 쫓아가 뒷덜미를 잡는다. 그래서 난민은 하나의 선을 분명 넘었을 텐데도 여전히 국경 위의 존재다. 그들이 육지로 빠져나가지 못하도록 제주에 붙잡아둘 때 바다는 아직도 건너야 할 국경이며, 그들이 한국에서 추방된다면 이 나라 전체가 그들에게는 거대한 국경이었음이 드러날 것이다.

국경 위의 존재에게 심문은 불시에 찾아온다. "당신 예멘 난민이지." 옛날 김시종도 일본에서 들었을 것이다. "당신 조선인이지." 그 무렵 프랑스에서 프란츠 파농도 기차 속 아이의 외침에 움찔했다. "어머 흑인이다." 흑인이란 규정이 틀린 것은 아니지만, 그 규정성에 붙들리는 한 파농은 백인 아이 앞에서 그저 흑인의 한 사람으로 뭉뚱그려진다. 그때 파농은, 그리고 김시종, 예멘 난민 역시 그런 규정 앞에서 "나는 그것만이지 않다"고, 당신의 규정에는 "내가 없다"고 항의하기 어렵다. 존재는 움츠러든다.

그들은 규정당한다. 예멘 난민들은 무척 멀고 낯선 곳에서 왔지만, 한국 사회에서 이윽고 알 만한 존재가 되었다. 549명, 무슬림, 미혼 남성 다수, 이슬람국가IS, 할례, 조혼. 이 앎들로 족했다. 이것들을 짜 맞추니 그들의 속성에 관한 범죄기질론과 여성억압론 그리고 한국 사회에서 야기될 안전위협론과 무임승차론이 만들어졌다.

겪기도 전에 그들이 누구이고 어찌할지를 우리는 알게 되었다. 그들은 속성상 그러하며 잠재적으로 그리할 것이다. 우리는 이미 알고 있다고 여기기에 더 이상 알려 하지 않았다. 그들이 왜 예멘에서 왔는지, 왜 젊은 남성이 많은지, 왜 스마트폰을 꽉 쥐고 있는지에 대해. 더 이상 알려 하지 않은 채 이미 알고 있는 것들만 가지고서 숙덕거렸다. 그리하여 그들을 대했던 초기의 연민의식은 불안감각으로 빠르게 옮겨갔다. 그들이 거리로 나오면 불안하고, 몰려 있으면 불안하고, 자기네들 말로 웅성거리면 우리가 모르는 음모를 꾸미는 듯했다.

'의' 문제

난민들의 들어옴 그리고 그들에 대한 밀어냄을 제주에서 겪으며 '있음'에 대한 고민이 깊어졌다. 어떤 존재의 있음은 자명하지 않다. 어떤 존재는 우리 가까이에 있는 듯하나 다른 곳에 있다. 예멘 난민은 제주에 있어도 이곳 인구에 포함되지 않는다. 존재하지만 셈해지지 않는 공집합이다. 이 세계 안에서 살아가야 하지만, 이 세계 바깥으로 내몰린다. 이 세계에서 거부당했으나 이 세계를 떠날 수 없다. 이러한 어긋남의 장소에 그들은 있다.

어긋남의 장소, 그곳은 김시종 평론집 제목『재일의 틈새에서』를 빌리자면 틈새라 할 것이다. 틈새로 빠지고 틈새에 갇힌 자들이 있다. 틈새로는 불가항력의 여러 힘들이 가해진다. 그 힘들을 받아내야 하는 자들의 삶은 뒤틀린다. 또한 그곳은 김시종 시선집 제목『경계의 시』를 빌리자면 경계라 할 것이다. 내부에서 자리 잡는 것이 허용되지 않고, 자칫하면 외부로 추방될 수 있는 자들이 있다. 어디를 가든 그들은 경계 위에 서게 된다.

그런 예멘 난민들이 왜 우리를 불안케 하는가. 불안해하는 것은 그들의 몫이지 않은가. 이 또한 그들이 이곳에 온전히 들어와 있지 않은 경계의 존재이기 때문이다. 난민은 거기서 살 수 없어 떠나왔지만 이곳에 순치될 수도 없는 존재다. 난민難民은 우리라는 경계를 범하며 우리를 어지럽히는 난민亂民이 된다.

난민 문제. 이 손쉬운 언명. 앞에 어떤 명사를 두고 뒤에 문제라는 말을 다는 경우, 그 명사와 문제 사이에는 암묵적으로 '의'가 생략되었다고 간주되며, '의'는 소유격이나 주격으로 여겨진다. 이런 조어는 문제가 난민에게 귀속된 것처럼 혹은 그들이 야기하는 것처럼 들리게 만든다. 여성 문제, 장애인 문제, 재일조선인 문제도 그러하다. 문

155

제는 그들에게 들러붙어 있으며 그들은 문제를 퍼뜨리고 다닌다. 이렇게 무슨무슨 문제라고 명명하고 진단하며 문제의 경계를 긋는다. 경계가 쳐진 문제는 잘 모르는 채로도 점차 알 만해진다.

그런데 다시 말하지만 난민 문제는 경계의 문제다. 난민 문제에는 이 사회에서 진행 중이던 여러 경계의 문제들이 얽힌다. 난민에게 문제가 덧씌워질 뿐 아니라, 난민 문제라고 설정된 그 무언가에 이 사회의 문제들이 들러붙는다. 여러 경계의 문제가 거기서 겹쳐지고 거기로 여러 힘이 가해진다. 인종 문제, 계급 문제, 젠더 문제, 차별 문제. 그 문제들은 일견 합세해 난민 문제를 이 사회의 경계 바깥으로 밀어내려는 듯하지만, 그 문제들이 얽혀 난민 문제는 경계 안쪽에서 더욱 문제화된다. 왜냐하면 경계 위의 존재인 그들은 우리에게 난민이기 때문이다. 그들은 우리의 난민이다.

예술로 하는 정치

매일 새벽, 제주해군기지 앞에서는 누군가 백배百拜를 드린다. 강정은 이미 망가진 마을이고, 해군기지는 이제 어찌할 수 없는 기정사실이라고 세상은 바라보는데, 새벽빛을 받으며 온 정성으로 무릎을 꿇고 두 손을 땅바닥에 깔고

156

고개를 숙인다.

이제 강정마을에서 기지 관련 공사가 진행되어도, 마을 사람이 해군에게 험한 꼴을 당해도 그런 일이 기사화되지 않는다. 아는 사람들 사이에서만 이야기가 돌 뿐이다. 그리고 제주 이곳저곳에서 난개발을 막아내려고 부단히 움직이는 활동가들. 그들의 노력 또한 공론장에 오르지 않는다. 정치권 공방과 비트코인 등락은 오늘도 뉴스거리인데 말이다.

제주에서 얻은 정치에 관한 사고가 있다. 정치란 사회적 경험과 판단을 구성하고 규정하는 영역이다. 이 영역에서는 무엇을 사회적 경험으로 간주할지, 누가 그것을 정할지, 어떻게 판단의 논리를 만들지를 둘러싸고 분쟁이 일어난다. 정치란 볼 수 있는 것, 들을 수 있는 것, 기억되어야 할 것을 규정하는 경험 형식을 둘러싼 투쟁이다. 통치권력은 경험의 선을 긋고, 그 선을 넘지 못하도록 통제한다. 소위 정치권에서 핏대 세운 얼굴, 거품을 문 입이 우리의 눈과 귀를 빼앗고 있는 동안 이곳저곳의 헌신들은 매일매일 정치에서 패배하고 있다.

강정에서 얻은 정치에 관한 사고도 있다. 통치권력에 맞서는 정치란 세계를 경험하는 단위를 구성하려는 시도다. 세계를 어떠한 눈높이에서 어떠한 지평으로 바라볼 것인가. 무엇을 향해 누구와 함께 경험할 것인가. 운동은 기존의 세계를 바꾸고 자신의 세계를 일궈내려는 활동이다.

자신의 세계를 사는 사람들은 시간을 재는 방식, 날짜를 세는 방식이 달라진다. 공간을 꾸미는 방식, 관계를 가꾸는 방식이 달라진다. 간절한 백배로 아침을 여는 그는 세상이 알아주지 않더라도 자기 세계의 단위를 착실히 만들고 있을 것이다.

텐트연극의 정치에 관한 다이조의 가설도 있다. 텐트에서 중요한 것은 사건이다. 사건을 통해 돌발적으로 보이지 않던 것을 사람들에게 드러내 보인다. 들리지 않는 것을 들리게 하고 망각된 것을 상기시켜낸다. 실명한 눈에 보이는 빛, 찢어진 고막에 들리는 소리, 뭉개진 코로 맡게 되는 냄새. 그로써 텐트는 가시적인 것과 비가시적인 것, 의미와 무의미, 존재와 비존재의 분할선을 흔들고, 세계를 미결정된 유동체의 상태로 바꾸려 한다. 텐트는 가시성의 형태와 이해가능성의 양태를 새롭게 짜낸다. 다이조는 강정에서 시도하는 텐트연극의 정치에 관해 이렇게 말했다.

지금은 정치가 사라져가는 시기다. 정치를 우리 측에서 재발명할 필요가 있다. 국가권력에 맞서는 투쟁은 대항적일 수밖에 없는 측면이 있다. 하지만 대항만 해서는 무너진다. 상대가 조직하는 힘은 무척 단순한 것이니 그걸 모방해선 안 된다. 상대가 짜낸 상황에 끌려다녀선 안 된다. 스스로 정황을 만들어야 한다. 이때 연극은 목표이자 하나의 방법론일 수 있다.

존재에게 작용하는 힘들을 생각해보자. 무엇보다 중력과 부력이 있다. 중력, 그것은 존재를 그 자리에 붙잡아둔다. 부력, 그것은 존재를 띄운다. 인간에게는 물리적 중력과 부력만이 아니라 사회적 중력과 부력이 작용한다. 특정 사고의 회로로 붙잡아두는 국가주의가 중력이라면, 자본주의는 소비하며 떠다니게 하는 부력이다. 그런데 존재는 양력을 일으킬 수도 있다. 물고기는 부레와 지느러미로 물의 압력을 타고 헤엄친다. 새는 양 날개로 위아래 공기의 압력차를 만들어 날아오른다. 이를 위해 물고기와 새는 몸을 구부린다. 약한 존재가 자신에게 가해지는 힘에 정면으로 맞설 수 없을 때 내밀리지 않으려면 구부려서 받아넘겨야 한다. 약한 존재들이 예술로 하는 정치란 그런 것이지 않을까. 구부릴 곡(曲). 구부림은 곡절이 낳는 왜곡(픽션)을 통해 악곡과 희곡을 가능케 한다.

지느러미나 날개가 없는 인간은 어떻게 양력을 일으키는가. 텐트연극을 하며 생각했다. 그 기관은 목이 아닐까. 목에서 나오는 소리로 이야기를 짓는다. 현실 너머를 만들어낸다. 목에서 나오는 소리로 노래를 부른다. 약한 동물이었던 인간은 태초부터 노래했다. 그로써 존재감을 키웠다. 혹은 현실이 버거워 자신의 목으로 피신해 잠시 노래가 되어 달아났다. 구부릴 날개는 없지만, 목구멍을 구부려 공기가 특이한 형태로 드나들 공명의 공간을 만든다. 소리는 변환되고 노래는 파동을 타고 날아간다. 물리적 양력을 일으킬 수 없는 인간은 목으로 정신적 양력을 만들어낸다. 노래를 부르며 다른 현실을 부르고, 이야기를 지어내 다른 미래를 지어낸다.

공연할 결심

국가 이데올로기의 환상성이 억압의 리얼리즘으로 드러나는 강정에서 우리는 벌써 여섯 차례 텐트 워크숍으로 모여들어 저마다 당면한 상황을 주체적으로 전유해 서로에게 표현으로 선사했다. 자주연습에서는 그야말로 사건이 일어났다. 겪어보니 우리의 몸은 대단한 잠재력을 지녔으며, 우리의 말은 타인에게 체험으로 다가갈 힘을 가진 것이었다.

이제 각자의 자주연습을 넘어 이쪽의 정세를 함께 만들 차례다. 공연을 하기로 했다. 공연을 하려면 대본이 필요하다. 기존에 있던 대본은 우리의 대본일 수 없고 새롭게 써야 한다. 다이조는 일본, 대만, 중국의 텐트연극집단과 공연하며 매번 대본을 새로 쓴다. 하지만 우리 집단에서는 한국인 멤버들이 원대본을 쓰고, 이를 다이조가 연출 대본으로 각색하기로 했다. 연극과 무관하게 살아온 사람들이 난생 처음 연극 대본을 쓰게 되었다. 그것도 집단적으로. 거기에다가 언어가 한국어, 일본어, 대만어 세 가지나 뒤섞여야 한다. 나도 대본 집필 그룹에 속했다. 거기에다가 배우까지.

우리 극단의 조건은 이러했다. 전체 스무 명 정도이고, 공연에 나설 의사가 있는 사람은 열두 사람 정도였다. 국적은 한국, 일본, 대만. 일본인과 대만인 멤버들은 텐트연극 경험이 있지만, 한국인 멤버는 나말고는 텐트연극 공연을 실제로 본 적도 없었다. 그래서 여름에 함께 도쿄 공연을 보러 가서 합숙했다. 제주가 아닌 서울에서 거주하는 멤버도 있었고, 제주의 문제 상황에 대한 이해와 관심의 정도 차이도 컸다. 강정마을의 상황과 4·3사건이라는 역사를 공연 안에 어떻게 담을 것인지는 많은 궁리가 필요했다. 연령대로는 이십대부터 육십대까지가 분포했다. 이러한 이질성을 표현의 풍부함으로 전환할 회로와 방법을 찾는 게 관건이었다.

대본 집단 작성

이번 워크숍은 참가자 전원이 이런 것들을 해보았다. 저마다 자신과 타인의 캐릭터를 상상하기, 자신과 타인의 대사를 만들어보기, 대사와 신체의 관계를 상상하기, 캐릭터들 간의 만남과 헤어짐을 전개하기, 저마다의 문제의식과 전체적인 주제를 엮어보기.

캐릭터 상상하기에 대해 다이조는 이렇게 제안했다. "캐릭터는 만들어낸 이후에 계속 변화하지 않으면 안 된다. 처음의 캐릭터가 끝까지 같은 얼굴을 하고 있으면 왜 이 연극을 했는지 알 수 없다. 변태해서 나비가 되는 것처럼. 그게 절대적인 조건이다. 그래서 하나의 캐릭터가 최소 세 번은 나와야 한다. 아무리 짧아도 좋으니. 그리고 점점 변해가야 한다."

원대본을 담당한 한국인 멤버 5인은 모든 캐릭터가 세 번은 등장하되 그때마다 변화해야 한다는 고차원의 방정식을 풀어내야 했다. 우리는 자주연습-캐릭터 논의-A의 작성-대본 바탕 연습-5인의 각 장 작성-대본 바탕 연습-주제, 캐릭터, 장면 논의-B의 구상-5인의 아이디어 제시-B의 집필-대본 바탕 연습-대본 전개 방향 논의… 식으로 대본을 만들어갔다. 대본 완성을 목표로 본다면 비효율의 극치가 아닐 수 없다. 하지만 우리에겐 대본만이 아니라 공연조차 우리의 경험과 사고를 고양하기 위한 방법이었다. 따라서 효율적으로 달성하기보다 과정 속에서 최대한 많이 발견하는 게 중요했다.

우리 공연에는 주연과 조연이 따로 없다. 다이조는 "배우는 대사를 읊고 연기를 하는 자가 아니라 장을 열어내는 책임을 지닌 존재"라고 말했다. 우리 공연에서 중요한 것은 드라마의 전개와 이를 위한 연기가 아니라 굳이 배우가 되어 그 장에 서야 할 이유이며 그 장면을 책임지는 행위다. 대본을 작성하면서는 각 멤버들의 연극적 자질에 상관 없이 그 사람이 왜 연극의 장에 서는지, 그 사람의 에너지가 어디서 나오는지, 그 사람의 신체는 어떠한 변화 가능성이 있는지를 상상하고 이해해야 했다. 그 사람을 향해 대사를 작성하는 일은 문제 출제와도 같았다. 그 대사를 목소리로 옮기려다가 그 사람은 대체 무슨 일을 겪게 될까.

무척 사교적인 멤버가 있다. 잘 웃고 밝고 친절하다. 타인의 말에 추임새를 넣어가며 먼저 반응해준다. 그런데 자주연습을 하면서 자신의 사교성이 방어기제이기도 한 것 같다고 느꼈다. 이 멤버의 캐릭터를 설정하고 대사를 작성할 때는 반응적 존재가 아니라 문제제기적 존재일 수 있도록 하고 싶었다. 배우 경험이 없다는 걸 배려해 그 사람이 수월하게 할 수 있을 것 같은 캐릭터나 대사를 만들면, 그 사람은 기능적 연기를 할 뿐 그 사람의 고양과 해방에는 도움이 되지 않을 수 있다. 그 사람은 자주연습 때 몇 차례 자신을 동물로 설정했는데, 거기서 착안해 만들어본 그 멤버의 첫 번째 캐릭터는 후쿠시마 피폭 돼지였다.

고심 끝에 대본의 장별 주제 1차안이 나왔다. 서장「역사, 기억, 소리」, 1장「민적民的 지위」, 2장「운다(감응), 전야, 호명, 새로운 마을/공동체」, 3장「공간의 변화」, 4장「독립(대항폭력)」. 대본 속 주요한 물음들은 이것이다. "기억은 누구의 것인가? 기억은 서로 싸운다(항쟁한다)", "기억은, 민兎은 어떻게 호명되어야 하는가?", "독립이란 무엇인가?", "독립을 선언하는 것은 주어진 이름을 반납하는 것으로부터 시작한다", "개체는 어떻게 동시에 다수이기도 한가?", "약한 존재들은 어떻게 집단을 이루는가?"

5   현장이 되는
            시간

2019

도청 앞 천막촌

2019년은 1월부터 '도청 앞 천막촌'에서 지냈다. 도청 앞 천막촌은 제주제2공항 건설을 막아내고자 제주도청 맞은편 길가에 천막을 치고 모여든 사람들의 마을이다. 천막촌 양 옆으로는 제주도의회와 제주교육청이 있다. 천막촌은 콘크리트 관청들 사이를 비집고 들어와 공권력에 겹겹이 에워싸인 그 한복판에서 흔들리며 존재한다.

　문제의 발단은 지금보다 많은 관광객 유치를 위해 제주에 또 하나의 공항을 짓겠다는 국토교통부의 계획이었다. 국토부는 2015년 11월 10일 제주 성산읍 일원 150만평에 신공항을 짓겠다고 발표했다. 제주제2공항 건설 계획은 연간 2,500만 명이 더 드나들 수 있도록 해서 현 제주공항과 합쳐 4,000만 명 이상이 제주를 오가게 하겠다는 게 명목이다. 관광객 2,000만 시대를 열겠다는 것이다. 이건 달성도 불가능하지만, 제주의 환경수용력을 한참 초과한

167

다. 제주는 1970년대부터 '동양의 하와이'를 표방했는데, 면적은 하와이가 제주의 15배 정도로 크지만 인구수는 하와이가 약 100만 명, 제주가 70만 명으로 1.5배 차이이며, 관광객 수는 제주가 이미 2015년에 1,000만 명을 넘어서 하와이(같은 해 817만 명)를 앞질렀다.

관광객이 지금보다 두 배 늘어나면 제주는 어찌될 것인가. 제주는 섬이다. 섬은 환경수용력이 관건이다. 현재 제주는 하수처리능력이 포화상태로 일부 하수를 그대로 바다로 방류하고 있다. 쓰레기처리능력도 한계에 달해 압축 쓰레기를 몰래 필리핀으로 보냈다가 반입을 금지당했다. 교통체증 문제도 나날이 심각해지고 있다. 지금보다 훨씬 많은 관광객이 들어온다면 어찌될 것인가. 얼마나 많은 난개발이 이어질 것인가. 섬에 공항을 건설하는 것은 시설 하나를 짓는 것과는 전혀 다른 문제다. 공항은 개발들의 첨병이다. 그래서 제2공항 사업을 막기 위해 예정 부지의 주민만이 아닌 많은 시민이 모여들어 천막촌이 형성되었고 모인 이들은 천막촌 사람들이 되었다.

작년 12월 한겨울, 자기 집이 활주로 부지가 될 성산의 한 주민이 도청 앞 맞은편 길가에 천막을 세우고 홀로 단식을 시작했다. 며칠 지나자 그를 지키려 사람들이 곁에 천막을 세웠다. 이어서 단식에 들어가는 사람들이 생겨났다. 멀리서 지켜볼 수 없어 함께 견뎌내려고 사람들이 다시 곁에 천막을 세웠다. 천막들이 점점 늘어났다. 성산읍

대책위 천막, 페미니즘 시민천막, 여성 천막, 제주 녹색당 천막, 비무장 평화의 섬 천막, 청청천막, 반델새 예술행동 천막, 살롱드문 천막, 연구자공방 천막, 그리고 식당 천막.

그런데 이곳을 천막촌, 즉 천막들의 마을로 부르는 것은 단지 천막이 여러 개여서가 아니다. 사람들이 집이 아닌 천막에서 지내며 전에 없던 마을을 살아보고 있기 때문이다. 이곳 제주의 볼록 솟은 천막으로 저마다 다른 과거, 경험, 사연의 사람들이 모여들었다. 농부, 주부, 건설노동자, 작업기사, 생태활동가, 평화활동가, 세월호기억지기, 정당원, 노동조합원, 그린 디자이너, 예술가, 한의사, 소믈리에, 서점운영자, 학원운영자, 편집자, 시인, 학생, 연구자가 함께 지냈다.

천막촌 라디오

"옆에서 일어나고 있지만, 이미 남의 일이 아니다." 도미야마 선생의 말이다. 엄문희, 강정 지킴이 최성희, 제주 녹색당원 윤경미 님이 단식에 들어갔다. 가만히 있을 수 없었다. 연구센터 동료인 정영신, 장훈교 님과 함께 천막을 세웠다. 천막을 세우며 이번 싸움은 제대로 해보자고 마음먹을 때의 개인적 동기가 하나 있다. 그간 종이를 너무나 많이 사용했다. 연구를 하면서도 출력을 자주 하지만, 논술학원 강사 시절에는 매주 복사용지를 500매 이상은 썼다. 앞으로도 종이를 쓸 일이 많을 거다. 제2공항 건설을 막아 파헤쳐질 오름들과 잘려나갈 나무들을 지켜내고, 비행기가 성층권에서 내뿜을 배기가스를 줄일 수 있다면 얼마간 갚을 수 있을 것 같았다.

우리가 세운 천막의 이름은 '연구자 공방'이다. 테이블과 의자들을 가져다놓았다. 식당 천막도 있으니 우리는 카페 역할을 했으면 해서 커피와 차를 구비하고 나름 음향시설도 갖췄다. 하지만 거기서 지내면서 연구자로서 무얼 해야 할지 갈피를 잡지 못했다. 매일매일 변하는 운동현장 속에서 연구활동으로 당장 기여할 수 있는 일은 많지 않다. 운동현장의 호흡은 연구활동의 호흡보다 급박하다. 무얼 해야 할까.

연구자 공방에서 지낸 일은 천막촌에 대한 의도치 않은 참여관찰이었다. 하지만 관찰만 하고 있을 의향은 아니었다. 참여participation란 단어를 쪼개보면 "부분part이 된다"는 뜻이다. 모두 나름의 방식으로 부분이 되어 천막촌 운동의 생산에 참여한다. 누군가는 밥을 짓고, 누군가는 설거지를 하고, 누군가는 커피를 내리고, 누군가는 땔감을 구해오고, 누군가는 피켓을 들고, 누군가는 마이크를 쥐고, 누군가는 SNS로 알리고, 누군가는 촬영을 하고, 누군가는 그림을 그리고, 누군가는 책을 읽고, 누군가는 글을 쓴다. 누군가는 타인의 잠자리를 챙긴다. 나는 어떠한 부분이 되어야 할까. 그렇게 한 달을 헤매다가 시작한 것이 '천막촌 라디오―나는'이었다.

여기, 천막의 마을이 있다 / 여기, 모여든 사람이 있다 / 우리, 이유 있는 자들
우리, 친근하면서도 낯선 / 친구이자 타인인 / 당신의 이야기를 듣고 싶다
그것을 함께 듣는 것 / 그것이 이 세계의 윤곽이기에

'천막촌 라디오―나는'의 카피다. 매주 월요일 저녁 도청 앞 천막촌에서 여러 사람이 빙 둘러앉아 한 사람의 이야기를 오롯하게 들었다. 나는 진행을 맡았다. 라디오는 이후 편집되어 도청 앞 천막촌 사람들 페이스북에 올라갔다. 천막촌 사람들이 서로를 더 이해하고, 천막촌 바깥의 사람들이 여기 있는 한 사람의 표정과 음성을 느낄 수 있도록 마련한 자리였다. 도청 앞 천막촌 사람들에게는 저마다 긴 이야기가 있을 것이다. 그것이 함께 들어야 할 이 세계의 윤곽이라 생각했다.

대체 어떤 사람이길래 여기까지 와서 천막을 세우고 노숙하고 밥 짓고 단식을 할까. 저마다 어떻게 싸우고 있을까. 저마다 어떤 흔들림이 있을까. 저마다 어떤 과거를 상기하고 있을까. 저마다 어떤 미래를 모색하고 있을까. 한곳에 모여 있지만 각기 다른 곡률曲率로 이곳에서 일어

나는 일들을 통과하고 있을 것이다. 나는 저마다의 동요와 고민을 듣고 싶었다. 그로써 사람들이 모여든 공간으로부터, 공간에 모인 사람들로 시선을 옮겨가고 싶었다.

출연한 분들에게 드린 공통 질문은 "이곳에 왜 어떻게 오게 되었나요"였다. 아마도 '왜'는 이유이며 '어떻게'는 사연이 될 것이다. 각자는 많은 이유와 사연을 갖고 여러 존재로서 왔다. 어머니로서 이주민으로서 정당 활동가로서 한살림 조합원으로서 그린 디자이너로서. 그 이유와 사연은 저마다 다르지만 그 개인만의 것도 아니었다. 천막촌으로는 개인들과 함께 여러 과거의 시간 속에 잠복해 있는 문맥들이 흘러들어온다. 여러 문맥은 이 안에서 위치에너지를 획득하고 서로를 잡아당긴다. 저마다의 사연과 동요가 말을 시작할 때 모종의 관계가 생성되기 시작한다. 여러 개인의 의식들이 마주치고 융합하며 만들어내는 에너지가 없다면, 천막은 그저 텅 빈 공간일 뿐이다.

문제가 생기다,
문제를 얻다

여기서 처음 만나기도 한 다양한 사람들이 함께 궁리하고 판단하며 운동을 전개해야 한다. 천막촌 전체회의는 1월 20일 '입주자 첫 전체회의'라는 이름으로 시작되어 사안

172

이 있을 때마다 소집되었다. 주요 안건은 대략 이런 순이었다. 제2공항 반대활동의 방향, 단식과 현관 투쟁, 연대와 소통, 조직화, 고소 대응, 도의회 결의안 촉구 피케팅, 국토부 주민설명회 대응, 도민참여 공론조사, 비자림로 싸움 등. 주요 안건만 보자면 운동방침을 정하는 자리인 것처럼 보이지만 그런 것만은 아니다. 여럿이 모여 시작된 천막촌살이 자체가 늘 주요 문제였다. 우리의 사고 과제였다. 이 감각, 수유너머 시절 이후 오랜만이다.

가령 재정 지출 원칙 정하기. 여러 시민이 보내오는 후원금을 어디에 써야 하는가. 피켓이나 유인물 제작에 쓰는 건 당연히 될 것 같은데, 특정한 천막을 보수하거나 특정인이 겨울밤을 나기 위해 전기매트를 사는 데 써도 되는 걸까. 그것도 큰 문제는 없을 것 같은데, 그렇다면 누군가가 현장에서 다쳐 병원을 갈 때나 전체 뒤풀이에 써도 되는 걸까. 거기까지도 될 것 같은데, 그렇다면 천막촌에서 철야하는 사람의 양말을 사는 데 써도 되는 걸까.

천막촌 전체회의는 무척 길다. 결론 도출에 들이는 시간은 짧을수록 좋다는 공리주의적 관점에서 보자면 매우 비효율적이다. 하지만 중요한 것은 길어지는 이유다. 활동은 없고 말만 느는 상황이 아니다. 모여 있다보면 생각들이 어지러이 교차하고 거기서 활동을 위한 아이디어들이 생겨나는 것이다. 전체회의 참가자 가운데 시간이 없어 자리를 먼저 떠나는 사람은 있을지언정 서두르는 사람은 없다. 논의를 서둘러서 뽑아낸 결정은 이후 함께하기 어려워 결정으로서 기능하지 못할 수 있으며, 무엇보다 논의의 과정에서 많은 걸 얻을 수 있기 때문이다. 마지막 음표가 노래의 목표가 아니듯, 결론만이 논의의 목표는 아니다.

따라서 중요한 것은 의사결정 방식이다. 문제는 복잡해서 문제다. 합의는 어려워서 필요하다. 천막촌 전체회의에서 합의사항은 대체로 공동의 행동방침에 관한 것이다. 그러니 몇 번을 고치고 다듬으면서 서로가 수용할 수 있는 합의가 나와야 그것은 기능하는 합의가 된다. 물론 전원에 의한 합의가 도출되지 않을 수 있다. 그러다가 힘에 부치면 다수결의 유혹에 빠진다. 이는 민주주의를 '다수에 의한 결정과 승복'으로 간주하는 오해에서 비롯된다. 하지만 천막촌처럼 소규모 집단에서 다수결은 무척이나 위험하다. 다수결은 논의를 양자택일로 만들어 그 폭을 좁힌다. 더욱이 그 결과 다수와 소수로 갈렸다는, 돌이킬 수 없는 기억을 남긴다. 다수결을 통해 그 사안이야 결정 내릴 수 있겠지만, 그로 인해 집단의 역량 자체가 감퇴할 수 있다.

때로는 그 사안에 대한 결정을 미루는 편이 운동을 위해 바람직할 수 있다. 때로는 한 가지 결론을 도출하려 하기보다는 서로의 행동이 상충하지 않는 한 각자가 할 수 있는 여러 방식을 찾는 편이 생산적일 수 있다. 상황 인식, 자기 욕구, 경험 차이, 피로 정도 등에 따라 저마다 선택은 달라질 수 있다. 그럴 때는 열 명이 한 가지 행동방식을 정해 실제로는 여섯 명이 하는 것보다, 각자가 원하는 네 가지 행동방식이 나와 아홉 명이 움직이는 게 바람직하다.

천막촌에서는 정말이지 갖은 문제가 생긴다. '생기다'는 '벌어지다'이자 '얻다'로도 풀이할 수 있다. 여기까지 오지 않았다면, 이 인연조건이 아니었다면 못 만났을 문제들이다. 정말 문제인 것은 문제가 있다는 게 아니라, 문제를 제대로 함께 사고하지 못하는 것이다. 공동체를 하다 보면 풀어내야 할 문제도 있지만 일으켜야 할 문제도 있다. 답을 찾는 기술보다 중요한 것은 함께 질문하는 능력이다. 이 깨달음은 수유너머가 내게 남긴 유산이다.

천막촌 전체회의에 참가하며 생각거리를 많이 얻었다. 그래서 엄문희 님과 함께 프로그램을 한 가지 더 만들었다. 집담회 '천막촌에서 천막촌을 사고하다.' 천막촌에서 일어나는 일들을 소재로 사고의 광장을 만들기 위해 생방송으로 진행했다. '천막촌은 왜 생겼을까', '천막촌은 무엇을 이뤄내고 있는가', '어떻게 먹고사니', '싸움의 동력', '싸움의 기술' 편 등이 있었다.

1월부터 천막촌에서 지내다가 마주한 목소리들을 담아 7월 『광장이 되는 시간』이란 책을 펴냈다. 50편의 짧은 산문(단장斷章)으로 짜였는데, 각 단장은 천막촌 라디오, '천막촌에서 천막촌을 사고하다' 등에서 접한 타인의 발언으로부터 시작한다. 그 발언을 이어받아 에세이를 작성했다. 그로써 이곳의 난관, 고민, 물음을 전하고 싶었다. 천

175

막촌은 세상이 크게 잘못되어가고 있다고 염려하는 사람들, 지금을 어떻게든 바꿔내야 한다고 고민하는 사람들이 모였을 때의 예시이기 때문이다. 책의 첫 페이지에는 천막촌에서 만난 50여 분의 이름을 적었다.

미래가 잠정적이라는
감각

6월, 텐트 워크숍도 처음으로 강정이 아닌 이곳 천막촌에서 하기로 했다. 우리의 자주연습은 천막촌과 맞은편 제주도청 그리고 그사이의 4차선 도로를 무대로 삼았다. 일본에서 1970년대에 출현한 예술적 허구의 장인 텐트와 한국에서 싸우느라고 긴급하게 세워진 천막은 이렇게 조우했다.

　다이조가 텐트에 관해 갖고 있는 또 한 가지 가설은 '움직이는 농성장'이다. 텐트란 움직이는 농성장으로서 이곳저곳으로 전전하며 기성 사회에 타격을 가한다. 물론 텐트 속 농성은 노동자들의 그것과 다르다. 텐트 속 농성은 연기로써 하는 것이다. 그렇다고 여느 연극처럼 '또 하나의 현실'을 만드는 건 아니다. 거꾸로 바리게이트(실은 텐트의 얇은 천) 바깥의 현실을 허구화하려는 행위다. 텐트연극이 불러낸 사건은 현실의 포위에 대항해 현실을 포위한다. 현행의 현실 안에 어떤 함몰을 만들어 거기서 현실에 가려져 있던 세계를 가시화한다. 현행의 현실이 감추고 추방한 부조리들을 불러모아 그것들이 피난할 장소, 살아남을 장소를 만들어낸다.

생각해보면 천막촌도 그렇다. 천막촌은 공권력이 밀집한 한복판에서 장소를 영유하고 있다. 그 안으로 비집고 들어왔으니 치워내려는 권력과 제도의 칼이 겹겹이 에워싼다. 그런 장소에 천막을 세웠다는 것만으로도 저항의 선을 타게 된다. 제주도청과 천막촌은 인간이 만든 건축물로서도 대비적이다. 도청은 콘크리트다. 꿈쩍 안 한다. 천막은 시트다. 바람에도 흔들린다. 천막은 현실 공간의 일부를 그저 천으로 감싸 만든 것이다. 그렇게 했을 뿐인데도 뭔가 바깥과는 기압과 기류가 다르다. 천이라는 최소 질량의 피부인데도 바깥 것들이 쉽게 뚫고 들어오지 못한다. 그 비좁은 내부는 뭔가 다르다.

왜인가. 천막, 그것은 공간이자 시간이기 때문이다. 그것은 '있는' 것이자 '일어나는' 것이기 때문이다. 천막은 긴급성이 불러낸 시간의 띠에서만 거주한다. 이 얇디얇은 인공의 피부는 긴급성을 의미한다. 우리는 지금을 적기로 만들고자 급하게 천막을 세웠다. 천 한 장으로 내부를 만들어 외부와 맞서고자 세웠다. 외부의 큰 정황에 규정되는 게 아니라 스스로 정황을 만들어내려고 천막을 세웠다. 그렇다면 천막이 만들어내는 것은 내부이자 외부일 수도 있다. 지금의 현실은 우리가 따르고 살아가야 할 유일한 현실이 아니다. 천막 안으로 들어감으로써 지금의 현실은 그저 가능한 하나의 현실로 상대화되고, 우리는 지금의 현실을 잠시 빠져나오게 된다. 그래서 천막은 내부이자 외부일 수 있다. 다음은 도미야마 선생의 『시작의 앎』에 나오는 글귀다.

> 중요한 것은 다른 미래를 예감한다는 지각의 양태이고, 이러한 양태로서의 안다는 행위 속에서 각자가 앎의 대상에 휘말리고 또 그것을 떠맡는다는 사실이다. 이는 세계가 잠정적인 존재임을 발견하는 가운데 생기는 미래에 대한 예감 속에서 사람들이 연루해나가는 과정으로, 각자가 예감 속에서 어떠한 미래를 발견하느냐는 그와는 별개의 문제다. 미래의 모델이 일치하기 때문이 아니라 지금의 세계를 잠정적인 존재로서 부조하는 지각 속에서 사람들은 연루한다.

텐트와 천막에서는 다른 미래를 집단적으로 예감하는 지각의 양태가 일어난다. 세계가 잠정적이라고 느껴진다. 바뀔 수 있을 것 같다. 변화의 단서가 될 무언가가 있다. 그걸 최대치의 감각으로 더듬대며 찾는다. 다른 삶이 가능하단 걸 알아차린다. 현실의 조각들을 이것저것 단서로서 모아 그리로 향하는 출구를 만든다. 점차 들썩들썩 움직인다. 달라진 감각이 자라나고 있음을 느낀다. 그렇게 서로가 변화하며 연루되지만 "각자가 어떠한 미래를 발견하느냐는 그와는 별개의 문제다."

비자림로 오두막집

"나무들의 허리를 휘감고 늘어선 저 붉은 선을 보았을 때 저걸 잘라내야겠다고 결심했다."

어느 날 갑자기 비자림로 숲에 빨간 노끈이 쳐졌다. 도로 확장 공사를 위해 그 끈을 경계로 도로에서 가까운 쪽 나무들은 베어질 운명이 되고 말았다. 생과 사를 가르는 붉은 선. 인간의 필요로 같이 심어졌다가 한날한시에 죽게 될 방풍림 삼나무들.

천막촌의 동료 그린 씨는 붉은 선을 보자 저걸 잘라내야겠다고, 숲에서 지내면서 살아 있는 나무들의 대변자, 죽어갈 나무들의 목격자가 되겠다고 결심했다. 그는 삼나무 오두막집을 짓고 숲속으로 들어가기로 했다. 그 결심을 천막촌 회의에서 말했을 때 누구도 말릴 수 없었다.

천막촌 회의에서 누군가가 위험해 보이는 일을 결심한다고 해보자. 그렇다고 해서 다수가 그 한 사람을 말릴 수 있을까. 그것은 합의할 사항도 아니며, 모든 사람의 견해가 등가적이지도 않다. 그 한 사람의 의지가 나머지 전원의 의사보다 무거울 수 있다. 결국 결정은 결심하고 결행하려는 사람의 몫이다. 그 사람에게 반드시 해야 할 시도이고 도전이라면 그는 해야 한다. 하지만 그 사람이 홀로 고민하고 분출하고 희생되도록 해선 안 된다. 이 경우 집단의 힘이 요구되는 것은 의사결정이 아니라 이 지점이다.

그린 씨가 도로 확장 공사가 예정된 비자림로 숲에 오두막집을 세우고 거기서 살며 공사를 막겠다고 했을 때가 그랬다. 그 사람 홀로 오두막집에서 지내다가 개발세력에게 무슨 일을 당할지 알 수 없다. 공사를 막으려다가 행정기관이나 공사업체의 고소 고발로 고초를 겪을지도 모른다. 더욱이 그렇게 한들 도로 확장을 막아낼 가능성은 크지 않다. 한편 비자림로 숲으로 천막촌에서 여러 사람이 간다면 자칫 운동의 동력이 분산될 수 있다. 하지만 그린 씨는 그 일을 해야 했으며, 따라서 그 일을 했다.

비자림로 숲에 오두막집을 세우는 밤에는 비가 내렸다. 오두막집을 세운다는 건 맨손으로 될 일이 아니었다. 하지만 한밤이 되도록 어떻게 세울지를 토론했지 누구도 그 일이 무모하다고 말하지 않았다. 천막촌의 여러 사람은 오두막집이 세워진 뒤 천막촌과 비자림로를 오갔다. 비자림로 숲으로 나무를 지키려고 새로운 사람들이 왔다.

현장으로 사람들을

비자림로는 교래에서 출발해 평대초등학교까지 이어지는
도로로서, 비자림로 공사는 이 중 조천읍 대천교차로에서
금백조로 입구까지 2.94킬로미터에 이르는 구간을 2차로
에서 4차로로 넓히는 사업이다. 2021년 6월 완공할 계획으
로 2018년 8월 2일 공사가 시작되었다. 하지만 닷새만인 8
월 7일에 공사가 중단되었다. 공사를 시작해 이틀 동안 삼
나무 915그루가 잘렸는데, 이 사실이 알려지자 제주의 시
민사회단체들이 공사 중단을 촉구하고 나섰으며, 뉴스를
통해 보도되어 전국적 반대 여론이 조성되었기 때문이다.

　　빽빽하게 솟은 삼나무 숲 사이로 나 있는 비자림로는
과거 건설교통부가 '전국에서 가장 아름다운 도로'로 꼽
았을 만큼 그림 같은 길로 유명했다. 그런데 상공에서 촬
영한, 숲의 한 자락이 보기 흉하게 파헤쳐진 사진을 보고
는 많은 사람이 안타까워했다. 숲이 잘려나간 면, 그 흉한
단면은 난개발로 파헤쳐진 제주, 밀어붙이기식 행정을 일
삼는 제주도정의 실상을 드러냈다.

　　'비자림로를 지키기 위해 뭐라도 하려는 시민모임'은
이때 생겨나 그 실상을 폭로했으며, 공사를 일단 멈춰 세
울 수 있었다. 비자림로 문제가 공사의 시작, 중단, 재개라
는 일시적 사건에 그치지 않고 '비자림로 사태'로까지 명
명되는 사회적 문제로 커진 것은 이 시기 생겨난 비자림로

시민모임의 역할이 결정적이었다. 비자림로 시민모임은 별도의 결성식 없이 이 이름으로 8월 12일 첫 번째 퍼포먼스를 하며 등장했다. 첫 번째 퍼포먼스에서는 비자림로 공사현장으로 50여 명이 모여들어 "나는 제주에 식생하는 ○○○입니다"라고 적은 종이를 들고 잘려나간 삼나무 밑동 옆에 섰다. 또한 남아 있는 나무에 리본을 달고 현수막을 걸고 "비자림로는 국민의 보물 제주도정은 각성하라", "우리가 사랑하는 숲이에요", "제2공항으로 인한 재앙 비자림으로부터 시작되고 있다" 등 참가자들이 저마다 문구를 만들어 지나가는 차량을 향해 피케팅 했다.

비자림로 시민모임은 비자림로 퍼포먼스를 위한 프로젝트명에 가까운 것이었으나 퍼포먼스를 하며 만난 사람들이 이후 활동을 함께 모색하는 주요 행위자 그룹으로 발전했다. 내력이 다르고 기술이 다른 사람들이 모이면서 활동은 점차 증식하고 다채로워졌다. 8월 13일 원희룡 도지사가 '생태도로'로 공사를 다시 추진하겠다는 뜻을 밝히자 17일 비자림로 시민모임은 곶자왈사람들, 노동당·녹색당·정의당 제주도당과 함께 생태도로의 실체가 무엇인지를 묻는 기자회견을 했다. 19일에는 공사 현장에서 '비자림로에 대한 대책과 고민을 나누는 시민토론회/문화제'를 개최하고, 30일에는 다시 제주도청 앞에서 '원희룡 도정 비자림로 생태도로에 대한 시민공청회 촉구 기자회견과 퍼포먼스'를 열었다. 퍼포먼스만이 아니라 토론회도 공사 현장에서 진행했다. 그리하면 기자들이 찾아오기 어렵지만, 비자림로 시민모임은 시민들과의 현장활동에 힘을 기울였다. 비자림로 숲을 시민들의 활동 현장, 체험 현장, 견학 현장으로 바꾸는 방법을 꾸준히 고안했다. 현장現場. 사건의 시간과 공간이 결합된 소중한 단어. 현장은 그저 있는 게 아니다. 이렇게 힘을 기울이는 시간 동안 장으로 나타난다.

9월 2일에는 여러 시민이 모여 다섯 시간 동안 손바느질로 현수막을 만들었다. 투쟁을 위한 현수막에는 대개 요구사항을 담는 문구가 적히지만, 이날 만들어진 현수막은 노루, 천남성, 금새우란, 고사리 등 제주 동식물을 형상화한 것이 많았다. 공사 현장이 시민들의 애정과 정성과 기억이 깃든 숲으로 되돌아갈 수 있도록 생태디자인에 치중했다.

숲놀이터도 인상적이었다. 이들은 죽음 앞에 놓인 나무들에게 마지막 기억을 주고 싶었다. 숲속에 아이들이 와서 놀 수 있도록 숲놀이터를 만들었다. 언젠가 인간이 심은 적 있으나 가꾼 적 없는 숲. 인부가 일거에 심은 기억밖에 못 가진 나무. 잘려나가기 전 아이들과 놀았던 기억을 주고 싶었다. 나무의 기억은 아이들에게 이식될 것이다. 그리고 마지막 작전, 아기나무 구출하기. 중장비가 지나가면 잘려나갈 나무들. 그중 어린 생명을 최대한 구출하고자 했다. 많은 시민이 동참해 어린나무를 입양해갔다. 나는

그때까지 구출과 입양이 나무에게 쓰일 수 있는 말인 줄
몰랐다. 나는 제피나무를 데려왔다.

멸종위기종 발견

제주도정은 8월의 공사 중지로부터 3개월이 지나 '아름다
운 경관도로' 조성으로 당초 계획을 일부 변경해 공사를
재개하겠다고 밝혔다. 하지만 4차로 확장 공사라는 본질
은 그대로였다. 그로부터 4개월이 지나 공사가 다시 시작
되었다. 비자림로는 제주제2공항 연계도로로, 이는 제2공
항 강행 추진의 신호탄이기도 했다.

　　비자림로 시민모임은 대응책을 모색했다. 하지만 난
관이 많았다. 비자림로가 지나는 지역 내부에서는 도로 확
장을 두고 여러 의견이 존재하지만 지역사회의 특성상 강
하고 선명한 목소리가 지배하게 되며, 그것은 개발위원회
의 "비자림로 확장 공사는 숙원사업이다"였다. 공사를 반
대하는 주민의 목소리가 표면화되지 못하는 상황에서 비
자림로 시민모임의 공사 저지 운동은 힘을 받기가 어려웠
다. 무엇보다 "너네가 뭔데 나서"라는 당사자성 추궁에 시
달렸다.

　　한편 반년 전의 전국적 관심은 사그라들었다. 그것은
그 관심 자체의 한계이기도 하다. 예쁜 길이라서, 공사 구

184

간의 모습이 보기 흉해서 가졌던 관심이라면 '아름다운 경관도로'를 만들겠다는 제주도정의 선전을 넘어설 수 없을 것이다. 아름답다거나 반대로 보기 흉하다는 감상은 대체로 미디어가 제공해준 눈높이, 즉 상공에서 조감하는 시선을 통한 것이었다. 그 눈높이를 지상으로 낮추지 않는다면, 그 시선은 겉보기의 아름다움을 자아내는 숲의 생명들과 생태계, 그것들의 죽음과 해체를 볼 수 없을 것이다. 그래서 비자림로 시민모임은 '비자림로시민모니터링단'을 결성했다. 벌목 공사를 감시하면서 동시에 숲의 생태를 조사하기로 했다. 모니터링한 내용은 '비자림로 삼나무 통신'을 통해 나날이 관심 있는 시민들에게 전해졌다. 보도 가치가 있는 기삿거리를 지역 언론에 제공하고 수십 차례의 기자회견과 기고를 통해 언론화한 것도 주효했다.

벌목이 끝나갈 무렵, 모니터링단은 숲에서 팔색조가 우는 소리를 확인했다. 멸종위기조류의 울음소리를 놓치지 않겠다고 바위 위에서 잠자던 간절한 귀에 들려왔다. 이어서 마찬가지로 멸종위기종인 애기뿔쇠똥구리도 발견했다. 숲을 지키던 사람의 텐트로 날아들어왔다. 잇달아 멸종위기종 혹은 천연기념물인 흰뺨검둥오리, 파랑새, 호랑지빠귀, 흰눈썹황금새, 중백로, 제주큰오색딱따구리의 존재도 소리를 통해 확인했다.

뿐만 아니라 숲에는 멸종위기종 식물인 붓순나무, 재선충에 걸린 적 없는 나이 많은 소나무, 희귀한 양치식물들이 살고 있었다. 비자림로 공사를 앞두고 진행한 소규모 환경영향평가는 비자림로 숲에 희귀식물과 멸종위기종 생물이 전혀 서식하지 않는다고 보고했지만, 이는 거짓이었다.

다시 공사 반대 여론이 일었다. 공사는 생물다양성조사와 생물종 보호 조치 이후로 미뤄졌다. 숲이 기르던 생물들이 잠시나마 숲을 지켰다. 그리고 이 숲에서 사람들은 숲을 구하며 자신을 구하고 있었다.

이게 뭐라고

12월, 우리는 마침내 일단락한 대본을 가지고 읽기 연습에 들어갔다. 대본 낭독은 전에 해보지 못한 독해 경험이었다. 문자를 크게 소리 내서, 더구나 몸짓을 동반해서 읽는다는 게 어색했다. 문자를 눈으로 훑는 게 아니라 목으로 발성하고 몸으로 표현해야 한다. 2차원의 줄글에서 4차원의 시공간을 일으켜야 한다. 대체 발성의 톤을 어떻게 잡아야 하지. 감을 잡기 어려웠다. 내가 작성한 대사인데도 소리 내보니까 억지스러워 자꾸 끊겼다. "대본은 눈으로만 읽어서는 모른다. 대사를 삼키지 말고 흘려보내자"고 다이조는 조언했지만, 저도 흘려보내서 속도감이 좀 생기면 좋겠다고요.

애초 텐트연극 경험이 관람말고는 전무한 한국인 멤

186

버들이 공연을 추진하는 것은 큰 무리가 따랐다. 일본과 대만을 포함해 곳곳에 흩어져 있는 멤버들의 모일 날을 잡는 것부터가 쉽지 않았다. 각자가 각자의 현장에서 바쁜 사람들이었다. 어렵사리 모임이 성사되면 연습 공간과 숙소를 마련하고 식사 계획도 짜야 했다. 그 이상으로 공연하는 몸이 되는 건 버거웠다. 기대감을 품고 모였지만, 뒤풀이에서는 "이 짓을 왜 하나"라는 자조나 "나를 바꾸면서까지 이걸 왜 하지. 이게 뭐라고"라는 푸념도 웃음 섞여 흘러나왔다.

다이조는 이렇게 답했다. "왜 그처럼 쓸데없어 보이는 행위를 하는가? 이것은 사람이라는 존재의 괴로운 비밀이다. 아마도 '진정한 현실'을 알고 싶다는 욕망이 아니겠는가. '자신이 진정 존재한다'는 순간의 확신 때문이지 않겠는가. 그리고 그 '진정한 현실'에서 현실의 사회적 관계나 일상생활을 바라보고 싶다는 욕구가 아니겠는가. 텐트연극을 '반성의 형식'이라고 부르는 건 그런 의미다. 반성은 인류사를 포함해 존재하는 것을 멈춰 세우고 돌아보는 일이다. 혼자서는 못 한다. 집단으로서만 가능하다."

이런 시기에 최진석의 합류는 힘이 되었다. 야전의 달 멤버이자 히로시마대학의 교원인 그는 연구년으로 제주에 체류하다가 합류했으며 대본도 함께 작성했다. 그는 지킴이 멤버인 동석에게 이렇게 말했다. "같이 변신하고 싶어. 너하고. 이 집단에 네 몸을 맡겨주면 좋겠다. 굳어진 신

187

체를 해방시키는 것, 안에 있는 타자의 목소리를 해방시키는 것이 텐트연극의 존재 이유라고 생각해. 강정에서의 경험, 트라우마도 많기 때문에 해방시키고 싶다는 느낌이 강하구나 생각했어. 그때의 목소리는 동석만이 아니라 타자의 목소리였어. 그것을 목격했으니까 맡겨주면 좋겠어. 이 장에, 너의 목소리, 신체. 나도 맡길 테니까. 전혀 부끄러움 없이."

공연을
어디서 할 것인가

이번 모임에서 토의해야 할 안건이 있다. 공연을 한다면 어디서 할 것인가.

당연히 강정을 먼저 떠올렸다. 대본에는 강정발 문제의식이 담겨 있을 뿐 아니라, 강정에서 텐트를 세워 정치의 장을 펼친다는 게 여기까지 온 최초의 동기였다. 강정에서 공연을 해서 우리의 지인들을 초대할 것이다. 이 계획은 지극히 자연스러운 것 같았는데, 다이조가 문제를 제기했다. 반드시 보러 와줄 사람이 있다는 게 문제라는 것이다. 텐트 속에서 함께 기류를 만드는 관객은 텐트연극에서 관건적 구성 요소다. 그런데 마을에서 하는 공연은 문화적 동원이 되기 십상이다. 기존 인간관계를 기반으로

"응원하러 와주세요"라고 부탁하면 기꺼이 와서 우리가 어떻게 하든지 박수쳐줄 것이다. 평소 연극을 하던 사람들도 아닌데 애썼다고 말이다. 그게 문제라는 것이다.

관객이 우리가 아는 사람들로 상정된다면, 연극을 하려는 마음가짐이 안이해질 수 있다. 관객이 우리를 응원해줄 사람들로 여겨진다면, 끙끙거리며 전하려 하지 않을 수 있다. 텐트연극은 관객이 저마다 선택하고 비평할 수 있는 조건 위에서 해야 하며, 그래야 우리는 힘을 다해 표현하고자 애쓸 것이다. 그래서 다이조는 도시로도 가자고 제안했다. 다양한 문화적 선택지들 가운데서 텐트연극을 보러 오도록 소문을 내자. 그런 마음으로 준비하자.

결국 강정에서 공연을 하고 나서 서울로 가기로 했다. 대학로의 마로니에공원에서 한다고 해보자. 거기서는 기지도 바다도 보이지 않는다. 관객을 우리의 세계로 데려가려면 더한 역량이 필요할 것이다. 그런데, 최소 200석 규모의 텐트를 닷새 정도 세울 장소가 있을까? 텐트와 무대장치는 배로 나르면 될까? 선전은 대체 어떻게 하지? 일이 너무 커졌다.

사실 강정에서 공연하는 일도 만만치 않을 것이다. 제주해군기지가 들어선 뒤 해군기지 찬성파 마을회장이 집권한 상황에서 공연이 과연 가능할까? 지킴이들이 주민 자격을 박탈당해 마을총회에서 발언할 수 없게 된 지경이다. 하지만 이것은 어떻게든 극복해야 할 외부 조건이다.

189

본질적 문제는 강정발 주제로 강정에서 공연한다는 것이 우리 안에서 발생시키는 간극이다. 멤버마다 강정과의 거리가 다르다. 강정의 지킴이도 있지만, 서울에서 온 사람도 있고 일본과 대만에서 온 멤버들도 있다.

공연에서 강정을 직접 말하는 데는 윤리적 층차가 생길 수 있다. 자칫 지킴이 멤버들의 진한 강정과 다른 멤버들의 옅은 강정으로 분화될 수 있다. 강정 바깥에서 온 멤버가 마을 사람들을 관객으로 상대하며 강정에 관해 발성한다는 건 얼마나 버거운 일인가. 제주 바깥에서 온 멤버들은 대본 속 4·3에 관한 대사에서도 힘이 부쳤다. 강정과 4·3을 발음하며 그 안으로 진입해야 할 텐데 오히려 외부자 의식이 자극되어 침묵케 하는 이유로 작용했다. 문제의식보다 부채의식이 강해질 여지도 있었다. 한편, 강정의 지킴이들에게는 다른 차원의 어려움이 있었다. 대본에는 미 군함의 입항처럼 강정 상황에 관한 대사가 있었는데, 대본으로 짜인 내용과 본인의 기억은 달랐던 것이다. 어떤 의미에서 강정 외부 멤버들은 대사를 어떻게든 받아들여 따라 하면 되지만, 그 일을 실제로 경험했던 사람은 대사가 두 겹으로 보이게 되는 것이다.

우리는 이 제약 조건을, 공연으로 나아가는 이유로 전환해내야 한다. 그러려면 참가자들이 자기 삶의 문제와 결부시킬 수 있는 강정을 형상화해야 한다. 4·3을 윤리적 부채의식을 넘어설 수 있는 시공간으로 짜내야 한다. 따라서

190

대본은 초경험적인 것이어야 했다. 경험적 사실로 대사가 작성되어 있으면 배우는 괴리를 겪게 된다. 대본은 초경험적이어서 배우가 스스로 경험을 생성할 수 있는 것이어야 했다. 상상력이 싹틀 수 있도록 제대로 허구화되어야 했다.

대본을 전면 수정하기로 했다. 우선 현실을 직접 지시하는 단어를 걷어내기로 했다. 제주도, 오키나와, 대만, 4·3, 비자림로, 강정 등은 이 섬, 기지의 섬, 남쪽의 섬, 70년 전의 싸움, 숲, 마을 등으로 바꿨다.

6   위기가
    시사하는 것

2020

구럼비로
가는 문

2020년 2월, 워크숍 날짜를 잡았지만 다이조가 올 수 없었다. 일본에서 공연을 준비하다가 크게 다쳤다. 무대를 설치하다가 3미터 넘는 공중에서 떨어져 허벅지 뼈가 고관절로 들어가는 심각한 부상을 당했다. 처음으로 다이조 없이 공연하는 야전의 달 멤버들을 응원하러 도쿄로 갔다. 그리고 병실을 찾았다. 큰 수술을 받고서도 다이조는 여전히 익살스러웠다. 지금이 딱 중간 지점이고, 지금까지 해온 만큼만 앞으로 더 할 거라고 했다. 그는 1952년생이고, 텐트연극은 올해로 50년째다. 제주 공연 준비를 위해 염두할 사항들은 서신으로 보내주기로 했고, 온라인으로 우리의 연습을 보면서 연출하기로 했다. 하지만 코로나가 심각해져 국외의 다른 멤버들도 입국이 어려워졌을 뿐 아니라 한국의 멤버들도 한데 모이기가 여의치 않았다. 소규모로 일부만이 워크숍에 참가했다.

그사이에 대본은 전체적 윤곽이 나왔다. 가제는 '구럼 비로 가는 문'으로 정했다. 각자가 스스로 구현하고 싶은 캐릭터, 우리 집단의 다양한 지역적·정치적 문제 상황, 시도하고 싶은 사회적·사상적 문제 설정, 거기에 한국어, 일본어, 대만어가 섞이는 조건과 극 중에서 통역하는 역할 등을 고려한 끝에 출연진은 이렇게 정해졌다. 선(線, 심방), 돌하르방(평화활동가), 숲(빨치산의 딸), 소리(음·문자), 까마귀(까마귀로 변신한 빨치산), 키지무나(오키나와의 나무 요정), 광녀(2·28 사건 사자의 화신), 멀대(대만의 나무 요정), 노아(老童, 포스트휴먼의 신), 노아(老阿, 노아老童의 선대), 돼지(후쿠시마 피폭 돼지), 천사(역사의 천사). 나는 포스트휴먼의 신이 되기로 했다.

각 장의 순서도 나왔다. 서장 구럼비로 가는 문에서, 1장 연구소에서, 2장 숲에서, 3장 제주도청 앞 천막촌에서, 4장 다시 연구소에서, 5장 상처투성이 숲에서, 6장 다시 제주도청 앞 천막촌에서, 7장 다시 상처투성이 숲에서, 종장 다시 구럼비로 가는 문에서. 모든 캐릭터가 세 번 이상 등장하고 그때마다 다른 상대를 만나 변화하는 전개를 고려했다. 연구소에서는 인류진화계획을 수립 중이고, 숲에서는 빨치산들이 작당 중이다. 대본은 이렇게 시작된다.

* 박명 속, 까마귀가 된 천사가 암시적으로 운다. 어딘가

196

높은 장소로부터. 암전. 그대로 퇴장.

* 구럼비로 가는 문 앞에 한 여자가 서 있다. 선이다. 기도 중.

* 무대 안쪽이 큰 철의 벽(나무판)으로 덮여 있다. 벽 너머는 강정해군기지. 철의 벽에는 구럼비와 문의 그림이 그려져 있다. 길고 흰 다섯 개의 선(헝겊)이 "선"의 신체로부터 벽 앞의 공간을 감싸듯 펼쳐져 있다. 상공에는 만월.

선: 선. 선은 소리. 선이 가늘게 흔들리며 소리가 난다. 소리. 소리는 파도. 소리는 파도가 되어 전해진다. 파도. 파도는 바람. 파도는 바람을 타고 어디까지든 전해진다. 바람. 바람은 바다. 바람은 바다의 깊은 한숨에서 새어 나온다. 바다. 바다는 선. 바다는 선의 혈관을 통과해 지금 여기로 이어진다. 선. 그리하여 선은 바닷소리를 주워 모은다. 그리하여 선은 허공을 떠도는 소리를 주워 모은다. 그리고 선은 또한 가늘게 떨려, 주워 모은 소리를, 파도가 되어, 바람을 타고, 또한 누군가에게 전한다. 내 이름은, 선. 이 선으로, 누군가와 당신을, 저쪽과 이쪽을, 이 세상과 저 세상을 잇는, 이 섬의 심방이다. 내 뒤로 보이는 벽. 이것은 문이다. (……)

다이조가 퇴원하고 재활치료를 하는 동안 코로나19는 팬데믹으로 번졌다. 언제 모일 수 있을지 장담할 수 없다.

그러나 이대로 머물러 있으면 의욕이 가라앉고 집중력이 풀릴 것이다. 애초 우리는 전문연극집단이 아니다. 계속 달리지 않으면 집단은 흩어질 것이다. 8월, 강정 살롱드문에서 '강정텐트연극 제작(상상!)발표회'를 했다. 지난 5년간의 경과에 대해 보고하고, 시놉시스를 공개하고, 배우들을 소개하고, 제작 계획을 발표했다.

도서정가제와
책의 생태계

감사하게도 인터넷 언론『프레시안』에서 연재 기회를 몇 차례 얻었다. 2011~2012년 이병한 님과 서신 교환 형태로 20차례 '동아시아를 묻다'를 이어갔다. 2020년 엄문희, 황용운 님과 함께 준비해 필자들을 모아 40차례 '제주도가 환경부장관에게'를 연재했다. 비슷한 시기에 '도서정가제와 책의 생태계'를 기획해 아는 책방 주인, 편집자, 작가들에게 청탁하고, 전국동네책방네트워크에 원고 수집의 글을 올렸다. 2019년 10월 19일 연재를 시작했다. 현행 도서정가제의 재검토 기한이 11월 20일까지였기 때문이다. 모두 12개의 원고가 모였다.

　　도서정가제는 어디서나 출판사가 정한 책값대로 판매하도록 규율하는 제도다. 한국의 도서정가제는 10퍼센트 할인, 5퍼센트 적립을 허용하고 있어 부분도서정가제라고 할 수 있다. 그런데 2019년 7월, 문체부가 '소비자 후생 고려'를 이유로 재논의하겠다고 밝혔다. 이를 출판계는 '책 값 할인 폭'을 높이는 쪽으로 현행 도서정가제를 변경하라는 압박으로 받아들였다.

그런데 문체부가 이유로 든 '소비자 후생'이 뭘까. 할인 폭에 제한을 두지 않음으로써 판매자 간 가격 경쟁을 유도해 소비자가 책을 더 싼값에 살 수 있도록 하겠다는 것이다. 알라딘에서 10퍼센트 할인할 때, 쿠팡에서는 20퍼센트 할인할 수 있고, 교보문고에서는 5만원 이상 구입하면 5,000원짜리 쿠폰까지 줄지도 모른다. 그런데, 그러면 무슨 일이 벌어질까. 문체부는 '소비자 후생'을 당장의 '저렴한 구입'으로 치환하고, 출판사와 서점과 독자들의 관계를 할인율을 둘러싼 제로섬게임으로 여겨지게 만들었다. 하지만 소비자 역시 책의 생태계에 속해 있다. 책의 '생태계'를 말할 수 있는 것은 출판(세)계는 '다양성', '상호의존성', '순환성'이 관건이기 때문이다. 작가와 출판사와 서점과 독자는 서로의 다양성에 서로 빚진다. 출판사와 서점의 다양성이 훼손되면, 어떤 독자에게는 분명 가치 있을 책이 나오지 못하거나 나와봐야 독자에게 가닿지 못할 것이다.

기후정의에 관한 두터운 연구서 원고가 있다고 해보자. 세계의 다양한 지역 사례를 조사하느라 작업에 상당한 시간이 걸렸다. 출판사에 출간을 문의했다. 발행 부수가 얼마 안 될 테니 책값을 높게 책정하는 수밖에 없다. 이를 감수하고 출판사가 책으로 출간했다. 하지만 발행 부수가 적은 까닭에 온라인서점에서 할인율도 기껏해야 5퍼센트밖에 둘 수 없다. 그러면 20퍼센트 이상씩 할인해주는 대중서에 비해 너무 비싸 보인다. 애초 온라인서점보다 책을 비싸게 공급받는 동네책방에서는 5퍼센트의 할인조차 어렵다. 소비자는 구매를 꺼린다. 책 판매는 역시 저조하다. 출판사가 이런 원고를 또 받아줄까. 수년 공들여 써낸 연구서가 백 단위의 독자를 만날 뿐인데, 연구자는 이런 원고를 다시 써내려 할까.

도서정가제 변경으로 바뀌는 것은 책 판매 가격만이 아니다. 현행 도서정가제가 시행되는 동안 신생 출판사, 신간 발행 종수, 독립서점이 늘어났다. 도서정가제는 책을 기획하고, 작성하고, 제작하고, 유통하고, 독해하고, 논의하는 책의 생태계에 큰 영향을 미칠 것이다. 그래서 연재를 기획해 도서정가제 개정이 촉발한 사회적 논의에 책의 생태계에 속해 있는 출판사 노동자, 책방 운영자, 작가들도 고민을 보탰으면 했다.

작아서 특별한 서점

도서정가제 관련 연재를 해야겠다는 결심의 계기는 10년 넘게 드나들던 책방이음이 문 닫는다는 소식이었다. 책방이음은 지속적인 운영난에 더해진 코로나 사태의 여파를 이겨내지 못했다. 도서정가제 문제로 문을 닫은 것은 아니다. 하지만 그곳의 책방지기는 도서정가제 수호를 위해 몇 날 며칠 일인시위를 했다. 청와대와 문체부를 향한 그 절규를 나도 듣기로 했다. 책을 읽고 쓰지만, 도서정가제에 대해 잘 모르고 있었다. 소비자로서 생산과 유통 영역에 너무나 어두웠다.

대학로에 오랫동안 거주한 내게 책방이음은 동네책방이었다. 그리고 그 이상이었다. 새로운 주제를 공부하고 싶을 때 책방이음에 가서 책방지기 조진석 님에게 종종 조언을 구했다. 그러면 그가 관련 서적을 추천해줬다. 딱히 어떤 책을 사야지 계획이 없던 날에도 책방을 찾아가 서가를 이리저리 배회하다보면 발견하는 책이 나왔다. 대학시절처럼 내게 이 책을 읽어보라며 권해주는 친구가 지금 곁에 없더라도, 내게는 찾아갈 책방이 있었다.

책방이음만이 아니다. 책방, 즉 작은 서점들은 저마다 개성이 있고 찾아가면 그 개성을 향유할 수 있다. 분명 대형서점이나 온라인서점과는 다른 경험을 하게 된다. 생각해보면 '작은' 서점이라서 생겨나는 일이다. 공간이 좁으니 적은 종수의 책만을 둘 수 있고, 따라서 진열할 책을 세심히 선별했을 것이다. 운영자가 책방의 규모, 임대료, 인건비에다가 책방의 지향성, 판매 가능성까지를 종합적으로 고려한 끝에 꽂혀 있는 책들이다. 책 선정만이 아니라 책 진열에도 운영자의 고심, 즉 책방의 개성이 묻어 있다. 작은 서점들이 구비한 종수는 500종에서 2,000종 사이로 엇비슷하더라도 저마다 다른 책세계를 펼친다. 그런 의미에서 내겐 '독립'서점이다.

책방이음이 문을 닫는다고 한다. 나의 해박한 큐레이터, 나의 묘한 도서관, 나의 고유한 책세계 하나가 사라진다. 그 상실감에 도서정가제 문제를 소비자인 나 자신의 일로 삼아 생각해보기로 마음먹었다.

출판사, 서점,
작가, 독자

현행 도서정가제의 유지 내지 변경은 나 같은 소비자에게 어떤 영향을 미칠까. 대폭 할인이 허용되어도 소비자가 실질적으로 책을 저렴하게 구매할 수 있을지는 의문이나, 출판계에 미칠 파장은 어렵지 않게 예상할 수 있다. 자본력이 큰 출판사가 작은 출판사보다 유리해진다. 자본력이 큰 대형서점, 온라인서점이 작은 서점보다 유리해진다. 출판사 간, 서점 간 가격경쟁 가운데 자본력이 낮은 쪽이 점차 도태된다. 할인율을 높게 책정해 대량으로 판매할 수 있는 도서 중심으로 출판시장이 왜곡된다. 이윤을 기대하기 어려운 비인기 분야의 도서는 제작이 줄어든다.

대형서점의 매대에 놓인 책들, 온라인서점의 상단에 오르는 책들은 모두 해당 출판사가 마케팅 비용을 들인 것들이다. '대박'을 치는 상품을 종종 내놓지 못하는 한, 자본력이 작은 출판사는 마케팅 경쟁에서 버티기 어렵다. 특히 자기계발서가 아닌 인문사회과학서처럼 애초 대박을 칠 가능성이 희박하고 할인도 크게 할 수 없는 책들을 펴내는 전문출판사들은 전망이 몹시 어두워진다.

사정은 작은 서점도 다르지 않다. 작은 서점은 대형서점과 온라인서점의 할인율을 따라잡을 수 없다. 애초 공급률이 다르다. 대형서점과 온라인서점이 도매상에서 정가의 50~60퍼센트에 책을 공급받을 때, 작은 서점은 75~80퍼센트 선에서 책을 들여온다. 20퍼센트 넘게 할인하면 남는 게 없다는 뜻이다. 그런 작은 서점에 손님이 찾아오더라도 책들을 구경하고는 정작 소비는 할인율이 높은 온라인서점에서 할 공산이 크다.

인문사회과학서를 주로 읽는 내게 특히 심각한 문제는 읽고 싶고, 읽어야 할 책이 아예 나오지도 못할 수 있다는 사실이다. 책의 내용보다 가격에 민감한 출판풍토가 조성되면, 그 부정적 영향은 출판사와 서점은 물론이고 독자

203

만이 아니라 (현재와 미래의) 작가들에게도 미칠 게 분명하다. 상품성이 검증된 소수의 작가에게는 보다 좋은 계약조건이 마련될 수도 있다. 하지만 그렇지 않은 대다수의 작가, 아직 책을 내본 적 없는 작가는 원고를 작성해도 책으로 만들어줄 출판사를 구하기 어려워질 것이다. 작은 출판사와 작은 서점들이 도태되면 작가 입장에서 책을 펴내고 알릴 기회도 더욱 줄어들 것이다.

사회에 거리두기

2020년은 세계사적 해로 기억될 것이다.

틈만 나면 또 무슨 일이 생겼나 싶어 텔레비전으로 인터넷으로 눈을 돌린 나날이었다. 확진자, 사망자 수치가 매일 올라가고 세계지도는 점점 붉게 물들었다. 하루에도 수십 건씩 속보급 보도가 쏟아졌다. 이렇게 여기저기서 들려오는 참담한 소식들 사이에서 동요하다 보면 사태가 여기까지 이르렀다는 게 믿기지 않을 때가 있다.

눈에 비치는 일들이 모두 흔들리고 있어 초점을 잡기 어렵지만, 그럼에도 이 현상이 무슨 의미인지 알고 싶었다. 그래서 지금 사태를 일종의 사회학적 실험 상황이라 상정해보기로 했다. 너무나 많은 일들을 접하지만, 코로나바이러스도 그것이 사람 몸에서 하는 작용도 눈으로 볼 수 없다. 보이는 것은 사람들의 움직임이 일으키는 이른바 코로나 현상이다. 그래서 이 현상을 통해 이 사회를 들여다보고자 했다.

자신과 가족의 안위가 우려되는 불가피한 상황에서 사람들은 어떻게 행동하는지, 서로가 서로에게 피해를 안길 수 있는 상황에서 타인을 어떻게 대하는지, 개인의 행동이 미칠 사회적 여파가 지극히 클 수 있는 상황에서 사람들은 서로에게 무엇을 요구하는지, 타인과의 물리적 거리가 지나치게 가깝다 여겨지고 심리적 거리는 점점 멀어져갈 때 공동체를 상상적으로 회복하기 위해 어떠한 기제가 작동하는지, 공동체를 위해하거나 공동체의 규범을 어기는 개인이나 집단에게 어떠한 사회적 제재가 가해지는지, 이러한 상황이 길게 이어져 대인관계의 피로감이 공동체 전체의 긴장도를 높이면 무슨 일이 벌어지는지. 사회에 대한 이런 실험이 진행 중이라고 말해볼 수 있지 않을까. 호흡기를 통한 감염증이라서 코로나 현상은 사회의 공기에 더욱 민감하다.

"사회가 멈추고 있다." 이런 말이 나돌 만큼 일상의 풍경이 달라졌다. 학교가 개학을 미루고 학원이 휴원하고 식당이 문 닫고 공장이 멈추고 각종 행사가 미뤄졌다. 비행기는 뜨지 않고 스포츠리그가 연기되었다. 이렇게 일상활동이 중단되고 소비활동이 멈추자 돈이 돌지 않아 경기가 침체하고 있다.

이 사태가 속히 진정되어 일상으로 돌아가자는 것이 안부인사이며 정치 목표가 되었다. 분명 바깥에서 편히 공기를 들이마시고 타인과 염려 없이 만날 수 있다는 것은 소소하고도 소중한 행복이었다. 그 일상을 되찾아야 한다. 그리고 바깥으로 나가서 지갑을 열어야 극심하게 위축된 경기를 되살릴 수 있다. 발길 끊긴 거리의 정적에서는 신음소리가 새어 나온다. 하루하루 삶의 최저 수준으로 내몰리는 사람들이 너무나 많다.

하지만 '사회적 거리두기'를 통해 일상의 변화를 겪어본 마당에 사회와 지난 일상에 대해 조금만 더 거리를 두고 생각해보자. 무엇이 돌아가야 할 일상인가. 걱정 없이 학교에 가고 맘 편히 식당을 운영할 수 있어야 할 것이다. 하지만 그 많은 비행기가 다시 성층권으로 날아올라 배기가스를 내뿜고, 대규모 스포츠이벤트가 재개되어 대량의 쓰레기를 매일같이 쏟아내야 하는가. 어떠한 소비활동까지가 회복해야 할 일상에 들어가는 걸까. 무엇보다 지난 일상, 즉 나날의 지속이 이번 사태를 초래하지 않았던가. 그 일상으로 다시 돌아가도 되는 걸까.

무엇이 회복해야 할
일상인가

우리의 일상은 결코 항상적이지 않다. 줄곧 악화되고 있었다. '산업혁명 이래 최고', '기상관측사상 최악'을 매해 갈아치우던 일상이었다. 당장 작년에는 무슨 일이 있었던가. 먼저 올해 초까지 반년간 이어진 호주 산불이 떠오른다. 이로 인해 최소 4억 톤의 이산화탄소가 배출되었는데, 이를 산림이 다시 흡수하려면 100년 넘게 걸린다고 한다. 지구온난화로 산불의 강도는 세지고 빈도는 늘어나며, 산불로 배출된 이산화탄소가 지구를 데워서 산불은 더욱 강해지고 잦아지고 있다. 대규모 산불이 세계 곳곳에서 이어지던 일상이다. 또한 작년에 있었던 일로 돼지 살처분이 떠오른다. 아프리카돼지열병이 발생해 돼지들을 매몰해 죽이고 죽여서 매몰했다. 땅이 썩고 강이 피로 물들었다. 코로나 사태로 관심에서 밀려났지만 아직 끝나지 않은 일이다. 매해 어떤 식으로든 동물 학살을 반복하던 일상이다.

　이것들도 우리가 회복해야 할 일상인가. 두 가지 사례만을 언급했지만 다른 사건들도 마찬가지이며, 모두 이번 사태와 연결되어 있다. 지구온난화를 매개하여. 지구온난화는 이 모든 일에 직접적 원인은 아니더라도 공통의 배경이다. 따라서 이번 사태가 어떻게든 종식되더라도 이런 일은 머잖아 다시 일어날 것이다. 이번 사태는 바이러스가 사회의 경계를 뚫고 침투하는 것처럼 묘사되고 있지만, 실은 우리의 사회가 매일의 일상이 감염증의 발생과 확산 조건을 양성하고 있기 때문이다. 지구온난화로 서식지를 잃은 야생동물이 인간과 접촉할 확률이 늘어나 인수공통전염병 발발 가능성도 커지는 한편, 인체의 면역력은 약화되고 있다. 병원성 바이러스가 침투하면 인간의 면역체계는 체온을 올려 대응한다. 하지만 병원균이 지구온난화에 적응해 진화해간다. 인간의 비교적 높은 체온에 방어막 역할을 기대하기는 점점 어려워지고 있다.

이미 우리의 일상은 화학처리를 거친 물을 마시고, 미세먼지 농도가 심할 때면 마스크로 거른 공기를 들이마시고 있다. 앞으로는 대규모 바이러스 감염이 보다 자주 찾아올 것이다. 지금의 일상은 결코 그대로 지속시켜야 할 것도 회복시켜야 할 것도 아니다. 하지만 일상이 그대로 지속되는 동안은 이를 깨닫기 어려웠다.

지금이 아니면
대체 언제

후쿠시마 사태와 코로나 팬데믹. 재해의 시각에서 보건대 2010년대가 후쿠시마 사태로 시작되었다고 한다면, 2010년대의 끝자락에 코로나 팬데믹이 자리한다고 말할 수 있지 않을까. 후쿠시마 사태는 세계사적 사건이었다. 하지만 그 자체가 세계적 사건은 아니었다. 후쿠시마 사태는 후쿠시마라는 고유명이 새겨진 그 명명이 드러내듯 특정 지역에서 벌어진 일이었고, 여전히 비재해지인 외부가 있었다. 그래서 일본 바깥에서는 일본의 일로 밀어두고, 일본 안에서는 후쿠시마의 일로 덮어둘 수 있었다. 하지만 코로나 팬데믹은 그 이름이 시사하듯 세계적 사건이다. 그리고 이 사건의 바탕에는 외부를 남겨두지 않는 동인이 자리한다. 바로 지구온난화다.

다만 지구온난화는 재해 수준으로 표출되어야 그 심각성이 드러났는데, 재해로 표출될 때면 국지성이 따랐다. 아마존이 불타고 유럽이 뜨거운 여름을 나고 미국에 초대형 허리케인이 닥치고 남극에서 빙하가 급속히 녹더라도, 심지어 전 세계 연안에서 생태계가 빠르게 변하더라도 여전히 그곳의 일로 여길 수 있으며, 여겨져왔다. 우리의 일상은 태풍이 한반도를 관통하지 않는 한 그 모든 재해들과 거리를 두고 있다고 여기며 지낼 수 있었고, 지내왔다.

하지만 코로나 팬데믹은 외부가 없음을 보여준다. 누구나 어디서든 바이러스에 감염될 수 있다. 감염증이 시작된 우한만이 아니라 바이러스가 퍼져나간 어느 도시로부터도 복잡하게 연결된 경로들을 통해 바이러스는 옮아올 수 있다. 그런 의미에서 이번 재난은 실로 세계적이다. 팬데믹pandemic은 '모두'를 뜻하는 그리스어 πᾶν(pan)과 '사람들'을 뜻하는 δῆμος(demos)가 합쳐진 말이다. 누구도 이 사태의 외부에 있지 않다. 율라 비스가 『면역에 관하여』에서 강조했듯 "우리는 서로의 환경이다."

그렇다면 전 인류는 공동의 재난 극복을 위해 함께 협력할 수 있을 것인가. 나아가 이를 계기로 외부를 남겨두지 않는 지구온난화에 공동으로 대처할 수 있을 것인가. 이번 사태는 인류에게 각성의 계기가 될 수 있을 것인가. 이 물음에 대한 대답은 역시 희망적이지 않다. 하지만 역으로 물어보자. 이런 형태의 세계적 전염이 아니라면 대체 어떤 사건을 통해 인류가 운명공동체이고 그 운명이 다해가고 있으며, 인류 자신이 그 주범임을 깨달을 수 있을까.

문제들의 문제로서의
기후위기와 전문 매체

코로나 시기에 연구자들과 온라인 세미나를 만들었다. 제주에서 거주하는 내게는 학술 교류의 유용한 방안이 생긴 셈이다. 하나는 '재미있는 사회학자들의 모임'이다. 정수복, 노명우, 조형근, 박효민 님과 함께 번갈아가면서 책을 추천해서 읽고 대화했다. 작가로서도 활동하는 사회학자들이 계신 모임이라서 서로의 책도 읽고 비평했다.

환경학을 하는 분들과의 공부 모임 이름은 '비상시대

와 전환 연구'였다. 서영표, 정영신, 장훈교, 홍덕화, 박서현, 김지혜, 최희진, 홍지은, 이태영, 현우식 님과 함께 온라인으로 달에 한 번씩 세미나를 했다. 주로 기후위기 관련 서적과 논문을 읽어나갔다. 그러던 중 한 번은 제주에서 직접 만나 각자의 연구계획을 발표하기로 했다. 나는 고민 끝에 사업계획을 발표했다. 기후위기 전문 매체, 그린뉴딜 논쟁, 과학기술철학, 신유물론 등 공부해야 할 주제들은 늘어나는데 "어디까지 공부해야 하지?", "읽어서 언제 써먹지?" 하는 생각이 들던 차였다. 기후위기에 관해서는 지식의 축적보다 당장의 활용이 내 관심이었다.

우선 사회학을 하는 내가 자료를 찾아보고 현상을 조사하며 탐구할 물음들을 떠올려보았다. 그건 기후위기의 원인이나 기후위기의 실태 자체는 아니었다. 『기후변화의 심리학』이 큰 참고가 되었는데, 기후위기에 관한 사회학적 물음들은 이러했다. 왜 재난의 잠재적 피해자들은 기후변화를 이야기하고 싶어하지 않는가? 기후위기는 이미 경험하고 있는데, 왜 그다지 실감나지 않는 문제가 되었는가? 한국 사회는 기후변화 회의론자는 적은데, 왜 기후행동에 대한 관심도 적을까? 어떻게 불확실성은 무대책을 정당화하는 핑계로 활용되는가? 왜 기후위기는 나중의 문제라고 여겨지는가? 집단적 대응을 필요로 하는 포괄적 문제는 어떻게 방관자 의식을 확산시키는가? 첨예한 이슈에 찬반으로 갈려 민감하게 반응하는 사회적 정서-의견 형성의 동학은 기후위기 인식과 정치에 어떻게 작용하는가? 시간의식의 점멸화 추세와 기후변화 인식이 요구하는 시간감각은 어떻게 괴리되는가? 기후위기는 어쩌다 경제, 일자리, 부동산 이슈에 비해 사치스러운 걱정거리가 되었는가? 기후변화는 어떻게 환경 이슈에 갇히고 말았는가? 원인을 특정하기 어렵고, 책임 소재가 불분명하고, 영향도 산발적인 문제를 해결하기 위한 동기부여는 어떻게 가능한가? 기후위기를 어떻게 경제 문제, 기술 문제, 도덕 문제, 인권 문제, 에너지 문제, 사회정의 문제, 토지이용 문제, 통치 문제, 이념투쟁 문제 등의 상위담론으로 만들 것인가?

이 물음들을 파고드는 글이 실릴 곳은 학술지가 아닐 것이다. 논문보다 짧은 분량으로 순발력 있게 나와 가볍게 널리 퍼져야 한다. 그런데 기성 인터넷 신문에 싣기에는 다소 길고 내용이 복잡할 것이다. 매체가 필요하다. 기사보다는 두텁고 논문보다는 얇은 글들이 매력적으로 편집되어 대중과 쉽게 만날 수 있는 매체. 연구자에 의한 지식 생산이 대중의 지적 수요와 조응할 수 있는 매체. 단발성 뉴스 제공이 아닌 입체적인 문제 제기와 심화된 논의가 가능한 매체. 특히 환경 이슈의 각론이 아니라 기후위기를 거의 모든 문제들의 문제로서 대하는 매체.

츠루미 슌스케가 이런 말을 한 적이 있다. "앞으로의 철학은 철학적 문제에 관한 물리학자의 메모, 역사가의 메모, 인류학자의 메모, 공무원의 메모, 노동자의 메모, 교사의 메모, 환자의 메모, 어린이의 메모 등이 통합되는 장으로서 재건되어야 하지 않을까?"기후위기에 관한 철학은 지금 그렇게 구성되어야 한다.

저 상상의 매체에서는 연구자와 생활인만이 아니라 기후정치 형성을 도모하는 다양한 주체들, 기후정의 활동가, 환경운동가, 반자본주의자, 농민 운동가, 동물권 활동가, 여성주의 활동가, 청년 문제 활동가, 마을 활동가 등의 시각들이 교차된다. 기후정치, 탄소배출 저감, 에너지 전환, 재난, 생물다양성, 탄소자본주의, 그린뉴딜, 농업, 해외 상황, 환경 정책, 기술적 해법 등의 코너에서 차근차근 콘텐츠가 축적된다. 기후위기를 각론이 아니라 모든 문제들의 문제, 세대 갈등, 부의 이전, 부동산, 사회적 차별, 난민 등 다른 사회적 이슈, 문제들과 결부 짓는다.

7   전환을 위한
         시각

2021

사상 과제로서의
미야기

2011년 3·11 10주기가 다가왔다. 1주기인 2012년 3월 11일
에는 급한 마음으로 『사상 과제로서의 3·11』을 번역해 출
간했다. 무언가를 해야지 싶어 번역에 착수했는데, 일본
사회가 흔들리는 긴박한 와중에 일본 학자들이 무엇을 고
민하고 어떻게 표현했는지를 보여주는 책을 골랐다. 원서
를 손에 넣었을 때 띠지에는 '긴급간행'이라는 네 글자가
큼직하게 박힌 위로 이런 문구가 적혀 있었다. "그날 이후
무엇이 바뀐 것일까. 무엇이 바뀌지 않은 것일까. 무엇이
바뀌어야 하는 것일까. 생, 사, 자연, 지진 재해, 원자력 발
전, 국가, 자본주의 …… 바로 지금 사색자들이 묻는다."

그로부터 매해 3월 11일은 찾아왔고, 어느덧 10년째가
되었다. 과연 3·11은 여전히 사상 과제인가. 그사이 강제
징용, 위안부, 수출 규제, 지소미아 문제를 거치며 한국과

217

일본 정부 간 관계는 너무나 경색되고, 시민 사이의 관계도 더 없이 삭막해져 있었다. 동일본 재해 관련 보도는 방사능 오염수 배출 문제처럼 여전히 진행 중인 후쿠시마 사태 관련 소식이 간헐적으로 전해지다가, 2020년 도쿄올림픽이 다가오면서 기사량이 크게 늘었다.

그러던 차에 2018년, 처음으로 미야기에 가보았다. 한국 사회에서 후쿠시마와 달리 '미야기'는 생소한 이름이다. 그 이름은 후쿠시마처럼 모종의 문제의식을 불러일으키기는커녕 후쿠시마와 함께 막대한 피해를 입은 동북 3현 중 하나라는 사실도 그다지 알려져 있지 않다. 이는 한국의 언론이 후쿠시마의 피해에 대해서는 집중 보도했지만, 미야기를 덮친 쓰나미의 영상은 가져다 쓰면서도 그곳의 피해는 심층적으로 접근하지 않았으며, 이후로는 후쿠시마와 달리 언급조차 하지 않은 데서 얼마간 기인할 것이다. 동일본 재해에서는 지진 자체나 원전 폭발보다 쓰나미로 인한 희생자 수가 훨씬 많았고, 미야기는 동북 3현 중 쓰나미로 인한 피해가 가장 컸다.

미야기의 어느 해안가에 섰을 때 마주했던 거대한 방조제가 여전히 충격으로 남아 있다. 바다와 육지를 가르는 높은 담이 끝없이 이어져 있었다. 한국으로 돌아온 뒤 그 광경을 다른 사람에게 전하고 싶었지만 제대로 형용할 표현을 찾지 못했다. 그것은 인류사에 없었던 구조물이다. 한국에서 이런 보도는 들은 적이 있다. 동일본 재해 때 쓰나미의 높이는 최고 40미터에 달해 기존 제방으로 막아내기에는 역부족이었고, 지진과 쓰나미로 인해 기존 제방이 크게 망가졌다. 그래서 산리쿠 해안의 400킬로미터에 이르는 해안선을 따라 전보다 높은 방조제를 쌓는다는 이야기를 들었을 때도 필요한 정비와 대비를 하는구나라고 여겼다.

하지만 직접 와서 보니 실상은 그렇지 않았다. 생활을 지키는 게 아니라 파괴하고 있었다. 현지 사정에서 유리된 관료적 구획으로 말미암아 1차 방제물, 2차 방제물, 3차 방제물 등이 비효율적으로 중첩되어 있거나, 일률적 형태의 방조제가 해안선의 모습과 어긋난다는 것도 문제였지만, 보다 심각한 문제는 방조제가 오히려 사람과 마을과 자연을 망가뜨린다는 사실이었다. 거대 방조제가 들어선 곳에는 모래사장이 파괴되고 지반압으로 인해 지하수가 차단되어 습지가 사라졌다. 15미터가 넘는 방조제 아래 서보았다. 바다가 보이지 않을 뿐 아니라 바다 내음도 맡을 수 없었다. 그곳은 바다에 인접한, 바다와 절연된 공간이었다. 수백 킬로미터의 해안이 처참히 살해당했다. 쓰나미가 아닌 방조제로 인해서 말이다.

하지만 미야기에는, 쓰나미가 쓸어가고 국가가 방치한 그 땅에는 다시금 억척스럽게 삶을 개척하는 분들이 계셨다. "방조제가 세워져 어촌 마을이 무너졌다. 부흥을 빌미로 행정권력과 거대자본이 어업권을 찬탈했다. 하지만 다시 바다와 함께 사는 마을을 만들 것이다"(사토 세이고),

"마을이려면 가게와 학교가 있어야 한다. 절도 신사도 세워야 한다"(토오하라 이치로), "마을을 다시 만들 때 지역적 시각에 근거하고 선조들의 경험과 지혜를 참고할 것이다."(아베 사토시) 이들은 원점에서 관계를, 마을을, 산업을 다시 일으키고 있다. 가혹한 환경은 억센 실천과 사상을 낳을 것이다.

재해의 복잡성과
필자의 다양성

미야기 견학을 제안한 사람은 현대총유론現代總有論을 제창한 이가라시 다카요시였다. 현대총유론은 토지를 비롯한 공간의 집단적 소유와 활용, 즉 총유화를 통해 인구 감소, 고령화, 수도권 집중, 지방의 소멸, 저성장이라는 사회 문제에 대처하자는 사회이론이다. 그는 "재해지로 가서 인류사의 극점을 보라, 그곳은 향후 사회 구성의 문제를 사고하는 원점이다"라고 말했다. 확실히 그곳에서 발생하는 문제는 앞으로 여러 사회의 많은 지역이 당면할 운명을 미리 표시하며, 그곳에서 일어나는 시도는 전인미답의 것으로 공동의 유산으로 삼아야 할 것이다. 그의 말대로 미야기는 분명 한국에서 온 내게 견학의 현장이었다. 본다는 것이 곧 배우는 것을 의미했다.

미야기 견학을 마치고 한국으로 돌아왔는데, 그 경험을 글로 써보지 않겠느냐고 그가 권했다. 나는 「사상 과제로서의 미야기」라는 글을 썼으며, 그 글은 『진재학』震災學이라는 잡지에 실렸다. 미야기현 센다이시에 소재한 도호쿠가쿠인대학東北学院大学에서 발행하는 종합학술지다. 편집위원회 측에서 원고료를 보내겠다는 연락을 받았다. 나는 대신 『진재학』 지난 호들을 보내달라고 부탁했다.

두 주 정도가 지나 『진재학』 14호까지가 우편으로 도착했다. 『진재학』은 동일본대지진 이후 2012년에 창간되고 매해 한두 차례씩 부정기간으로 간행된 잡지다. 나중에 전부 셈해보니 당시까지 전체 313편에 달하는 글들이 『진재학』을 통해 발신되었다. 2021년이 다가오기 전 2020년 여름부터 『진재학』 모든 호를 살펴보기로 마음먹었다.

『진재학』의 진재震災란 '지진으로 인한 재해'를 일컫는다. 즉, 이 종합학술지는 '진재'라는 단일 주제에 초점을 맞추어 창간되고 기획되었다. 그런데도 '종합학술지'임을 자임하는 까닭은 동일본대지진이 초래한 재해가 복합적 성격을 갖기 때문이다. 동일본대지진은 지진·쓰나미·원전사고라는 동시다발적 재해이며, 자연적·사회적·경제적 재해이며, 초광역재해이자 장기재해다. 따라서 '진재'와 결부된 논점은 다면적이고, 그에 관한 관점들도 다각적일 수밖에 없다.

『진재학』을 읽으며 놀라웠고 또 부러웠던 대목은 재

해의 복합적 속성에 걸맞게 분야를 달리하는 학계의 여러 연구자만이 아니라 피해주민·가설주택 입소자·농민·어민 등 생활자, 행정기관·시민단체·언론사·지역기업 등 실무자의 다양한 시각이 어우러졌다는 것이다. 필자들의 면면을 살펴보면 학계의 연구자, 해당 분야 전문가 이외에도 정책 결정자, 민주당 의원, 재해대책 관계자, 행정기관 담당자, 작가, 르포라이터, 언론계 종사자, 의사, 지역 박물관 운영자, 종교인, 후쿠시마 제1원전 작업원, 어부, 농장 직원 등 다양한 직업군이 엿보인다.

연구자인 필자의 학문적 배경은 지진학, 방재학, 기상학, 경관학, 사회학, 경제학, 심리학, 문학, 건축학, 공학 등으로 다양했다. 대학에 있는 연구자말고 다른 영역에 있는 필자들이 무슨 글을 썼는지를 정리해봤다. 지역공공기관이나 자치단체 소속의 필자들은 안전 사상과 문화·환경보전 의식·방재 교육·마음의 치유·해일과 바다의 민속·피해와 영성·일본의 지진사·과거 미야기현 지진과 해일 피해·건축의 잔존물에 관한 합의·문화재 보존·공공시설 재개 등에 관해, 지역행정기관이나 의회 소속의 필자들은 행정시스템과 부흥 지원 활동·정책 결정과 주민 참가·지역산업 진흥·전력공급체계·공중위생·가설주택 실사·재해공영주택·자원봉사·마을 만들기 등에 관해, 지역시민단체나 사설연구기관 소속의 필자들은 시민의 자발적 구호 및 지원 활동·재해 농가 문제·가설주택 생활·고아의 양육·

재해 관련사·지역커뮤니티 복원·도시경관·지정폐기물 최종처분장 문제·IT 기술을 활용한 재해 공영주택·기업신용조사와 재해 빅데이터 등에 관해, 지역 내외 언론사 소속의 필자들은 재해와 저널리즘·중앙언론의 보도방식 문제·지역언론의 역할·경보와 피난 시스템·피해 정보 수집과 발신·재난 보도와 SNS의 역할·라디오의 기능·오염지도 만들기 등에 관해 논의를 전개했다.

　　또한 사고 처리라는 긴급 상황 이후의 지역 부흥 단계에서는 정책 결정자와 전문가 집단만이 아니라 다양한 사회배경의 구성원들이 지식과 지혜를 모아낼 필요가 있어 『진재학』은 논문만이 아니라 인터뷰, 좌담, 기록, 르포르타주, 에세이 등의 형식도 시도했다.

지역의 의미들

『진재학』의 10년사를 통해 지역 부흥에 관해 어떠한 문제의식이 개진되었는지를 살피다보니 '지역에 관한 시각'도 일률적이지 않음을 알게 되었다.『진재학』의 글들을 보면 지역은 여러 차원에서 상이한 의미로서 언급되었다. 때로는 지진·쓰나미·방사능 피해를 입은 동북 3현이라는 광역 단위를 지시하고, 때로는 중앙(도쿄)과 대비되는 주변을 가리키고, 때로는 마을 단위의 생활 터전을 뜻했다. 지역이란 말에는 지리적·사회경제적 의미만이 아니라 문화적·윤리적 가치가 함축되기도 했다.

　　동일본대지진과 이후 부흥은 지역이 근간부터 흔들리고 재생하는 과정이었고, 지역 문제에 대한 사고와 더불어 지역 자체에 대한 사고가 심화되는 과정이었다.『진재학』에서 지역은 다양한 의미로 분기했는데, 최소 다섯 가지가 연관되어 있으나 구분할 수 있는 용법들이 있었다. 즉, 지역은 동일본대지진 이후 비록 외부에서 관심이 줄어들더라도 여전히 갖가지 현재진행형의 문제에 직면하고 있는 '현장'으로, 그럼에도 지역민이 그곳에서 앞으로도 생활과 생업활동을 이어가려는 '거점'으로, 따라서 중앙정부의 부흥정책이 그곳을 터전 삼아 살아가는 사람들에 의해 검증되어야 할 '공론장'으로, 나아가 외부의 지원에만 의존할 게 아니라 자생력과 자치력을 키워가야 할 '단위'로, 끝으로 보다 나은 미래를 위해 그 과거와 현재를 알아야 할 '지적 대상'으로 의미화되고 있었다.

커먼즈 패러다임

어느덧 커먼즈 패러다임은 내게 긴요한 이론적 시각이 되었다. 석사논문 작성 이후로는 이론과의 거리를 유지해왔던 듯하다. 강하고 매력적인 이론에 내 눈을 빼앗길 수 있단 걸 경험한 까닭이다. 첫 책『지식의 윤리성에 관한 다섯 편의 에세이』는 이런 문장으로 시작했다.

남의 표현을 과식하다 토해본 일이 있다. 남의 관념을 오랫동안, 더구나 여러 벌을 껴입고 지냈더니 내 정신의 속살이 무엇인지 나 자신도 혼란스럽다.

그간 숱한 기성의 관념들에 시달리고도 다시 새것, 결국 남의 것을 찾아 나선다. 그렇게 헤매다가 지친 눈에 사물들의 색채는 흐릿하고 윤곽은 겹쳐 무엇 하나 또렷하게 잡히지 않는다. 자신의 눈을 갖기도 전에 잃었다는 후회를 곱씹는다. 나의 언어를 구해 차분히 사색하려 해보아도 기성의 언어가 나의 사유공간 속으로 어수선하게 흘러들어온다.

동아시아 연구 시기는 특정 이론적 조류를 주된 자원으로 삼은 적이 없다. 중요한 건 자료, 인물, 관계였다. 제주대 공동자원과 지속가능사회 연구센터의 일원이 되어 접하게 된 커먼즈 패러다임은 의식적으로 익히고 싶은 이론적 시각이었다. 제주살이를 하면서 연구의 관심이 생태위기를 비롯한 복합적 사회위기와 사회전환으로 옮겨갔기 때문이다.

커먼즈 패러다임은 소유적 개인주의에서 벗어나 공동부commonwealth의 확장을 꾀한다. 현대 사회체계가 초래하는 불평등 심화, 복지 위기, 연대 약화, 생태계 파괴 등의 사회 문제들을 진단하고 지속가능한 전환을 모색하는 데서 요긴한 대안적 시각으로 부상했다. 한국 학계에서 커먼즈 연구는 2000년대 들어 시작된 새로운 분야지만, 길지 않은 시간 동안 연구의 지평은 자연 커먼즈의 영역을 넘어 대중의 생활을 구성하는 다양한 자원과 관계의 영역(먹거리, 에너지, 돌봄, 주택, 교육, 공공 공간, 보건의료, 지식정보, 미디어, 도시자치 그리고 기본소득)으로 확장되었다. 그 까닭은 한국 사회가 자연자원 고갈, 농어촌 붕괴, 도시 인클로저, 공공 서비스 축소, 불평등 심화, 생물다양성 상실, 기후변화 등 다양한 사회생태적 문제 상황들에 직면했고, 커먼즈 패러다임이 이것들을 큰 그림 속에서 정렬하고 연결하는 시각을 제공하기 때문이다.

커먼즈와 마을

제주대 연구센터의 일원으로서 초기에는 제주의 커먼즈 연구, 특히 마을 단위 연구에 집중했다. 마을의 어원은 물을 뜻하는 믈이라고 한다. 한자 촌村은 나무를 일정하게 심어놓은 곳, 리里는 땅에 밭을 일궈놓은 곳을 그리고 있다. 마을과 더불어 쓰이는 동네는 동내洞內가 변한 말인데 동洞은 같은 물을 쓰는 공간을 뜻한다. 지역의 농촌, 산촌, 어촌은 각자의 환경에서 물, 땅, 산, 숲, 바다 등의 자연자원을 보존하며 공동생활을 영위해온 장구한 역사적 내력이 있다. 커먼즈는 이처럼 생존과 생활을 위해 일정한 인구집단이 함께 활용하고 보존하고 관리하는 여러 형태의 자원과 그 자원을 둘러싼 규범 등을 의미한다. 마을은 행정 단위 이전에 커먼즈를 매개로 한 생활 단위이며, 국가가 정하는 법률 이전에 마을 성원이 자치적 규율을 만들어 커먼즈를 지켜온 삶터였던 것이다.

제주는 민중의 생활에서 전통적으로 커먼즈의 보존과 활용이 두드러졌다. 화산 폭발로 한복판에 우뚝 솟은 거대한 한라산과 368개의 기생화산으로 이루어진 섬이라는 지질적·생태적 조건으로 인해 용천수, 공동목장, 공동어장, 마을숲 같은 천연자원 커먼즈를 마을 단위로 관리해온 역사가 두텁게 존재할 뿐 아니라, 현재도 일부의 커먼즈는 잘 보존되어 기능하고 있다. 어쩌면 제주 마을의 결속력이 남다른 것도 커먼즈를 함께 잘 이용하고 관리하며 살아왔기 때문일 수도 있다. 한편 제주의 지하수, 목장, 어장, 해안, 바람 등 자연자원의 공공적 가치가 높기 때문에 자연자원의 사유화, 사적 개발 사업, 국책사업과 그에 대한 반발이 지역 차원의 첨예한 정치적 쟁점이 되고 있다.

제주에서 커먼즈 연구를 하며, 처음으로 마을 조사를 다녔다. 마을을 기록한 향토지를 탐독하고 청년회장을 인터뷰하고 마을공동목장을 답사하는, 돌아다니고 찾아다니며 몸을 쓰고 품을 들이는 연구를 경험했다. 나는 본래 사변적 기질이 강하며, 주로 잡지나 문건 같은 자료들을 읽고 논문을 썼다. 제주에 오지 않았다면, 소위 현장 연구는 못 해봤을 것이다. 특히 지역의 커먼즈를 탐구하는 데는 마을 조사가 필수적이다. 거기에 시민사회와 사회운동 영역의 지인들이 생겨 제주 사회의 여러 동향을 들을 수 있었다. 클리퍼드 기어츠는 "인류학자는 마을을 연구하는 것이 아니라 마을에서 연구한다"고 말했는데, 그 마을이란 생활의 반경이자 관계성을 동반한 현장일 것이다.

도시 커먼즈의 조건

이 무렵, 연구를 농산어촌 커먼즈에서 도시 커먼즈로 향했다. 도시는 촌락과 사회환경적 조건이 다르다. 첫째, 토지를 비롯한 대부분의 자원과 자산이 사적 소유화되어 있다. 둘째, 산림과 어장처럼 자연으로부터 주어진 자원이 드물다. 셋째, 구성원들 간에 이해관계가 복잡하고 공동체를 이루기 어렵다. 넷째, 공간의 규모가 넓고 경계가 개방적이다. 이러한 조건들은 도시에서 커먼즈를 형성하기 어려운 이유이자, 촌락과는 다른 유형의 커먼즈를 창출해내야 하는 이유이기도 하다.

한국의 도시는 자본주의 축적구조가 법, 제도, 관습 등 다양한 이데올로기적 국가기구들을 통해 치밀하게 관철되어 있어 커먼즈적 공간을 만들어내기가 어렵다. 그럼에도 공원, 광장, 도서관 같은 공공 공간부터 공터, 거리, 골목, 놀이터, 옥상 등 다채로운 도시의 틈새들, 나아가 도시재개발과 젠트리피케이션으로 충돌이 일어나는 갈등 현장을 도시 커먼즈의 시각에서 조명할 수 있다.

이 경우 도시 커먼즈의 맞은편에 위치한 핵심어는 도시 인클로저urban enclosure다. 서울을 비롯한 한국의 대도시는 발전주의 논리에 따라 국가 주도의 압축적 도시화를 경험했다. 도시 인클로저의 과정에서 한편으로는 도시 곳곳으로 사유재산제가 도입되어 배타적 사용·수익·처분권이 확립되었으나, 다른 한편으로는 사적 자본의 이윤을 위해 정부가 공권력에 기반한 공용수용 권한을 행사해 사회적 약자들의 재산권을 박탈하거나 공공 공간을 해체했다.

2010년대에 들어서는 한국식 젠트리피케이션이 심화되어 고급 주거단지, 고급 사무공간, 거대 쇼핑몰 건설을 위한 투기적 도시 개발과 재개발로 인해 삶의 공간에서 쫓겨난 자들이 늘어났다. 한국 사회에서 젠트리피케이션의 계보는 국가가 주도한 낙후 지역의 철거 재개발, 대규모 단지 개발, 도시재생사업, 뉴타운 사업 등으로 이어졌으며, 국지적으로는 주거지역과 상업지역에서 재건축 사업이나 임대료 급등으로 장사 및 예술 활동을 하던 세입자들이 쫓겨나는 사태가 빈발했다. 이로써 빚어진 여러 저항들—홍대 앞 두리반, 명동 카페 마리, 한남동 테이크아웃 드로잉, 서촌 궁중족발 등이 도시 커먼즈 운동으로 조명된 바 있다.

이러한 '장소 투쟁'은 비좁더라도 점거하고 점유한 그 공간에서 새로운 삶의 영토를 창출하고자 했다. 점거한 공간은 치안권력과 시장질서에 지속적으로 노출되는데, 자신들이 지향하는 가치를 지키기 위해 때로는 농성의 구조를 장착해 도시에서의 삶에 관한 여러 문제의식을 발신했다. 경제적 이해관계에 의해 배제되고 쫓겨나고 존엄성이 훼손된 자들의 사회적 고통과 정치적 불안을 드러내고, 사적 소유권이 지배하는 도시 공간의 질서와 이를 떠받치는 법적 담론을 문제시했다.

공터와 잠재성

이처럼 대안적 문화와 생활의 모습을 예시豫示했던 반反젠트리피케이션 장소 투쟁들은 사회적 반향이 큰 경우에도 상가나 건물처럼 상대적으로 소규모 공간에서 전개되며, 사적 자본과의 역학관계가 주요하게 작용한다는 특징이 있다.

내가 「도시 속 공터는 어떻게 공유지가 될 수 있는가」에서 주목한 경의선 공유지, 배다리 공유지, 솔방울 커먼즈는 지향성을 '공유지' 내지 '커먼즈'로 선명하게 내세운 드문 사례였다. 이들 세 가지 운동은 국공유지인 유휴부지 혹은 국책사업 과정에서 생겨난 공터를 둘러싸고 발생했기에 국지적 젠트리피케이션에 맞선 장소 투쟁보다 규모가 크며, 중앙정부의 기관 및 지자체가 관련된 주요 행위자라는 특징을 지녔다. 이곳들은 모두 커먼즈 네트워크를 통해 알게 된 지인들의 활동 현장이었다. 경의선 공유지에는 김성은, 김상철, 정기황, 배다리 공유지는 민운기, 솔방울 커먼즈는 솔방울러인 김지혜, 최희진, 안새롬, 홍지은 님이 아는 사람이었다. 아는 사람의 활동 현장을 알고자 했다.

경의선공유지시민행동은 경의선 지하화로 생겨난 지상의 철로 부지를 상업적으로 개발하려는 한국철도시설공단(현 국가철도공단)에 대항해 해당 부지를 도시공유지로 선언하고 도시 약자들을 위한 '서울의 26번째 자치구'로 운영했다. 배다리공유지운동은 배다리 마을을 관통하는 산업도로 건설 계획에 맞서 주민들이 건설 예정지를 공유지로 선언하고 관리했다. 솔방울 커먼즈는 오랫동안 활용되지 않고 있던 송현동 부지를 '모두를 위한 숲'으로 지키고자 했다.

세 운동은 유휴부지를 소유할 수 없는 자들이 일시적으로나마 그곳을 점유해 이용권을 만들어내려던 시도였다. 주어진 자원이 부족한 조건에서 공터의 '비어 있음'을 공동의 활동을 생성하는 잠재성의 터전으로 삼았다. 방치된 땅과 건물들을 창의적으로 재공간화해 다채로운 활동을 일으켰고, 그곳들은 피난처, 장터, 텃밭, 교육장, 놀이터라는 복합적 성격으로 변화할 수 있었다. 이들의 활동은 공터의 공유지화를 시도했기에 필연적으로 소유와 활용 간의 충돌을 빚었고, 그 과정에서 공유지의 사회적 가치는 무엇이며 공유지화 시도는 어떻게 정당화될 수 있는가라는 물음을 촉발했다.

예술가와 글쓰기

제주에 오기 전, 내가 아는 작가는 평론가와 소설가처럼 글 작가였다. 제주에서는 다큐멘터리 감독, 화가, 설치미술가, 사진가, 서예가처럼 시각예술을 하는 작가들과 지인이 되었다.

　　이진경 선생은 예술에 대해 "부재하는 것들을 이 세상으로 불러내는 작업이다. 그렇게 불러낸 것을 통해 사람들을 다른 삶으로 불러들이려는 유혹이다"라고 말씀하셨다. 맞다. 그래서 예술가들에게 매력을 느낀다. 예술가는 상상했던 이미지를 이 세상에 불러낸다. 혹은 있어도 보이지 않던 것을 감각적으로 증폭시킨다. 혹은 허구의 사건을 창조해 지금의 세계와 대비시킨다. 예술가들은 활동가들이 그러하듯 다른 삶의 가능성을 묻는다. 대단히 관념적인데 매우 실천적이다. 고도로 추상적인데 몹시 구체적이다.

제주에서 정착해가던 2017년 겨울, 제주시에 있는 예술공간 이아의 레지던시 입주 작가 분들에게 연속 강의를 할 일이 생겼다. 네 차례에 걸쳐 내게 소중한 사상가들─다케우치 요시미, 쑨거, 김시종, 사쿠라이 다이조에 대한 이야기를 들려드렸다. 기획해주신 분은 시각예술가 고승욱 작가였다. 연속 강의가 끝난 이후 거기서 만났던 작가 분들을 위해 글을 쓸 일이 생겼다. 시간이 지나 연속 강의를 들어주신 작가들 중 세 분의 작품론, 작가론을 쓰게 되었다. 그중 첫 번째 것은 「늦게 온 자의 기억」이다.

바깥에서 한참이 지나 이들은 왔다. 이들은 이 섬의 얼굴을 그린다. 결국 그린 것은 이 섬의 기억, 이 섬이 잃어가고 있는 기억이다. 바깥에서 온 이들은, 70년 전 이 섬에서 일어난 사건의 관련자가 아닌 이들은, 기억을 그려내며 기억의 당사자가 되고자 한다. 기억은 비록 뒤늦더라도 기억을 찾아다니는 이들에게 적기로 찾아와준다.

그림보다 먼저 찍어놓은 사진이 있었다. 사진을 보며 그림을 그렸다. 사진이 순간의 모습을 붙잡고 있는데도 굳이 시간을 들여 다시 그렸다. 그 까닭은 그려내고자 했던 것이 기억이기 때문이리라. 속히 작품을 만들기보다 완성의 시간을 유예시키며 사진 속 모습과 교감한다.

그동안 사진 속 모습은 서서히 그림의 장면이 된다. 면으로 펼쳐지고 장으로 일어선다. 그림에는 타인의 사연과 함께 그리고 있는 자신의 기억이 깃든다.

풍경과 얼굴. 먼저 풍경부터 말하자. 박종호는 처음 와본 제주에서 지내며 제주의 아름다운 풍경을 보았다. 아름다운 풍경을 찾아 여기저기를 다녔다. 그 생활이 길어지며 자신이 아름답다고 여겼던 그곳들이 누군가의 망막에는 생의 마지막으로 비쳤을 풍경임을 알게 된다. 그곳들 어딘가는 학살터였다. 또한 산천 어딘가는 '잃어버린 마을'이었다. 역사의 곡절을 알게 되자 풍경이 말을 걸어온다. 그에게 그 풍경은 여전히 아름답다. 그 아름다움은 이제 황량함, 으슥함, 두려움을 갖는다. 그는 그 깊이감을 흑백으로 담아냈다. 흑백은 빛과 어둠의 색이다. 기억의 원상에 가까운 색이다. 그 흑과 백의 색감은 목탄의 힘을 빌리고 있다. 나무의 재는 누군가의 망막에 비쳤을 마지막 모습을 흔적으로 남기고 있다.

이쪽에는 얼굴이 있다. 박선은 이 얼굴의 주인공들을 옛날사진관에서 만났다. 4·3 70주년을 맞아 7일간의 큰굿에 방문한 희생자 유족들의 사진을 찍었다. 이후 사진 속 얼굴을 그림으로 옮겨내기로 마음먹는다. 그리는 동안 그들과 만났던 경험을 다시 경험한다. 한 사람을 그린다. 그에게서 느꼈던 톤을 떠올린다. 그 구체적 존재에게서 짧게나마 들었던 이야기를 상기하고 가능했었을지

234

모를 대화를 상상한다. 그것들이 붓칠로 거듭된다. 그렇게 '살아지다'와 '살아내다'라는 버거운 피동과 그만큼 절절한 능동이 겹쳐진 얼굴 속으로 들어간다. 이것은 수채화다. 물은 마르기 전까지 캔버스 위를 떠다니며 착상着狀에 이르기까지 착상着想은 이어진다. 그 얼굴을 그려내는 동안 작가는 어떤 얼굴이었을까.

여기 흑백의 풍경과 배색의 얼굴이 있다. 재의 덧칠과 물의 번짐이 있다. 이 공간에서 그것들이 조우하고 있다. 어느 쪽도 윤곽선이 명료하지 않다. 기억은 어스름하게 움직이나 보다. 이들은 그러한 기억을 표현하고자 했다. 이들은 사진의 모습을 바라보며, 자신의 감정을 그렸다. 그리고 나는 작품에서 형성 중인 이들의 기억을 본다.

잃어버린 마을. 왜 '사라진 마을'이 아니라 '잃어버린 마을'일까. 그 표현은 사라졌다는 사실을 지시할 뿐 아니라 상실을 간직하고 있다. 이 상실감의 지속이 잃어버린 것을 잃어버린 것으로서 존재하게 만들 것이다. 하지만 너무나 긴 시간이 지나고 만 지금, 이 섬은 잃어버림을 잃어버리고 있다. 잃어버렸다는 기억이 망각 속으로 가라앉고, 잃어버렸다는 상실을 간직한 자들을 하나둘씩 떠나보내고 있다. 섬은 상실을 아는 자신의 얼굴을 잃어가고 있다.

두 작가는 이 섬이 잃어가는 기억을 그렸다. 그렇더라도 두 작가가 잃어가는 풍경, 잃어가는 얼굴을 보존할

235

수는 없다. 두 작가의 작업은 잃어가는 과거에 대한 재현일 수 없다. 잃어가고 있음을 대하는 현재 사념의 표출이다. 두 작가는 그렇게 자라나고 있는 자신들의 기억을 그리고 있는 것이다. 잃어가는 과거와 현재의 정동 사이에서 기억은 새롭게 형성되고 가득 충전될 것이다. 새로운 기억은 그 기억을 대하는 타인에게도 손을 뻗을 것이다.

이게 예술가를 위해 작성한 첫 글의 전문이다. 이후 예술가들과의 작업이 간간이 이어졌다. 작가론이나 작품론을 쓰거나 함께 워크숍이나 전시를 하거나 모임에서 진행을 맡는 식이었다. 그 경험은 내게 유익했다. 그리고 말이나 글로 하는 작업을 내게 의뢰해준 예술가에게도 유익하길 바랐다. 생각해보면 회화와 다큐멘터리를 포함해 시각예술계에서 언어는 학계 이상으로 대접받는다. 내레이션은 짧은 분량으로도 효과가 크며, 작품 해설은 전시 벽면에 걸리기도 한다. 하지만 품위 있는 상투어들이 많다. 작품 안에서 퍼져 나오는 게 아니라 바깥에서 싸잡거나 쳐들어가는 언어는 아무래도 작품을 위한 언어는 아니라는 인상이다. 그 언어에 비해 작품이 아까운 적도 많았다.

어차피 나는 예술계의 인간도 아니며, 예술계 지형이나 조류도 알지 못한다. 예술가를 위한 글을 쓴다면, 예술계에서 그의 위치나 평단의 평가 등은 내게 별로 의미가 없다. 속해 있는 장이 다르니 장의 질서를 의식할 필요 없이 그 예술가에게만 충실하면 된다. 작업하는 방식은 이렇다. 작품이나 포트폴리오 등을 보고서 메모를 한다. 그리고 인터뷰라기보다 수다를 나눈다. 녹음기를 켜놓고서. 되도록 즐겁게. 이것저것 말을 건네보고 건져낸다. 이를 바탕으로 개념을 고안하고 예술가에 대한 가설을 세운다. 이 개념과 가설을 가지고서 예술가와 다시 대화를 나눈다.

왠지 모르게의 작업

고승욱 작가에게서 연락이 왔다. 일본 아오모리 현립미술관 전시를 위한 도록에 들어갈 작가론을 의뢰받았다. 그와의 대화에 들어갔다. 우리끼리 오랫동안 집중해서 떠들기에는 집이 편하다.

　"왠지 모르게 그런 것들에 끌린다. 뭔가를 해보고 싶어진다."그와 지난 작업들에 관해 대화하다가 이 말을 종종 들었다. 그는 저 땅을, 저 돌을, 저 무덤을, 저 기억을 만나자 무슨 일인가 벌이고 싶어져서 작업을 하는 사람 같았다. 그의 작업은 "왠지 모를"그 충동에서 비롯되고 있었다. 그는 틈새와 경계에 있는 것들에 이끌린다. 상실했거나 배제되었거나 망각된 것들. 그가 "왠지 모르게 그런 것들에 끌린다"라고 말할 때 '왠지'는 솔직한 표현이며, 또한 정확한 표현일 수 있다. 그는 그런 것들에 매혹당하는 자이며, 매혹이란 섣불리 이해할 수 없는 것이 자신에게 달라붙어 자신을 끌고가는 힘이기 때문이다.

모리스 블랑쇼는 『문학의 공간』에서 말한다. "우리를 매혹하는 것은 우리에게서 의미를 부여하는 능력을 앗아 가버린다. 우리를 매혹하는 것, 그것은 또한 그 자체의 감각적인 성격을 버리고 세계를 버린다. 그리고 세계의 내면으로 은둔해 우리를 그곳으로 이끌어 당긴다."

어떤 것들—사진이, 돌이, 나무가, 묘비가 왠지 시선을 끈다. 마음을 빼앗는다. 감각과 사유의 문을 두드린다. "이건 대체 뭐지", "여기에 뭐가 있지"라는 물음이 생겨난다. 이제 그것들에 휘말려 무언가 사건을 벌인다. 감수感受, 감염感染, 감동感動. 느껴 받고, 느껴 물들고, 느껴 움직인다.

왜 하필이면 그때 그런 것들에 감응했는지, 왜 그런 식으로 감행했는지는 사후적으로 설명이 불가능할지 모른다. 그 수동적 능동성의 과정은 작가 자신에게조차 해명하기 어려운 비밀의 영역일지 모른다. 그래서 '왠지'다. 다만 분명한 것은 경계에 있음, 불안정하게 있음, 내몰려 있음, 가려져 있음과 관계하려면 큰 제약이 따랐겠으나, 그 제약들은 그에게 사고가 얽혀들고 행동의 모험이 요구되는 계기였으리라는 점이다. 제약의 크기만큼 작업은 흔들려야 했을 테며, 그 작업을 대하는 나를 흔들었다.

그의 작업은, 작품이라 하기에는 작作은 이루어지나 품品에는 이르지 못한 혹은 이르지 않는 미결정성이 남아

있다. 그 미결정성은 (작가 자신조차) 예기치 않은 사건들
이 찾아올 수 있는 잠재성을 뜻할 것이다. 그것은 어쩌면
부재하거나 비재하거나 미재하는 것들과 함께 있으려는
예술의 공통된 속성일지 모른다.

부재, 비재, 미재

고승욱 작가는 제주에서 나고 자랐다. 20년 가까이 서울
생활을 하다가 2012년 무렵 제주로 돌아왔다. 제주에서는
서울과는 다른 끌림이 있었던 듯했다. 그의 제주 작업을
파악하기 위해 내게는 '있지 않음'을 부재不在, 비재非在, 미
재未在로 구분할 필요가 생겼다. 부재는 있었다가 사라짐
이다. 비재는 있으나 지워짐이다. 미재는 좀처럼 나타나지
않음이다. 이것들은 범주가 아니다. 동학이다. 따라서 어
떤 존재는 부재하고 비재하며 동시에 미재할 수 있다. 나
는 그가 제주에서 그런 존재들에게 끌렸다고 느꼈다.
　어쩌면 제주는 부재의 섬이라 말할 수 있다. 잃어버린
사람, 잃어버린 마을. 4·3 이후 제주는 부재가 떠도는 섬이
었다. 그래서 은폐, 망각, 왜곡, 증거, 증언, 추도의 길항이
여전히 제주의 현실을 움직이고 있다. 그런데, 그는 부재
를 어떻게 작업했던가. 아니, 부재와 어떻게 만나고자 했
던가.

〈미지의 초상〉(2018)은 70년 전 부재하게 된 얼굴을 지금 그려내는 작업이었다. 사연은 이렇다. 2018년 4·3 70주기 때 일주일간 큰 굿이 벌어져 많은 유족이 4·3 평화공원에 모였다. 그와 동료들은 행사장 한편에 '옛날 사진관'을 열고 4·3 유족들의 초상사진을 찍어주었다. 그러다 4·3 때 돌아가신 부모에게 보내는 유족들의 글을 받기로 했는데, 그중엔 "얼굴을 한 번 보고 싶으니 꿈에라도 나타나주세요" 하는 내용이 많았다. 그래서 세상에 없는 얼굴을 그리기로 마음먹었다. 이를 위해 유족들의 집을 찾아가 이야기를 들었다. "우리집 얼굴은 다 긴디", "우리 작은아이가 아버지 닮았다고 해." 이런 말들을 바탕으로 부재하게 된 자의 노년 모습을 그려 유족들을 찾아가 전했다. 이 과정이 담긴 영상에 정작 그가 그린 초상화는 나오지 않는다. 대신 초상화를 받아든 유족이 지긋이 그것을 바라보는 표정을 볼 수 있다. 우리는 딸의 그 표정을 보며 부재하는 아버지의 얼굴을 상상하게 된다.

비재는 있으나 없는 취급당하는 존재다. 배제되었을 수도, 망각되었을 수도, 아니면 그저 무시되었을 수도 있다. 현실의 정치를 사회적 경험과 판단을 구성하고 규정하는 영역이라고 한다면, 그의 예술은 볼 수 있는 것, 들을 수 있는 것, 기억되어야 할 것을 규정하는 경험의 형식을 둘러싼 정치적 투쟁이라고 할 수 있다.

〈다랑쉬 폭낭〉(2017). 그는 2년 동안 다랑쉬라는 마을의 아랫동네에서 살았다. 이따금 다랑쉬 마을에 갈 때마다 다랑쉬 폭낭(팽나무)은 앙상해져가고 있었다. 그 아름드리 나무가 이파리가 사라지고 가지도 몇 개 안 남아 왜소해졌다. 폭낭은 신목神木으로 오랫동안 마을을 지켜왔지만 그 자리에 여전히 서 있는 채로 죽어가고 있었다. 그는 그 폭낭의 모습에서 4·3 때 다랑쉬굴에서 학살당했다가 1992년에야 발견된 11구의 백골을 보았다.

이 나무를 어떻게인가 하고 싶었다. 어떻게 해야 할까. 그가 만든 영상물을 보면 그 과정이 나온다. 도토리를 주워 모은다. 주차 표지물 간의 거리를 잰다. 사람들에게 도토리를 준다. 사람들이 주차 표지물 간의 거리만큼 떨어져 서고 그 모습을 촬영한다. 바닷가에서 주워온 나뭇가지들을 그 거리만큼의 실 길이로 엮는다. 그 실을 다랑쉬 폭낭에 묶는다. 다랑쉬 폭낭의 예전 울창했던 모습이 사진으로 이어진다.

미재는 있어야 하나 좀처럼 나타나지 않은 존재다. 어쩌면 아직 있지 않은 것이 아니라 이미 있는데도 우리가 감지하지 못하는 것일 수도 있다. 그것은 미존微存, 즉 약하게 있기 때문이다. 그렇다면 문제는 우리의 감응 능력이며, 그의 작업은 약한 존재에서 흘러나오는 파장을 잠시나마 증폭시켜 사건화한다고 말할 수 있을 것이다.

〈백비〉(2016). 제주 4·3 평화공원 전시실 초입에는 비명을 새기지 않은 비석, 백비白碑가 누워 있다. 옆에 이런 문구가 있다. "언젠가 이 비에 제주 4·3의 이름을 새기고 일으켜 세우리라. 봉기, 항쟁, 폭동, 사태, 사건 등으로 다양하게 불려온 제주 4·3은 아직까지도 올바른 이름을 얻지 못하고 있다. 분단의 시대를 넘어 남과 북이 하나가 되는 통일의 그날, 진정한 4·3의 이름을 새길 수 있으리라." 4·3이 여전히 모호하게 사건으로 불리듯 백비는 아무 글자도 새겨지지 않은 채 미래에 올 이름(정명正名)을 기다리고 있다.

그런데 그는 백비를 일종의 스크린으로 보았다. 무명無名의 희생자들 이야기가 비쳐질 수 있는 스크린. 백비는 아직 아무것도 적혀 있지 않기에 빈 그릇처럼 다른 곡절들을 받을 수 있으리라 여겼다. 그렇다면 백비는 침묵하고 있는 게 아닐지 모른다. 명명과 규정을 초과해 다성多聲적인 백비百碑일 수도 있다. 그렇다면 어떻게 해야 할까. 그는 탁영拓影을 고안했다. 백비에는 새겨진 글자가 없으니 탁본拓本해본들 그저 검을 뿐이다. 백비로는 그림자처럼 규정되지 않은 역사들, 기억들, 상흔들, 가능성들이 아른거린다. 그는 그림자를 탁영하기 위해 탁본을 다시 하얗게 칠한다.

이 미재하는 것을 위한 작업들은 모두 빛과 그림자의 관계 위에서, 빛이 약해지고 어둠이 드리우는 시간대에 진행되었다. 지나치게 밝은 빛은 모든 걸 보이게 만들어 미존하는 것들을 오히려 지워버린다. 미존을 위해서는 미명微明이 필요하다. 빛이 강하면 강할수록 그림자의 윤곽도

242

또렷해진다. 그림자가 어둠 속으로 번져가되 그림자가 어둠과 아직은 구분될 수 있는 약한 빛과 그 시간. 미재하는 것들은 존재하는 것들의 윤곽이 불분명해지는 곳에서 언뜻 그림자가 되어 드러나는 것이 아닐까.

고승욱 작가는 이렇듯 무언가에 이끌리면 언뜻 무관해 보이는 것들을 나름의 조작으로 관련지어 '사건화로서의 예술'을 하는 예술가인 것 같았다. 그런 식으로 부재, 비재, 미재하던 것들의 '있음'을 일으키려고 했다.

8   지키는 연구와
                 실험하는 관계

2022

퇴행하는 정치

2022년 3월 9일, 대통령 선거. 2022년 5월 10일, 윤석열 정부 출범.

대선으로 향하는 기간은 니체가 말한 연극정치theatrocracy가 보다 노골화되는 장면이었다. 소비가 공적 영역을 잠식한 시대에는 정치도 오락거리다. 대중매체는 오늘도 정계의 드라마를 떠들썩하게 상영한다. 대중매체는 속성 상 드라마가 그렇듯 갈등을 부각시키며 정치를 좌우 기득 권세력이 벌이는 대중 획득 게임으로 각색한다. 5년 내내 다음 5년간의 최고권력자 뽑기 놀이를 하는 이 신물 나는 드라마. 이제 추문 어린 광대극은 지겨울 법하지 않은가. 하지만 사람들은 정치판이 정치꾼들의 더러운 진흙탕이라고 경멸하면서도 넌더리를 내지 않는다. 끈질기게도 흥미를 잃지 않는다. 각자 모은 정보를 안줏거리 삼아 품평한다. 이렇게 정치 기사와 유튜브를 보고 열광도 분개도 하지만, 자신이 책임지고 움직여야 할 일은 아니다. 자신은 어디까지나 무대 밖의 관객이다. 사회 개혁을 바라는 세력들이 정치에서 패배했을 뿐 아니라 정치 자체가 패배하고 있다. 정치가 퇴행하여 사회 개혁을 바라는 세력이 정치에서 패배하고, 정치는 더욱 퇴행하는 악순환이 진행되고 있다.

윤석열 대통령이 집권하자 정치의 퇴행이 훨씬 심해졌다. 게임화된 정치(편가르기, 말의 공방, 상대방 실추시키기 게임), 선거 중독의 정치(정치 과정상의 선거가 아니라 선거를 위한 정치), 평론화된 정치(정치인의 발언을 따서 갑론을박, 트집 잡기와 혐오 부추기기의 말싸움), 피상화된 정치(프레임화, 이미지화, 데마고기, 가십거리 그리고 여론조사가 잠식하는 민주주의, 공적 의제가 실종된 정치), 시민들의 정치적 역량을 잠식하는 정치(대중의 정치적 상상과 실험을 허용하지 않는 기득권세력 합의의 정치), 사회 전환에 대한 상상을 질식시키는 정치(뻔한 프레임 속으로 사회적 이슈들을 욱여넣기)가 더욱 심화되었다.

앞으로 전망되는 향후 윤석열 대통령과 여당의 정치 방식은 사정 권력을 동원한 수사 정치, 상대 세력(특히 특정 인물) 실추시키기를 통한 지지율 유지 정치, 김건희 여사의 연예인화, 윤석열 대통령 동선 노출을 통한 쇼 정치, 자신들이 익숙하고 잘한다고 여기는 여당의 공방 정치처럼 더욱 형편없는 것들이다. 윤석열 통치기에는 사회적 불평등과 갈등의 확산을 겪으며 정부와 여당에 대한 지지도가 경향적으로 하락하겠지만, 정치의 퇴행이 심화되면 선거 기간에만 수법화된 정치를 가동해 여당이 승리를 거둘 수 있는 정치환경 또한 조성되어갈 것이다. 여당은 지난 대선에서 효능감을 맛보았기에 지난 선거 때의 문법에 따라 사법적 사안을 포함한 갈등적 이슈를 조장하고 여론을 유도하는 공작정치로 이기려 들 것이다. 따라서 다음 총선 기간 이전에 정치의 체질을 바꿔야 한다.

시민정책회의

지금 필요한 것은 무엇인가? 사회 전환이 요구되는 중요한 시기에 퇴행적 선거를 치르고 시작된 윤석열 통치기, 그의 집권 기간 동안의 사회적 후퇴를 만회하기 위해 어떤 역량을 길러야 하는가? 정부와 여당에 대해 커져갈 시민들의 정치적 실망감과 혐오감이 시민들의 정치적 역량 자체를 훼손시키지 않도록 어떤 활동이 필요한가? 기성 매체를 통해 중계되는 윤석열 통치를 도저히 지켜보고 있을 수 없는 대중의 에너지가 향할 수 있는 정치적 통로는 무엇인가? 정치권에서 깎아내리기 위한 싸움이 아니라 잘하기 위한 경쟁이 펼쳐지려면 어떤 조건이 필요한가?

국민들이 실제 주권자로 참여할 수 있는 정치적 공론장이 필요하다고 생각했다. 시민정책회의에 관한 아이디어를 정리해봤다. 그런데 이런 글을 어디에 보내야 할까? 잡지에 투고할 글은 아닌 것 같고, 혹시라도 관심을 가져줄까 싶은 국회의원들을 수신자로 삼았다. 국회 홈페이지에서 이메일을 검색해 발송하면서도 실제로 가닿을 거라는 기대는 하지 않았지만, 뭐라도 해야 했다.

아이디어는 이렇다. 2024년 총선까지 온라인 플랫폼을 통해 시민정책회의를 개최한다. 정책과 현안에 대해 시민들과 함께 심도 있게 논의를 진행하며, 입법부와 지방행정 차원에서 구체적 대책을 모색한다. 이 회의의 소재는 기존 정치시사 프로그램이 다루는 정치 이슈가 아니라 생활세계의 중요 문제들과 사회 각 방면의 정책들이다. 소위 전문가들이 시민들에게 고견을 밝히는 게 아니라 시민들과 함께 고민을 성숙시켜간다. 정치인들이 시민들에게 실질적 정책을 밝힐 뿐 아니라 생활세계와 시민사회의 다양한 고민과 목소리가 현실정치를 입체화하는 방향으로 나아가는 것이 중요하다. 이를 통해 문제의 하중을 나누고, 정치인과 시민들이 함께 정치감각과 사회적 책임감을 키워간다.

방식은 "역동적이게, 유익하게, 재미있게"라면 좋겠다. 논의 의제를 미리 공지한다. 해당 의제에 관한 간단한 발제문도 미리 제공해 시민들이 생각할 시간을 확보한다. 논의가 일회성으로 끝나지 않도록 필요에 따라 연속 기획을 통해 심화하거나 온라인 게시판 등을 통해 꾸준히 새로

250

운 아이디어를 수렴한다. 온라인 게시판을 활용해 때로는 기동적인 설문조사와 특정 의제에 관한 추적조사를 실행한다.

패널들은 다양한 분야에서 등장한다. 시민은 생활세계에서 문제를 제기하거나 검토하는 역할을 맡고, 정치인은 제도정치에서 제도화를 고민하고 실행한다. 전문가는 생산적 논의를 위해 효율적으로 체계화된 정보를 제공하며, 활동가는 해당 문제가 현장에서 어떠한 상황인지 실상을 공유한다. 이들을 문제의식을 가진 시민+입법을 검토하는 국회의원, 혁신행정 지향의 지방행정가+시민들의 검증과 보완, 입법을 고민하는 국회의원+해당 분야 전문가, 사회활동가+국회의원+전문가 등으로 다양하게 조합할 수 있다.

시민정책회의를 매주 1년간 진행한다면, 50번의 의제 설정과 논의가 가능하다. 그중에 체계적으로 검증되고 대중적 지지가 높은 의제를 입법화하거나 정책 공약으로 삼을 수 있다. 이를 야당들은 당론에 따라 공약들로 다시 부각시키고 시민들로부터 선택을 받는다.

그 효과는 여러 가지다. 첫째, 정치 쇄신. 야당이 정부, 여당과의 대립과 견제 역할이라는 제한된 위치를 넘어선다. 정쟁의 소모적 상태에서 벗어나고, 대중의 제도정치 환멸감을 극복한다. 퇴행기 이후 도래할 도약기를 예감케 하여 시민들을 투표권자 이상의 정치적 주체로 각성시

251

킨다. 정치인들을 잘하기 위한 노력과 경쟁으로 유도한다. 둘째, 의제 생산. 불리한 미디어 환경에서도 꾸준히 의제를 생산하여 시민들의 관심을 이끌어온다. 셋째, 정책 확보. 다방면에서 검증된 정책들을 확보하여 야당이 대중정당, 정책정당으로 거듭난다. 넷째, 정치적 인재 육성. 실력있는 의원들의 입법활동이 중요함을 보여주고, 아이디어가 좋은 정치인들을 대중적으로 소개한다. 정치적 활동과 접목될 시민들, 전문가들, 사회활동가들을 발굴한다. 다섯째, 지지 확보. 야당이 체계적으로 변화하고 있음을 실증함으로써 야당에 대한 효능감과 기대감을 키운다. 선거시기 야당을 지지해야 할 필연적 이유를 미리 만든다. 여론조사에 일희일비하지 않고 사회의 각 영역에서 실질적 지지를 서서히 끌어올린다. 이는 선거 기간의 혼탁한 정치 이슈에 좌지우지되지 않는 공고한 지지를 확보하는 데 기여할 것이다.

기록해 기억할 리스트

윤석열 정권기에는 공적으로 영향력이 큰 자리일수록 자기 잇속에 충실한 인물, 환경·젠더·통일·역사적 정의 같은 가치를 구현해야 할 자리에는 반가치적 인사가 기용되었다. 그리고 정계-자본-언론의 카르텔에 충실한 자들, 반

공익적이고 비상식적인 인간들이 곳곳에서 승승장구했다. 그래서 '기록해 기억할 리스트'라는 것도 궁리했다. 컨셉은 문제 삼아야 할 인물들의 행적, 과오, 발언을 기록하고 집대성하고 공개하고 업데이트하는 것이다.

대상자는 정치인, 행정가, 기자, 검찰, 유튜버 등 시민 사회에 영향력이 큰 누구나. 한화진(환경부장관: 환경영향평가 무력화), 김병민(국민의힘 최고위원: 공론장을 어지럽히는 요설), 김영환(충북도지사: 오송 참사, 무분별한 행정), ○○○(조선일보 기자: 조작 기사), ○○○(한수원: 후쿠시마 오염수 방류 두둔), ○○○(경기도의원: 부동산 비리 관여), ○○○(서울대 교수: 공천 기대에 반복적인 허위 주장), ○○○(검사: 무리한 기소) 등등의 이름을 기록하여 공개한다.

이번 정권에서 요직에 오르고 대활약하는 자들이야말로 한국 사회의 퇴행을 막기 위해 걸러내야 할 인물들일 테니, 그들의 존재가 드러난 이참에 리스트화한다. 돈과 권력을 탐해 사회에 해악을 끼친 자들의 해당 결정, 행동, 발언 등을 기록해 두고두고 불명예를 안긴다. 과오가 수면 위로 드러나지 않고, 과오가 추궁되지 않고, 과오가 과오로 덮이고, 관련 보도가 금세 휘발되는 언론 환경에서 대중적 대안을 마련한다.

방법은 위키피디아와 유사하게 개방된 플랫폼을 구축해 누구나 리스트 작성에 참여할 수 있도록 하는 것이다. 그러나 나무위키와는 달리 생애 일반에 관한 정보나 평가는 불필요하며, 오로지 문제로서 기록해야 할 사실 정보만 남겨두고 축적한다. 플랫폼에 올릴 항목은 사진, 직업(소속), 문제적 행위, 관련 기사(기자인 경우 작성 기사) 등이고 새로운 과오를 저지르면 새롭게 업데이트한다. 경우에 따라 원희룡 전 제주도지사나 ○○○ 유튜버 같은 인물을 전담하여 정보를 축적하는 사람이 생길 수 있다. 하지만 위키피디아 방식으로 작성 권한과 책임의 분산을 원칙으로 한다. 첫 화면에 초성이 나타나 클릭하면 해당 초성의 인물들 리스트로 넘어가며, 인물명을 통한 검색 기능도 필요하다.

기대사항은 이렇다. 첫째, 정치인이든 기자든 과오를 기록함으로써 그들이 자신의 행동을 조금이라도 의식하고 주저하게 한다. 둘째, 문제적 인물군을 기록함으로써 한국 사회의 인적 권력 지층을 드러낸다. 셋째, 다음 총선을 앞두고 정권 및 여당에 다가가려는 인사들의 경각심을 높인다. 예를 들어, "○○○, 22대 총선 부산 해운대 국민의힘 공천 탈락" 등의 기록이 가능하다. 넷째, 대중의 정치 혐오 정서를 정치 개입 에너지로 바꿔낸다.

이러한 방식으로 현재의 음성적 대중 에너지를 활용한다. 개인의 분노를 공분으로 전환시킨다. 여럿이 함께해야 구석구석 모니터링할 수 있다. 다만 우려사항도 있다. 실제로 반향이 있을 경우 기존의 정치 혐오 정서를 부추기고, 정치적 선호에 따른 갈등을 고조시키고, 누군가를 실추시키기 위해 악용될 소지가 있다. 따라서 플랫폼의 이름은 중립적이어야 하며, 정보도 사실에 관한 것만을 올려야 한다. 다수 작성자에 의한 교차 검증과 반론권 보장도 필요하다.

　이런 식으로 아이디어를 정리해서 정치 평론을 하거나 정치 유튜브 쪽에서 활동하는 지인들에게 보내고는 더 이상 진전시키지 못했다. 감정과 심정이 뜨거워져 계속 생각하고 떠오르는 대로 메모하고 밤에 몰아서 작성한 아이디어들이 있다. 하지만, 아침이 되었는데 어디로 보내야 할지를 모르겠다.

토론회와 현장지

제주는 천혜의 자연환경 덕분에 유네스코 생물권보전지역, 세계자연유산, 세계지질공원으로 지정된 섬이다. 또한 인구가 늘어난 드문 지방이자, 연간 누적 관광객 수가 1,000만 명을 넘기는 관광지로서 개발사업에 따른 환경적 피해와 사회적 갈등이 끊이지 않는 현장이다. '국제자유도시 제주'라는 이름 아래 추진되는 다양한 개발 프로젝트는 중산간 골프장 개발, 해안가 리조트 건설, 도로 확장 등 인프라 구축을 동반한다. 빠르게 추진되는 개발의 이면에는 환경오염, 생태계 파괴, 커먼즈 해체 같은 사회적 문제와 갈등이 나타나고 있다.

이제는 여러 현장의 지인들로부터 소식이 들어왔다. 다른 현장의 이야기들이지만 공통되는 바가 많았다. 함께 모여 토론하면 좋겠단 생각이 들었다. 대화를 나누다보면 "당신의 그 문제는 나에게는 이런 식으로 나타난다"거나 "당신의 그 문제에 나는 이렇게 대처했다"는 등의 참조와 발견, 공감이 이뤄질 것이다. 그 교차점에 제도 연구의 단서가 있을 것이다.

2022년 8월 24일, '제주 사회 지역갈등 합동토론회'를 개최했다. 강정마을 제주해군기지 및 진입도로 건설, 성산 제주제2공항 건설, 송악산 뉴오션타운 개발사업, 선흘2리 대명제주동물테마파크 사업, 비자림로 확장 공사, 서귀포시 도시우회도로 건설, 제성마을 도로 확장, 월정리 동부하수종말처리장 증설 등의 사안에 따른 주요 환경갈등 현장의 반대운동 주체들이 한자리에 모였다. 이 회합은 이후 '제주난개발저항지역연대' 결성으로 발전했다.

이 토론회에서 확인된 공통의 실질적 쟁점 하나는 환경영향평가였다. 제주에서는 비자림로 확장 반대운동 등을 거치면서 환경영향평가에 대한 도민의 인식 수준이 높아지고, 환경영향평가 부실 문제가 정치사회적 무대 위로 부상했다. 제주도정이 시행하는 개발사업에서 환경영향평가서 부실 작성, 환경영향평가 전문기관 검토의견 누락, 검토의견서의 사업주 측 허위 작성 등의 문제가 불거진 바

256

있다. 이 토론회의 참가 현장에서는 '성산환경을 지키는 사람들', '비자림로를 지키기 위해 뭐라도 하려는 시민모임', '강정천을 지키는 사람들', '서귀포시 도시우회도로 녹지공원화를 바라는 사람들', '선흘2리 대명제주동물테마파크 반대대책위' 구성원들이 주도하고 조사 과정에서 제주환경운동연합, 제주참여환경연대 같은 환경단체와 전문가들이 함께해 대부분의 환경영향평가서에서 거짓 혹은 부실 작성의 문제를 들춰냈다.

　선흘2리 동물테마파크사업의 경우 환경영향평가서는 사업지를 "종의 풍부도가 낮고, 멸종위기 동식물은 발견되지 않았다"라고 평가하고 "멸종위기 1급, 2급 야생동물은 없었다"라고 적시했다. 비자림로 확장 공사의 경우 환경영향평가서는 "계획노선 및 주변지역에는 보호되어야 할 멸종위기야생동물은 서식하지 않는 것으로 조사되어 중요한 동물에 미치는 영향은 없을 것으로 예측"했다. 제주해군기지 진입도로 개설사업의 경우 해군은 자신들이 수행한 「제주 민·군 복합형 관광미항 진입도로 개설공사 사전환경성검토서」(2011)에 출현을 보고한 멸종위기야생생물 노랑부리백로, 매, 새홀리기, 물수리, 참매 등을 본환경영향평가서(2015)에는 미출현으로 기록했다. 죄다 거짓 혹은 부실 작성의 사례였다.

　환경영향평가가 제주 난개발의 핵심 문제다. 연구하기로 마음먹었다. 환경영향평가의 각 단계들에서 어떠한 하자나 악용의 소지가 있는지를 현장 사례들을 통해 밝히고, 제주도환경영향평가 조례 개정을 위한 쟁점들을 파악하기로 했다. 그런데, 의욕만 컸지 문외한이라서 자료 검토와 인터뷰 이외에 여러 차례의 토론회를 거쳐 연구를 진행했다. 우리 연구센터가 '환경영향평가와 제주의 문제 현장들 토론회'(2022. 1. 14), '제주도 환경영향평가 조례 개선방안 토론회'(2022. 9. 22)를 공동 주최하고, '제주도 환경영향평가 조례 개선 TF'가 출범하자(2023. 1. 17) 거기에 참여했다. 이 과정에서 한국환경원 환경영향평가 전문가 조공장 선생, 그리고 제주녹색당, 제주환경운동연합, 제주 난개발저항지역연대, 시민연대 제주가치 등의 도움을 받았다. 그리하여 「환경갈등현장에서 포착한 제주도 환경영향평가 조례의 쟁점들」이라는 논문을 발표하고, 연구센터 차원에서도 정책보고서를 발간해 현장들의 당사자, 환경운동단체, 제주도의회와 유관 기관에 제공했다.

　현장에서 생겨나고, 현장 사람들이 잘 알고 있고, 현장에 가야 제대로 알 수 있는 지식을 현장지現場知라고 해보자. 현장지는 대학의 제도권 지식으로 좀처럼 편입이 안 되지만, 제도를 설계하고 보완하는 데서 요긴한 지식이다. 현장지를 누락한 제도권 지식은 대학 바깥으로 나오면 공론空論이 되기 십상이다. 그리고 대학은 현장지를 발굴하고 축적하고 연관짓기에 유용한 자원을 갖고 있다.

목장과 초지를 지키는
연구

우리 연구센터가 주력한 또 하나의 연구 주제는 마을공동목장 보전이다.

　　제주 자연경관의 특징 중 하나는 독립 화산체인 오름과 용암이 흘러간 자리에 생겨난 숲인 곶자왈과 광활한 초지가 펼쳐진 중산간 지대다. 중산간 지대는 해안 지대와 한라산 지대의 중간에 위치한 해발 200~600미터 구간으로 곶자왈이 많이 분포해 농사를 짓기가 어렵다. 해발 200미터 이하 해안가 지대는 대부분의 인구가 거주하고 농경지가 차지하는 비율도 높지만, 중산간 지대는 기후가 온화하고 강우량이 많아 목초가 자라는 데 적합해서 탐라목장(고려 원元지배시대), 국마장(조선시대), 마을공동목장(일제시대 이후) 형태로 수백 년간 방목장으로 활용되었다. 마을공동목장은 이를 바탕으로 지역 공동체가 생계를 유지하고 관리 방식을 발전시킨 대표적 커먼즈다. 마을 사람들은 화산회토, 해양성 기후, 잦은 날씨 변동 같은 환경적 조건 속에서 농업과 목축을 연계해 목축계를 조직했다. 순번을 정해 서로의 소를 함께 방목하고 돌보며 방목지를 통해 얻는 사료용 풀, 연료용 땔감을 호혜적으로 분배하는 규약도 만들었다. 이러한 목축계가 제주 고유의 협동 문화인 수눌음의 원형을 이룬다.

제주 공동목장에 관한 다양한 문헌은 "제주는 남한 면적의 2퍼센트에도 못 미치지만 전국 48퍼센트에 달하는 초지 면적을 갖고 있다"는 사실을 공히 강조한다. 초지는 탄소 격리, 지하수 보존, 토양침식 방지 등의 생태적 기능이 있다. 공동목장으로 활용되는 초지대는 주로 뱅듸의 형태를 취한다. 뱅듸는 주변 지역에 비해 넓고 평평한 들판 또는 벌판을 일컫는 제주어다. 중산간 뱅듸는 용암동굴, 숨골, 습지 등이 분포하는데 용암동굴과 숨골은 지하수를 함양하며, 습지는 다양한 식물들의 서식처 역할을 한다. 이곳은 해안 지대와 산간 지대를 연결하는 생태축이자 완충 지역으로서 다양한 동물과 식물들의 이동경로와 서식지가 되면서 생태적 다양성을 보전한다. 따라서 공동목장이 개발로 인해 사라지는 효과는 복합적이다. 목축을 통한 공동체 경제활동이 줄어들고, 협동의 원리에 기반한 커먼즈 관리 규칙들이 약화되고, 전통적 목축문화가 위축된다. 이뿐만 아니라 공동목장 해체에 따른 뱅듸 파괴와 초지 상실은 지하수 오염과 생태적 다양성 축소를 유발하며, 제주 고유의 경관자원도 훼손된다.

제주의 공동목장은 일제시대에 120곳이 넘었는데, 2020년 무렵의 조사에서는 51곳 정도가 남아 있다. 대거 매각된 것이다. 차로 지나가다가 만나는 제주의 수많은 골프장은 대부분 공동목장 자리였다. 공동목장이 이처럼 매각되는 외부 요인을 살펴보면 첫째, 중산간 지대의 개발

압력이 강하다. 중산간 지대는 주거지와 농경지로 구성된 해안 지대와 개발이 어려운 한라산 지대의 중간에 위치하는 완충 지역이다. 해안 지대에서는 이미 도심이 형성되고 대규모 개발지가 별로 남아 있지 않아 개발 압력이 중산간 지대로 옮겨가고 있다. 둘째, 지가가 낮다. 기존 시가지와 비교한다면 경관적으로 이점이 크면서도 땅값이 무척 저렴하다. 셋째, 토지 규모가 넓다. 필지가 커서 대규모 단지 개발을 위한 토지매입시 상대적으로 거래비용이 적게 들어간다. 넷째, 규모에 비해 매입이 용이하다. 매입 섭외 상대가 공동목장조합으로 단일화되어 있는 경우, 개인 명의로 자잘하게 분할된 곳보다 토지 매입이 상대적으로 수월하다.

내부 요인도 있다. 조합원이 고령화되어 마을공동목장 이용을 통한 미래 수입의 기대가 낮다. 따라서 공동자산인 마을공동목장을 부동산으로서 처분해 개인의 몫으로 나눠 가지려는 심리가 강해진다. 유지 비용 부담의 측면도 크다. 매해 공시지가 상승 등에 따라 임대료가 올라가고 세금이 늘어나는 실정이다. 돈은 안 되는데, 세금은 내야하는 땅이라는 인식이 커지기 마련이다.

공동목장 보존을 위한 연구는 제주도 축산과, 마을공동목장협의체, 시민연대 제주가치, 신문사『제주의 소리』등과의 협력관계를 통해 진행했다. '마을공동목장협의체 구성과 재조직 및 동반성장을 위한 토론회'(2021. 12. 7),

'지속가능한 마을공동목장 이용 대안 모색 토론회'(2021. 12. 16)와 2021~2022년 마을공동목장 25회차 답사를 거쳐 이번에도 정책보고서를 발간했다. 이후에는 제주도정이 발주한 '마을공동목장 보존과 지원방안 연구'의 용역을 우리 연구센터가 수행했다(연구책임자 김자경). 과업의 내용은 이러했다. 마을공동목장 보존 정당화 논리 개발, 마을공동목장 활용 방안 모색, 지속적 보존 관리를 위한 제도개선 및 지원방안 강구, 마을공동목장 실태(자원, 주체, 이용) 조사, 공익적 가치 제고를 위한 사업 발굴, 사업 컨설팅을 위한 방향과 방안 제시 등.

제주 커먼즈 조례

연구센터 차원에서 동료들과 함께 전개했던 제도 연구 중 가장 대범한 것은 '제주특별자치도 커먼즈 관리에 관한 조례'였다. 이 조례는 제주를 커먼즈의 섬으로 선언하고 시민들에게 커먼즈의 권리를 부여하는 내용을 담고 있다. 동료였던 장훈교 님이 구상한 골격을 바탕으로 그의 아이디어를 이어받아 발전시키고자 했다. 전체 12조의 가안을 짜보았다. 그중 4조까지의 내용은 이렇다.

제1조(목적)

이 조례는 제주 도민의 연대와 협력으로 제주 커먼
즈를 보존 및 형성하여 공동의 부를 형성하고 확장함으
로써 개인의 인격적 발전, 공동체의 유대 강화, 제주의 사
회문제 해결에 기여하는 것을 목적으로 한다.

제2조(정의)

이 조례에서 사용하는 용어의 뜻은 다음과 같다.

1. "커먼즈"란 현재 그리고 미래의 제주 도민이 안정적인
   경제생활을 영위하고, 인격적으로 발전하는 데 반드시
   필요하기 때문에 공정과 공평의 사회적 기준에 따라
   그 사용이 결정되어야 하는 자원을 말한다.

2. "공동의 부"란 자연적 기초와 사회적 협력에 의해 형성
   되어 특정 주체의 성과로 귀속시킬 수 없는 유형, 무형
   의 자산으로서, 미래 세대를 포함해 공동으로 향유하
   고 보존해야 하는 저량을 말한다.

3. "사회문제"란 다음 각 호의 어느 하나에 해당하는 것을
   말한다.

   가. 생존권 위기, 농업 쇠퇴, 청년 실업, 노인 빈곤, 경제
       적 불평등 등 경제 관련 문제

   나. 저출산, 고령화, 청년 주거, 먹거리, 돌봄 등 복지 관
       련 문제

   다. 에너지 고갈, 토양·지하수 오염, 생태적 원형 훼손,
       생물다양성 축소, 지구온난화 등 환경 관련 문제

라. 제주의 호혜적 문화 약화, 공동체적 유대 약화 등 문
화 관련 문제

마. 그 밖에 제주공동자원관리위원회가 인정하는 사항

제3조(공동관리의 원칙)

제주의 커먼즈는 공익성과 공정성에 기초하여 사적 개인
이나 법인이 독점하지 못하도록 공동관리를 기본으로 한
다. 공동관리의 원칙은 다음과 같다.

1. 커먼즈는 기본적으로 그 자원을 필요로 하는 모든 도
   민의 접근을 보장한다. 단 마을조직이나 협동조합처럼
   일정한 범위의 구성원이 관례적이거나 집합적으로 관
   리하는 자원의 경우에는 소속 여부에 따라 접근의 차
   등성이 생길 수 있다.

2. 앞선 세대의 기여를 통해 형성되고 발전된 사회적 상
   속 커먼즈는 다음 세대에게 손상되지 않은 상태로 전
   수해야 한다.

3. 자연 커먼즈는 비군사화 원리에 따라야 한다.

4. 커먼즈의 소유권자는 커먼즈 이용자들의 동의를 구하
   는 민주적 절차를 거치지 않고서는 해당 커먼즈를 처
   분할 수 없다.

5. 커먼즈의 훼손이나 파괴는 그로 인해 전체 개발의 필
   요가 줄어드는 경우와 그 외의 다른 방법이 존재하지
   않는다는 불가피성이 입증될 경우에 가능하다.

6. 해당 커먼즈를 훼손하는 도민은 공동이용의 권한을 제약당할 수 있다.

7. 커먼즈 활용을 통해 발생한 수익은 이용자의 범위에 따라 전체 도민 혹은 해당 구성원에게 분배되어야 한다.

제4조(도민의 권리)

제주 도민은 커먼즈에 관해 다음과 같은 권리를 보장받는다.

1. (활용권) 모든 도민은 그 소유와 무관하게 커먼즈에 접근하고 활용할 수 있다.

2. (거부권) 모든 도민은 그 자신 및 소속 집단의 생활 조건을 악화시키는 커먼즈의 해체 및 변경 상황이 발생하는 경우, 이에 거부권을 행사할 수 있다.

3. (공동조정권) 모든 도민은 자신의 안전과 발전에 필수적인 커먼즈의 관리에 관해 다른 동료시민에게 공동조정을 요청할 수 있다.

4. (참여권) 모든 도민은 커먼즈 운영에 관한 규칙이 변경되는 경우, 그 변경의 과정에 참여할 수 있다.

이후 한국법제연구원의 법학 전문가들과 우리의 가안을 두고 토론한 적이 있는데 개념 정의의 모호함, 상위법과의 저촉 등으로 구성이 허술하고 실효성도 미지수라는

265

평가를 받았다. 그러나 이 토론 자체가 흥미로웠고 생산적이었다.

논문으로 내기 위해 연구하는 것과 조례 등 제도를 짜보겠다고 연구하는 것은 크게 다르다는 사실을 알았다. 제도화까지 진척되려면 고민이 보다 구체적이고 발상이 현실적이어야 한다. 고려할 변수도 한참 많아진다. 가령 '제주특별자치도 커먼즈 관리에 관한 조례'에는 기존의 목장조합, 어촌계 같이 마을 단위의 커먼즈 조직을 넘어서 제주 지역 차원의 커먼즈 관리 기구에 관한 항목을 두고자 했는데, 그렇다면 복잡한 문제들이 불거진다.

커먼즈 관리 기구를 누가 무엇에 근거해 어떻게 설치하는가? 신설되는 커먼즈 관리 기구와 기존 커먼즈 관련 단체들의 관계는 무엇인가? 커먼즈 관리 조직들 간의 상호 충돌을 어떻게 조정하는가? 마을 단위와 조합 단위의 커먼즈에 대해 외부 구성원은 어떠한 권리를 갖는가? 특정 커먼즈 관리 단체의 자체적 규약을 해당 마을 바깥의 도민이 준수해야 하는가? 커먼즈의 권리다발(이용권·접근권·처분권 등) 간의 충돌 가능성 문제를 어떻게 처리할 것인가? 커먼즈 관리 단체의 인허가권은 도지사가 갖는가? 커먼즈 관리 단체에 관한 심의를 도의회가 하는가? 그렇다면 오히려 주민·마을 자치성이 심각하게 훼손되지 않는가 등등. 이처럼 첨예하고 까다로운 문제군과 맞닥뜨리는 일, 그게 방향을 가리킬 뿐 아니라 그 방향으로 실제 나아가려는 제도 연구가 처하는 어려움이자 발걸음의 계기였다.

자기 탐구 워크숍

이해부터 워크숍을 꾸준히 진행하기 시작했다. 대학 안에서 수행하는 연구와 대학 바깥에서 벌이는 연대 이외에 다른 활동을 해보고 싶었다. 꼭 연구자이거나 활동가는 아닌 시민들과 어울려보고 싶었다. 여기서 워크숍이란 어떤 상황을 설정해 사고와 표현의 실험을 하는 장을 말한다. 서울시 교육청에서 교사분들을 대상으로 한 '자기 탐구 워크숍' 의뢰가 계기였다.

초대면인 교사분들과 이야기를 나누려면 아무래도 질문이 필요하다. 그런데 어떤 질문이 좋을까. 우리를 자기 탐구로 이끄는 질문은 대체로 "당신은 ~한가요?"라는 식이다. 이런 문형의 질문은 알고 싶은 내용을 파고들 때 분명 유용하지만, 역으로 상대가 생각하고 들려줄 내용을 제한하기도 한다. 우리는 어떤 질문을 자주 접하는가. 대체로 "당신은 무엇을 이루고 싶나요" 같은 목표, "당신은 무엇을 잘하나요" 같은 능력, "당신의 버킷리스트는 무엇인가요" 같은 가치, "당신은 어떤 음악을 좋아하나요" 같은 취향, "당신은 행복한가요" 같은 감정 상태에 관한 질문들이 많다. 하지만 이 질문들은 복합적인 우리 존재를 탐구

267

하기에는 단면적이다. 그리고 쉽다. 단면적이고 쉬운 질문으로는 표면적이고 가벼운 이야기만 나오기 십상이다.

그래서 이러한 통상의 질문들을 보다 매력적인 형태로 함께 고쳐보기로 했다. 어떠한 질문과 마주하면 자기를 좀 더 들여다보고 싶은 의욕이 생길까. 어떠한 물음 앞에서 자기 자신이 궁금해질까. 하다 보니 질문을 이런 식으로 바꿔보게 되었다. "살아 있거나 죽은 사람과 대화할 수 있다면 누구이며, 그 이유는 무엇인가요?", "당신은 좋아하는 옷차림으로 어디에 가고 싶나요?", "결과가 좋든 나쁘든 지금 생각해보니 그래도 하길 잘 했던 시도는 무엇인가요?", "5분 동안 전 세계 사람들이 당신의 발언을 듣는다면, 무슨 이야기를 하고 싶나요?" 이 질문들이 보다 매력적으로 느껴진다면, 그것은 질문의 구체성, 관계성, 상황성 때문이다.

2회차 워크숍은 색다른 단어를 도입했다. 우리는 이야기를 할 때 당연히 단어를 사용한다. 색다른 이야기를 하려면 때론 색다른 단어가 필요하다. 평소 잘 쓰지 않는 단어를 굳이 사용한다면, 자신에 대해 이야기하는 경우도 여느 때와 달라질 수 있지 않을까. 자갈을 연못에 던지면 자갈의 형태와 무게에 따라 파문이 달라지듯 단어는 일종의 지향성을 지닌다. 낯선 단어를 경유해야 하면 이야기는 다른 궤적을 그리게 된다.

낯선 단어를 사용해 자신에 대해 말해보기. 이러한 시

도의 단서는 퀼티드 포임quilted poem이라는 시작詩作 워크숍에서 얻었다. 참여자들이 각자 지참한 책을 들추며 흥미로운 단어들을 고르고 그것들을 조합해 시를 짓는 방식이다. 나는 미리 단어들을 준비해보았다. 함축성과 운동성이 크다고 여겨지는 두 음절짜리 추상명사들로.

외부 비밀 영감 수동 결심 약속 체념 놀람 무력 불화 예감
심연 도약 감전 충전 연루 공명 감수 감응 곡절 사연 실험
시선 세계 여성 남성 기록 멸종 생태 언어 물음 이름

참가자들은 이 중에서 일곱 개 정도씩 단어를 골랐으며, 그중 여러 사람이 공통적으로 고른 단어는 반드시 다음의 질문들에 답할 때 활용하기로 했다. "당신 자신에 대해 깊은 인식을 갖게 한 경험은 무엇인가요? 그 인식이 당신의 삶에 어떤 영향을 미쳤나요?", "하루 동안 성별을 바꿀 수 있다면 무엇을 하실 건가요?", "당신이 십대 후반의 자기 자신을 만날 수 있다면 어떤 말을 해주고 싶나요?" 등등. 자신이 고른 단어는 이 질문들에 대한 답변을 어디로 데려갈까. 여럿이 고른 공통 단어는 발언자에 따라 용법이 어떻게 달라질까.

3회차 워크숍은 그림과 사진을 도입했다. 자신을 파고들려면 때로 자기 바깥 상황으로 진입해야 한다. 소설 읽기가 전형적으로 그렇다. 소설 속으로 들어가며 자신과 대

화하게 된다. 외부 상황에 자신을 집어넣고 이야기를 지어보기. 3회차의 도전 과제다. 이를 위해 한 가지 실험을 했다. 먼저 에드워드 호퍼의 그림 〈밤을 지새는 사람들〉을 보여준다. 그림 묘사부터 자유연상까지 아무거나 이 그림과 관계된 이야기를 요구한다. 대체로 처음에 꺼낼 수 있는 이야기는 많지 않다. 그럼 다음과 같이 조언을 한다. "카운터에 앉아 있는 여자에 대해 묘사해보세요", "그림에서 빛과 어둠의 역할을 분석해보세요", "이 그림을 그린 화가의 의도를 상상해보세요", "자신이 그림 속 바에 앉아 있다면 어떤 느낌일지 떠올려보세요." 이제 할 이야기가 늘어난다.

사실 이것은 어느 사진이건 적용해볼 수 있는 접근의 세 단계다. 첫 번째 단계는 배경과 인물에서 떨어져 외부인의 시각에서 최대한 많은 정보를 찾아내는 것이다. 두 번째 단계는 사진 속 인물들의 관계나 사물의 배치, 배경의 특징 등에 의미를 부여하며 해석하는 것이다. 세 번째 단계는 사진을 실제 장소라 여기고 그 안으로 들어가는 것이다. 사진 속에 동일시를 할 마땅한 인물이 없다면 투명인간이 되어 사진 속 공간을 돌아다닌다. 그러다가 사진의 테두리 바깥으로 나가본다. 그렇게 자신이 거기에 있다고 상상해본다. 거기서 자신은 어떤 모습인가? 어떻게 움직이는가? 왜 그리하는가? 이런 식으로 사진 바깥에서 안으로 들어가다보면 사진 속에서 어떤 이야기가 걸어 나올까?

그 이야기가 풍성해지려면 사진 속으로 진입하기에 앞서 사진에서 되도록 많은 이야깃거리를 발견해내야 한다.

호퍼의 그림을 통해 예행연습은 끝. 이제 라틴아메리카와 아시아 등지에서 찍은, 되도록 촬영 시점 전후로 사진 속 인물에게 어떤 움직임이 있을 것 같은 상황성 강한 열다섯 장 사진들 가운데 두 장을 함께 골라 가상의 이야기를 지어내본다. 아울러 왜 하필이면 그 사진을 골랐는지도 밝힌다. 하지만, 그 이유를 스스로 설명할 수 없을지도 모른다. 사진으로 들어가는 동안 자기 자신이 이미 얼마간 낯설어져 있으니까.

우연한 식탁

자기 탐구 워크숍을 제주의 동네책방과 제주시소통협력센터에서 이어갔다. 그러다가 소통협력센터의 제안으로 이번에는 셰프와 함께 '우연한 식탁'을 진행했다. 요리 만들기와 말요리 나누기 워크숍. 참가자들은 전문 셰프의 지도 아래 제주의 제철 식재료를 활용해 이탈리아 요리를 만들고 그것을 먹으며 대화한다.

1부는 요리 클래스다. 신정원 셰프가 참가자들에게 매번 다른 요리법을 전수한다. 밀라노식 돈까스, 이탈리아식 오징어순대, 제주밭작물과 통닭구이, 제주 가을버섯 파스타, 이탈리아 사냥꾼의 닭요리, 치즈를 품은 등심구이를 만들었다. 참가자들은 2인 1조로 팀을 이뤄 요리의 각 단계를 따라했다.

요리가 완성되면, 참가자들은 스스로 만든 음식을 나누고 이제 이야기를 나눌 차례다. 참가자들은 사회적 배경이 다양하고 참가의 동기도 저마다 달랐다. 아이들에게 제대로 음식을 차려주고 싶으나 시간에 쫓기는 워킹맘, 제주에서 새로운 삶을 시작하는 가족을 위해 특별한 요리를 배우려고 했던 육아휴직 중인 아빠, 가족에게서 떨어져 혼자 살게 되어 요리와 가까워지고 싶은 직장인, 제주로 이직하며 귀농 귀촌에 관심을 갖게 된 입도민.

나는 2부의 수다하는 워크숍을 주재했다. 요리 배움터에 이어 말의 워크숍을 펼쳤다. 첫 시간의 처음 장면에서는 참가자들의 성향을 대략적으로 파악하고 함께 웃어볼 요량으로 간단한 OX 퀴즈를 꺼냈다. "나는 최근 일주일 사이에 장을 본 적이 있다", "나는 최근 한 달 사이에 생선을 사본 적이 있다", "나는 여행 때 볼거리와 먹을거리 중에 고민스러우면 먹을거리를 선택한다", "나의 냉장고에는 채소가 많다."

이어서 준비해둔 질문함에서 참가자들이 접혀 있는 종이를 골라 펼치면 음식을 소재로 한 질문과 맞닥뜨리게 된다. 힘들 때 먹는 '위로 음식'은 무엇인가요? 일상에서 가장 기억에 남는 식사 시간은 언제인가요? 어떤 음식

272

을 먹을 때 어린 시절로 돌아가는 느낌을 받나요? 음식을 통해 어떤 기쁨을 얻나요? 음식을 통해 새로운 경험을 얻고자 하는 동기는 무엇인가요? 특별한 날이나 이벤트에서 선호하는 음식은 무엇인가요? 직접 만들어 먹는 데 성공한 음식은 무엇인가요? 일상에서 가장 자주 사용하는 조리 방법은 무엇인가요? 음식을 먹을 때 주로 어떤 분위기나 상황을 선호하나요?

음식은 살로만 가는 게 아니다. 행복한 감정을 일으켜 기억으로 남기도 한다. 음식은 확실히 기억과 긴밀히 닿아 있다. 특정 음식은 특별한 과거의 순간으로 그 사람을 돌려보내 그때의 추억과 감정을 불러낸다. 어린 시절 급식으로 나왔던 닭곰탕, 명절날 부산 가는 길에 들렀던 휴게소에서 먹었던 알감자, 엄마가 자주 끓여준 김치찌개 이야기를 들었다.

참가자들 중에는 의식적으로 음식을 기억으로 옮기는 분들도 계셨다. 매일 자신이 무엇을 먹었는지 사진을 찍어 기록으로 남긴다. 이 습관을 10년 넘게 이어온 분도 계셨다. 사진을 인스타그램에 올려 유명한 가게에서 근사한 음식을 먹었다고 남들에게 알리기 위한 게 아니라 소박한 한 끼더라도 그날의 식사와 그날 함께한 사람들을 기억하기 위함이었다. 그 사진들을 보면 당시의 상황과 감정마저 되살릴 수 있다고 하셨다.

하루하루가 그저 반복되는 일상이 아니라 하루가 하

루답게 조금씩 다를 때 그 삶은 더욱 풍요로울 것이다. 나
는 인스타그램 같은 SNS를 하지도 않지만, 식당에서 음식
이 나오면 사진부터 찍는 사람을 볼 때면 "왜 저러실까"
싶긴 했다. 하지만 이야기를 직접 들어보니 음식 촬영은
하루를 하루답게 간직하는 생활의 방편, 자기 돌봄의 기술
일 수 있었다. 기록할 마음으로 음식을 대한다면 그 음식
은 더욱 각별해질지 모른다.

인생중간보고서

이해, 나는 기억하는 한 인생에서 가장 어두운 시기였고,
워크숍을 진행하며 조금은 밝아지는 걸 느꼈다. 타인들과
워크숍을 하려면 억지로라도 기운을 내야 한다.

　워크숍을 할 때, 말이 취해야 할 모습은 여느 학술적
상황과 다르다. 만약 내가 그날의 강연자라면 청중들은 나
를 얼마간 알고 있으며 기대를 갖고 올 것이다. 그 기대를
충족시켜야 하고, 그 이상으로 넘쳐나면 좋다. 강연하기의
기본 덕목은 성실과 열정인 듯하다. 우물거리지 않고 단박
에 본론으로 들어간다. 다음에는 힘 있고 명료하고 알차
게. 지루하지 않도록 강약중강약을 조절하고 추상적인 내
용 틈틈이 구체성을 확보한다. 때로는 말로 해일처럼 덮쳐
청중들을 먼 데로 데려가고 싶다.

워크숍을 할 때는 많이 다르다. 참가자들은 워크숍에 참가하러 온 것이지 내 말을 들으러 온 게 아니다. 나를 모를 수도 있다. 서로 간에도 알지 못하고, 균질적이지 않은 집단이다. 워크숍도 도입이 중요하다. 무언가 흥미로운 일이 일어날 거라는 기대감이 감돌았으면 한다. "우리는 지금부터 두 시간 동안 대단한 경험을 할 거예요." 그러곤 사람들이 한 공간, 비유하자면 한 그릇 안에 함께 들어와 있다는 공통 감각을 느낄 수 있도록 한다. 이 그릇이 점점 발열하도록, 그래서 사람들이 들썩들썩하도록 열을 가하는 말이 필요하다. 논리정연한지는 중요하지 않다. 워크숍의 장이 기지개를 켜도록 유쾌한 데다가 고양감을 주는 농담이 떠오른다면 뿌듯하다.

참가자들은 청중이 아니다. 문턱을 어렵지 않게 넘어 발화할 수 있도록 분위기를 명랑하게 한다. 서로의 발언이 소중하며, 모든 이야기는 경청의 가치가 있다는 분위기를 되도록 서둘러 확보한다. 누군가의 이야기를 받아서 전원이 함께 음미할 만한 소재로 순발력 있게 옮겨간다. 예정된 차례를 따르기보다 한 사람 한 사람의 표정을 살피며 지금 모인 참가자들의 인적 구성이 지닌 잠재성에 관심을 기울인다. 말이 그 자리에서 제 역할을 할 때 실시간으로 맛보는 희열이란! 방 안에서 혼자 원고를 쓰는 건 즐거움의 끝없는 유예인데 말이다.

제주에서 워크숍을 본격적으로 할 요량으로 제주에

온 여행자들을 대상으로 한 워크숍 프로그램을 개발해 제주착한여행사에 의뢰했다. 컨셉은 '인생중간보고서' 작성. 여행자들이 일상에서 벗어나 삶을 돌아보고 지금을 이정표로 만든다. 여행지에서 익명의 타인들과 만나고 소통하는 기대감과 흥미로운 사건의 가능성을 십분 활용한다.

내가 준비해둔 질문군에서 여행자들은 질문을 골라 그 답변을 '인생중간보고서'에 느긋하게 메모하고 서로에게 들려준다. 제주착한여행사는 제주시 구도심에 있는데, 메모를 위해 산보를 나가거나 카페를 다녀와도 좋다. 실명을 밝힐 필요도 없고, 자신의 정체를 허구적으로 만들어내도 된다. 답변 또한 사실이 아니더라도 나름의 진실성이 있으면 충분하다. 방 안에서 박사 논문을 쓰느라 지친 영혼이 '도벽 있는 크루즈 일등 항해사' 역할을 해도 된다. 자유롭게 상상하며 즐기고, 그 흔적을 선물로 챙겨가면 그만이다. 튜터인 나는 그 대답들에 질문을 더해 이야기가 펼쳐지도록 돕는다. 이 워크숍이 지향하는 이미지는 "하루 사이에 흥미로운 낯선 사람들과 어울리며, 자신에게 기억될 만한 대화를 하고 그 기록을 간직한 노트가 생겼다"이다.

9 다르게 살아가는 사람들

2023

이 싸움은
님비일까

2023년에는 월정리와 여러 차례 대면했다. 그러다가 6월 27일부터 7월 4일까지 일곱 차례 '월정리가 제주에 묻다'를 『제주의 소리』에 연재하게 되었다.

월정리에 처음 방문한 건 2월이다. 쪽빛 바다. 바닷가 카페촌. 햇살과 바람. 한적함과 들뜸. 그 이름마저 달이 머문다는 서정을 머금은 월정리. 하지만 엄문희 님에게서 들은 소식은 월정리 해녀들의 지난한 싸움이었다. 최근 마을 임시총회 이후 해녀들이 마을에서 고립되었으며, 마을 분위기가 험악하다고 했다.

월정리는 하수처리 문제로 오랜 갈등을 겪고 있다. 제주의 거주 인구와 관광객 증가로 오폐수가 늘어나자, 2017년 제주도정은 월정리에 위치한 동부하수처리장의 하수처리량을 두 배 늘린다는 계획을 내놓았다. 이에 대해 처

279

리 후 바다로 방류되는 하수량이 늘어나 마을 앞바다가 황폐해질 것을 우려한 주민들, 특히 해녀들이 거세게 반대해 증설 공사가 6년 넘게 지연되고 있었다.

2월, 바닷바람이 쌀쌀한 날에 엄문희 님과 함께 동부 하수처리장 옆의 컨테이너를 찾았다. 이 컨테이너는 공사 차량 진입을 막는 해녀 투쟁의 거점이다. 그곳에서 김은아 님을 만났다. 월정리의 가장 젊은 해녀이자 월정리 비상대책위원회 위원장으로 활동하고 계셨다. 컨테이너에서 셋이 밤을 지새우며 말씀을 들었다. 다음 날, 떠나기 전에 김은아 님께 연락처를 여쭤보았다. 그래서 저장하려는데 연락처가 이미 '월정리 당근 산 분'으로 저장되어 있었다. 5년 전 겨울, 당근주스를 해 먹으려 아는 책방 주인에게서 연락처를 받아 인근의 창고로 찾아갔는데, 그때 너무나 많은 당근을 주신 분이었다.

김은아 님의 말씀을 듣고 먼저 생각해야 했던 물음. 월정리 해녀들의 싸움은 님비일까? 그렇게 보기 쉽다. 하수처리장은 쓰레기소각장, 화장장, 방사성 폐기물 처리장과 함께 대표적인 지역기피시설이다. 필요성이 인정되지만 오염과 악취, 사회적 낙인과 지가 하락 등의 피해를 초래할 수 있어 입지하려는 지역의 공동체가 반발하곤 한다. 월정리 싸움도 그런 경우로 여겨졌다. 제주도 차원에서 하수처리 문제가 시급한데 자기네들 앞바다만 지키겠다는 지역 이기주의라고 말이다. 그리하여 님비라는 말은 월정

리 싸움을 '월정리 vs. 그 밖의 제주도'의 구도로 고립시켜
왔다.

　여기서 시간을 거슬러 올라야 한다. 월정리에 분뇨처
리장이 들어서는 계획이 처음 나온 시점은 1987년이다. 전
두환 시절이던 그때 월정리 해녀들은 북제주군청에서 사
흘간 철야농성을 해서 공사를 막아냈다. 그러나 1997년 마
을 이장, 개발위원장, 어촌계장, 부녀회장 등 마을의 대표
단 4인이 건설 계획을 수용했으며, 도지사는 대신 앞으로
증설은 없을 거라고 약속했다. 그로부터 10년이 걸려 동부
하수처리장은 2007년 가동을 시작했다. 그런데 그로부터 7
년 만인 2014년 하수처리량을 두 배로 늘렸다. 불과 3년이
지난 2017년 또다시 두 배로 늘린다는 계획이 나왔다. 월
정리 주민들은 건설과 1차 증설을 받아들이자 거기서 그
치는 게 아니라 광역 하수관을 통해 점점 더 많은 양의 하
수처리를 부담하게 되었다는 지난 경험으로 인해 "이번에
는 반드시 막아내자"라는 공통의식을 갖게 된 것이다.

　그런데 왜 이곳, 면적 6.63제곱킬로미터에 인구가 800
명도 안 되는 작은 바닷가 마을에 하수처리장이 들어선 걸
까? 더구나 월정리는 동굴이 많은 지대라서 하수처리장의
건설과 운영에 적합성이 떨어진다. 김은아 님은 그 이유를
주민 수가 얼마 안 되는 힘없는 마을이고, 동굴 위 토지가
군유지인 경우가 많아서 사업부지 확보가 용이했기 때문
이라고 설명했다. 즉 적합해서가 아니라 '약하고 쉬워서'

이곳에 하수처리장을 세웠다는 것이다.

지금의 증설도 마찬가지다. 행정의 입장에서는 하수처리장이 지역기피시설이기에 입지를 찾아 새로 지으려하면 해당 지역 주민의 반발이 예상되고, 신설을 위한 시간과 재정의 비용이 크기에 기존 하수처리장의 증설을 선호한다. 애초 동부하수처리장의 건설 당시 증설은 없다고 약속했음에도 그 약속을 지키기보다 깨뜨리는 편이 행정 입장에서는 쉬울 수 있는 것이다.

떠넘김을
떠맡지 않겠다

월정리 마을 주민들은 단합해서 싸웠다. 하지만 싸움은 너무 길어졌다. 7년차에 접어들었다. 그러다가 2023년 1월 19일, 방향이 틀어졌다. 그날 마을 총회에서 예정에 없던 비대위 해산의 건이 상정되어 통과되고 이장의 권한으로 '월정리 미래발전위원회'가 구성되어 보상 내용을 포함한 제주도정과의 협의에 나섰다.

하지만 해녀들은 싸움을 그만두지 않았다. 제주도청으로 가서 "제주도지사는 해녀들과 직접 대화하라"고 요구하며 시위하고 노숙하고, 공사 예정지 진입로에 컨테이너를 두고 서너 명씩 한 조를 이뤄 밤낮으로 24시간 보초를 서서 공사 차량 진입을 막았다. 그럼에도 제주도정은 해녀회를 대화 상대자로 인정하지 않았으며, 대신 동부하수처리장의 시공을 맡은 대저건설이 해녀들을 업무방해로 고소했고, 비대위 네 명에게 각각 1억 9,000만 원의 손해배상금이 청구되었다.

해녀들을 내리누른 상대는 마을 바깥의 행정기관, 건설사만이 아니었다. 반대 입장을 고수한 해녀들은 마을 안에서도 고립되었다. 월정리 미래발전위원회는 마을 이장, 개발위원장, 청년회장, 부녀회장, 어촌계장으로 구성된다. 이 중 부녀회장을 제외하고는 모두 남성이며, 어촌계장을 포함해 모두 건설업이나 관광업에 종사하고 있다. 이들 마을 대표단은 제주도정의 증설 계획을 수용하고 대신 보상을 요구하는 방향으로 궤도를 수정했다. 해녀회장은 입장을 달리했지만, 해녀회가 어촌계의 하위 조직으로 포함되는 마을회 구조로 인해 남성인 어촌계장이 해녀회를 대변하는 발언권을 갖게 되었다. 심지어 마을 청년회 소속 남성들은 마을의 어머니인 해녀들이 활동하던 공사장 앞 컨테이너를 철거했다. 해녀들이 새로운 컨테이너를 세우자 이번에는 전기를 끊어버렸다.

그럼에도 해녀들은 싸움을 이어갔다. 해녀들이 하수처리장 증설 반대에 이토록 억척스러운 이유는 무엇일까? 또한 이들은 마을 내에서 소수인데 어떻게 이렇게 조직력이 강한 걸까? 그 배경에는 해녀들에게 바다가 생계의 중요한 터전이라는 사실과 공동노동의 경험이 자리할 것이다.

하수처리장이 처리하는 오폐수가 늘어나는 상황은 마을 앞바다의 공동어장에서 물질을 하는 월정리 해녀들에게 심각한 위협으로 다가왔다. 물질이 어려워지면, 생계에 지장이 있을 뿐 아니라 수십 년간 지속해온 삶의 방식 자체가 뒤바뀌게 된다. 이들은 그간의 오랜 공동작업을 통해 강하게 결속되어 있다. 그리고 해녀회는 입어 시기, 공동 채취 등을 자치적으로 결정하고 실행한다. 이게 해녀들이 이 싸움에 이토록 끈질기고 조직적인 이유일 거라 여겼다.

그런데 이것만이 아니었다. 김은아 님은 해녀에게 농사와 물질이 어떻게 다른 의미인지를 알려줬다. 해녀들은 물질만 하는 게 아니라 농사도 짓지만, 농지는 대체로 남편 명의로 되어 있다. 결혼을 해서 남편을 따라 월정리로 온 해녀들도 많다. 농민보조금을 받기 위해 농사를 짓는 가구가 농업경영체로 등록할 때 남성은 경영자인 반면 여성은 무급종사자로 기재되곤 한다. 하지만 공동어장에서는 다르다. 해녀들은 자신들의 결정에 따라 바다의 자원을 관리하고 작업 방식을 정한다. 이로써 가정을 부양하는 데 필요한 경제력을 스스로 확보한다. 해녀들은 함께 물질을 하며 서로가 바닷속에서 안전을 지켜준다. 이러한 주체성과 공동성은 여성인 해녀들에게 자긍심과 유대감을 안긴다. 이 이야기는 해녀들의 억척스러운 싸움을 이해하는 데 중요한 단서였다.

월정리는 바닷가 작은 마을이지만, 광역 하수관을 통해 제주도 차원의 문제가 월정리로 모여들었다. 월정리 해녀들의 싸움은 당사자들의 생존권 투쟁 이상으로 많은 것을 시사했다. 바로 전가가 진행 중이라는 사실이다. 동부 하수처리장 증설은 도시 지역의 하수를 이곳으로 유입해서 처리하겠다는 행정의 방침 때문에 추진되었다. 월정리 문제에서 환경 전가의 회로는 중심부에서 주변부로, 도시에서 농어촌으로, 도시민에게서 해녀에게로, 육지에서 바다로의 형태를 띠고 있다. 따라서 월정리 해녀들의 싸움은 '전가의 정치'에 대한 거부다.

인구의 다수가 살아가는 대도시는 전가의 구조 위에서 있다. 송전탑, 핵발전소, 쓰레기처리장, 하수처리장 그리고 군사기지가 대도시를 위해 대도시가 아닌 곳에 세워지고 있다. 쓰고 버리는 생활. 그 목적어가 전기든 옷이든 먹거리이든 그 생활의 앞뒤로 수많은 것들이 전가된다. 스마트폰이 패스트패션이 소고기가 무엇을, 누구를, 어디를 희생시켜 만들어졌다가 무엇을, 누구를, 어디를 더럽히며 버려지는가. 착취는 생산 과정에서 드러나는 전가의 일부다. 전가는 생산과 폐기를 아우른다. 빼앗는 것보다 떠넘기는 것은 알아차리기 어렵다. 전가는 광범위하고 비가시적으로 진행된다. 그런데, 월정리 해녀들은 똑똑히 외쳤다. 더 이상의 떠넘김을 떠맡지 않겠다고 말이다.

말의 바다

2023년 여름, 『녹색평론』이 휴간을 선언한 지 1년 반 만에 계간지로 돌아왔다. 가을호 원고를 청탁받아 「월정리 해녀들의 끈질긴 싸움에서 배우다」와 함께 연재 구상을 보냈다.

방향을 제시하는 것이 아니라 실제로 움직이는 사람들로부터 다른 방향성을 발견해내는 방법입니다. 컨셉은 '제주에서 다르게 사는 여성들'입니다. 구체적인 사람과 활동, 그 내력과 사연에 주목하여 그로부터 생태적 혹은 전환적 메시지를 포착하고, 그 삶의 방식 자체를 한 가지 참조항으로 삼는 기획입니다. 사회적 통념으로는 탈선으로 보일지 모를, 하지만 충만하고 의식적인 삶을 살아가는 여성들의 이야기를 따라가보고 싶습니다.

며칠 뒤, 임흥순 감독이 〈기억 샤워 바다〉라는 전시를 준비 중인데 한 코너를 기획해보라고 권하셨다. 『녹색평론』에 보낸 연재 구상을 이 코너에서 실현해보고 싶다고 말씀드렸고 전적으로 받아주셨다. 그래서 〈말의 바다〉라는 코너를 만들기로 했다. 이제 내가 '제주에서 다르게 사는 여성들'을 섭외할 차례다. 다들 무언가를 지키려고 애쓰는 평화활동가, 강정 지킴이, 해녀, 조류관찰자, 채식주의자 다섯 분에게 연락을 드렸다. 내가 진행을 맡을 텐데 강연, 공연, 퍼포먼스, 워크숍 등 무엇이든 원하는 표현 방식으로 4·3 평화기념관 내 〈기억 샤워 바다〉 전시의 한 코너인 〈말의 바다〉를 하루 동안 채워주실 것을 의뢰드렸다. 〈말의 바다〉 공간의 다섯 벽면에 저마다의 열 가지 키워드를 수놓고자 하는데, 그중 하나는 '바다'이길 바란다고 말씀드렸다. 모두 승낙해주셨다.

그들 중 임지인 님은 13세의 소녀다. 여덟 살에 제주로 왔고, 올해 여름에 만났다. 나는 서귀포시 도시우회도로 공사 현장을 답사한 기후평화행진 때 행사 진행을 맡았는데, 그날 특별한 공연이 있을 거라고 전해들었다. 초대 가수는 임지인 님과 어머니 최정희 님이었다. 두 분은 채식버거 30인분을 정성껏 준비해왔다. 공연 때 임지인 님의 자작곡과 휘파람에 매료되었다. 그날 두 분이 집에서 채식 전시를 한다는 걸 알게 되어 행사가 끝난 뒤 두 분의 집으로 향했다. 마음이 알려줬다. "오늘은 궁금해지는 이 모녀의 집으로 가야 한다." 그렇게 인연이 되어 〈말의 바다〉에 임지인 님을 섭외했다.

임지인 님은 이번에도 자연식물식 까나페를 시식할 수 있는 코너를 마련하고, 채식에 관련된 여러 전시물을 준비했다. 자신을 비건 아티스트라고 소개했다. 공연에서는 로드리게즈의 노래 〈I Wonder〉를 개사해 공장식 축산, 동물권과 살처분 문제에 이어 4절에서 제주 바다의 사막화를 경고했다. 이어서 정성껏 준비해온 자료와 그림으로 한 시간 넘게 여러 사실을 알려줬다. 그중 바다에 관한 내용이다. 한국의 한 해 1인당 수산물 소비량은 70킬로그램에 달해 전 세계 최상위 수준이다. 저인망어업은 최대 800미터 길이의 그물로 바다 바닥을 긁어낸다. 바다 쓰레기의 절반은 어업에서 발생하는데 1위가 밧줄, 2위가 발포형 파편이다. 제주에 존재하는 360여 개 광어 양식장은 사료 찌꺼기, 배설물, 항생제가 뒤섞인 배출수를 매일 2,000만 톤 가까이 쏟아낸다. 축산업과 양식장에서 나오는 질소 농도 높은 오염수는 갯녹음, 적조, 파래 증식의 주범이다. 갯녹음 현상으로 얕은 바닷속 연산호가 녹아내리고 있다. 최근 유네스코 세계지질공원인 수월봉 절벽이 무너져 탐방로 출입이 통제되고 한라산 남벽도 무너졌는데, 이는 바다 수온 상승에 따른 수증기 증가와 강해진 풍랑 탓일 수 있다.

김예원 님의 바다. 해양시민과학센터 파란에서 조류 관찰기를 들었을 때 강한 인상으로 남아 섭외했다. 김예원 님은 이제 대학생이다. 〈말의 바다〉의 도입부에 버드콜을 시연했다. 새들의 울음소리를 자기 목으로 흉내 내며 그런 새들이 어떤 상태인지를 알려주었다. 그날 진행을 맡은 나는 "오늘 우리는 숲으로 들어가겠습니다"라며 장을 열었지만, "바다로 향하겠습니다"라고 해야지 맞았다. 김예원 님은 주로 철새 이야기를 들려주었고, 그에게 바다는 새의 공간이었다.

초등학교 3학년 때 제주로 온 그는 새에게 반해 학교

가 끝나면 빨간색 디지털카메라를 들고 바닷가로 뛰어가 몇 년이나 새를 촬영했다. 그리고 새를 궁금해했다. 아주 멀리 날아야 하는 철새는 뼈를 가볍게 하고 내장기관을 일직선으로 모은다. 특히 바다는 철새에게 거대한 도전이다. 겨울이 되면 수많은 철새가 풍부한 먹이와 적절한 날씨를 찾아 중국, 몽골, 러시아, 유럽에서 제주로 날아온다. 바다를 건너는 동안 지친다고 내려앉으면 체온 저하로 목숨을 잃을 수 있다.

김예원 님은 직접 촬영한 사진들을 보여주며 강연을 했다. 한 장의 사진. 낚싯줄에 얽혀 물에 빠져 죽은 슴새. 보통 해역에서 거리를 두고 지내는데 낚싯줄은 아주 멀리서 바다를 건너온 슴새를 제주 앞바다에서 익사시켰다. 그리고 공존의 모습이라며 보여준 사진. 어부와 조금 떨어져 평화롭게 먹이 활동을 하는 저어새. 김예원 님은 말했다. 새에게 인간은 덩치 큰 다른 동물일 뿐이라고. 너도 먹어, 나도 먹을게. 그는 새의 시선에서 인간은 어떤 존재로 보일지를 설명해줬다.

김은아 님의 바다. 그는 월정리에서 가장 젊은 해녀다. 월정리 해녀들은 오랜 세월 동안 마을 앞바다에서 물질을 해왔다. 해녀들은 이미 이렇게 토로하고 있다. "바다에 풀이 없다", "바당이 거먼 돌벌레였는데 퍼석퍼석해서 소라 같은 것들이 살지 못한다", "바당이 없어졌다." 거기에 동부하수처리장 증설에 따른 처리 오폐수 증가는 삶의 터전을 심각하게 위협했다. 김은아 님은 처음으로 제주도청에 싸우러 가서 했던 발언을 낭독했다.

> 힘없고 무지한 사람들이 산다고 아무리 달려들어도 떠들어도 누구 하나 편들어주지 않는 버려진 곳, 그곳에서 터를 지키고 아이들을 키우며 삶을 영위하려는 주민들!! (…) 월정리를 이제 그만 놔주십시오!! 바다가 쓰레기물로 똥물로 썩어 내 고향이 아파하는 모습을 그저 볼 수만 없습니다. 소수의 힘없고 무지한 월정리 주민들의 터전을 지켜주십시오. 월정리는 정치 득표수 몇 개와 탁상행정이 계산기 몇 번 두들겨 버려질 만큼 하찮은 곳이 아닙니다.

김은아 님은 또 들려주었다. 위기에 내몰린 마을, 그 안에도 권력과 위계가 있다. 해녀들이 싸울 때 제주도정과의 갈등은 언론에 드러냈으나, 마을 안에서의 시달림은 그렇게 할 수 없었다. 동부하수처리장 증설로 마을 내에서 가장 큰 피해를 입는 집단은 해녀들일 텐데, 마을회 차원의 반대운동 철회 과정에서 해녀들의 목소리는 외면당하고 반대운동을 이어가는 해녀들은 욕설을 들어야 했다.

이는 마을 조직의 가부장주의와 불평등성을 드러낸다. 가부장주의는 여전히 농어촌 마을에서 자원의 배분과 의사의 조직을 결정하는 중요한 권력관계다. 마을 운영의 실질적 권한을 쥔 개발위원회는 온통 남성인 마을 유지들이 한 자리씩 차지하고 있다. 그들이 행정과 자본 측에 마을의 목소리를 대변하며, 그들이 정치가와 사업자를 직접 상대하고 개발사업을 추인한다. 월정리 어촌계의 120명 성원 중 80퍼센트 정도가 해녀들이지만, 배를 소유하고 있으며 건설업에 종사하는 남성인 어촌계장은 해녀들의 의견을 따르지 않았다. 마을은 성역일 수 없다. 그 안에는 다양한 이해관계자 사이의 상이하고도 비대칭적인 입장과 그에 따른 갈등들이 있다. 김은아 님의 퍼포먼스는 관객과 함께 벽면에 해녀 45인의 이름을 적고, 45송이의 장미꽃을 헌정하는 것이었다.

　　최성희 님의 바다. 그는 미술을 전공하고 예술가로 활동하다가 2009년 강정을 방문하고는 강정에 정착해 제주해군기지 반대 투쟁에 전념했다. 2016년 제주해군기지가 완공된 그해에 나는 제주에 왔고 강정에서 그를 만났다. 그사이 강정은 기지촌이 되어갔다. 최성희 님에게 강정의 바다, 제주의 바다는 점차 군사화되는 분쟁 위기의 영역이다. 2022년 12월, 강정에서 멀지 않은 바다에서 한화시스템이 위성을 쏘아올렸다. 우주 스타트업 페리지에어로스페이스Perigee Aerospace는 해상 발사장 건립을 계획 중이다. 최성희 님은 이러한 동향을 육지와 바다에 이은 우주의 군사화 신호로 읽었다. 군대와 군수자본이 뭇 생명을 학살하며 우주 식민화의 첨병으로 삼는 제주의 바다는 위태롭고 위험하다. 그는 이렇게 발언했다.

수맥을 끊어 도로들을 만들고 기억의 통로들을 삭제시킨다. 살생하고 분할하고 왜곡하고 미워한다. 가장 먼저 희생되는 것은 말 못하는 생명들이었다. 강정천의 원앙들이 그렇게 하나둘씩 의문사를 당했다. (…) 그것은 해양, 지상, 하늘, 우주, 사이버 전 영역에서의 통제와 지배, 삶의 군사화이기도 하다. 이제 당신은 독립과 통일뿐만 아니라 땀구멍의 식민화, 각막의 식민화, 몸의 식민화, 생각과 감정의 식민화, 보이지 않는 모든 정찰과 감시에 맞서싸워야 한다. 보이는 경계보다 보이지 않는 경계가 더 많다. 보이는 통로보다 보이지 않은 통로가 더 많다.

엄문희 님의 바다. 그가 발표하던 날에는 우리의 연출자였던 다이조를 만나러 도쿄에 가는 바람에 나는 그의 퍼포먼스를 보지 못했다. '아름다운 붉은 선'이라는 이름의 퍼포먼스는 이렇게 진행되었다고 들었다. 그는 자신의 페이스북에 각자의 재료로 붉은 실을 만들어 보내줄 것을 요청했다. 저마다의 손길이 담긴 붉은 실을 하나의 생명띠로 연결했다. 그 붉은 생명띠로 현장의 참석자들을 잇고, 그동안 엄문희 님이 작성한 문구들을 여러 사람이 나누어 낭독했다.

오래되어 초원처럼 보이는 용암언덕에 서서, 내가 책임지지 못한 일들에 대해 생각했다. 꿈꿔온 것들이 무너지

고, 옳다고 믿어왔고 마땅히 그래야 한다고 믿었던 약속
도 하찮게 부서지고 있다. 우리의 시간도 역사에 기록될
수 있을까를 의심한다. 이 의심의 정황들, 파국의 전조들
이 바로 우리 시대의 이름이 될 것만 같다. 우리는 세상
을 바꿔온 것이 아니라, 그냥 이름만 바꾸면서 실패를 회
피했는지도 모른다. 선량한 시민 다수는 안타깝게도 혁
명의 의무를 의심하고, 반복적이고 성실한 운동 속에서
희망을 찾으려고 한다. 공정과 정의의 척도마저 개개인
의 감수성에 떠넘기는 이때, 우리에게 선택지가 남아 있
기는 할까? 그 이름은 몰랐지만 나는 정직한 절망의 힘을
믿고 싶었던 것 같다. 내가 선 자리에선 곧잘 가늠되던,
절망이 끌어오는 미래에 희망을 걸었던 것 같다.

엄문희 님에게 바다는 인간의 무분별한 탐욕으로 오
염되는 최후의 식민지이자 재난의 종착지다. 농약과 비료
를 사용하는 관행농업, 가축의 대량사육, 도시화와 공업화
로 인한 하수와 폐수는 이미 강과 근해를 오염시켰다. 각
종 쓰레기, 오폐수, 미세 플라스틱 그리고 방사능 오염수
까지 바다의 식물과 동물에 농축되고, 큰 동물들을 통해
확산하고 있다. 그는 말한다. 재난은 단일 사건이 아니라
서서히 전개되는 누적적이고 점증적인 과정이라고. 재난
은 파국의 상태에 이르러서야 모습이 드러나 그 결과는 불
평등하게 분배된다고. 바다의 재난은 이미 드러나고 있다.

293

눈의 분할

최성희 님은 이 물음으로 자신의 〈말의 바다〉를 시작했다. "눈은 공간을 학살하기 위해 얼마나 많은 시간을 필요로 하나요?" 그러고는 브루스 커밍스의 『한국전쟁의 기원』에서 1945년 8월 10일 자정 무렵, 찰스 본스틸 대령과 딘 러스크 소령에게 미 국무부-전쟁부-해군으로 구성된 조정위원회에 올릴 한반도 분단선에 관한 안을 작성하는 데 단 30분의 시간이 주어졌다는 대목을 낭독했다. 촉박했던 그들에겐 작은 극동 지도가 있었고, 본스틸은 38도선이 한반도를 거의 같은 크기로 양분하는 것에 주목해 그 선을 경계로 제안하기로 했다.

최성희 님은 영한사전을 펼쳐 분할, 분단을 뜻하는 'division'이라는 단어를 보았을 때의 충격을 들려주었다. "20년 전에 사전을 보다가 너무 충격이 커가지고 그 충격 때문에 평생을 이렇게 살게 된 것 같습니다." 사전에는 이렇게 표기되어 있었다. di·vision. 'di'는 두 개를 의미하니 'division'은 '두 개의 시선' 혹은 '시선을 가른다'고 풀이할 수 있다. 그의 그 충격은 자신의 눈을 의식했기에 가능했을 것이다. 그리고 그의 평화활동은 어쩌면 분단된 것들을 억척스럽게 이어 맺으려는 집념으로 떠받쳐지고 있을 것이다.

최성희 님이 경계하는 지상과 바다에 이어 우주에서

전개되는 군사화는 시선을 분할하여 통제하는 일, 즉 눈의 식민화로 가능하다. 세계를 갈라서 무언가를 보게 하고, 무언가는 못 보게 한다. 불을 뿜으며 우주로 솟구치는 로켓은 별처럼 빛나지만, 천상의 음험한 각축전과 위험한 폐기물은 어둠에 잠겨 있다. 도시화와 산업화도 그러하다. 인구 다수가 살아가는 대도시는 전가의 구조 위에 성립해 있다. 추출, 생산, 유통, 소비, 폐기 그 곳곳마다 시선은 끊겨 있다. 우리는 대체로 소비만을 보고 산다. 그리하여 전가는 광범위하고 비가시적으로 진행된다.

전가는 여기서 그치지 않는다. 바다로도 전가된다. 바다는 지구상에서 생명의 근원이지만 전가가 저질러지는 최대의 영역이다. 도시가 쏟아내는 오폐수, 농촌에서 뿌려지는 농약, 각종 쓰레기, 미세 플라스틱 그리고 핵 오염수까지. 매해 반복되는 '기상관측사상 최대의 폭우'로 육지에서 쓸려 내려간 그 많은 것들도 바다에 쌓이고 있을 것이다.

낯설어진 바다

"바다는 모든 것을 품는다." 과거에 이 문장은 바다의 자애로움, 풍요로움, 항상적임을 뜻했을지 모르지만, 이제는 바다의 한계성, 취약성, 위험성으로 읽어야 한다. 바다가 무엇을 품고 있는가. 선박에서 흘러나오는 폐유, 찢어진 어망, 쪼개지는 스티로폼, 좀처럼 생분해되지 않는 플라스틱, 막대한 양의 분뇨, 버려진 옷가지, 땅이라면 그곳을 황폐화했을 화학물질, 어떤 작용을 할지 알 수 없는 방사능 오염수, 해수면 상승과 홍수로 빨아들인 모든 것. 바다는 이 모든 것을 품는다. 그리하여 더럽혀진다. 지저분해지는 정도가 아니라 조성이 달라진다. 바다는 무엇보다 태양이 보내는 열에너지의 80퍼센트 이상을 받아들이며, 빙하의 면적이 줄어들수록 더 많이 흡수하고 있다. 바다로 들어간 저 모든 것이 가열되며 뒤섞이는 중이다. 또한 바다는 인간이 배출하는 이산화탄소의 30퍼센트 이상을 흡수하고 있다. 그로써 바다는 빠르게 산성화되고 있다. 뜨거워서 불모의 땅이 된 사막이 이제는 바다를 수식하는 단어가 되었다.

바다는 그 모든 것을 품은 결과, 알 수 없게 되어가고 있다. 예나 지금이나 바다는 품어낸 존재의 개체성을 지우고 무규정적인 상태로 되돌린다. 육지에서 그것들은 쓰임이라는 규정성에 따라 석유, 농약, 어구, 부표, 옷, 컵, 마스크, 담배꽁초, 마스크, 자동차, 타이어, 스마트폰, 위성, 미사일, 유조선, 콘크리트로 불렸다. 혹은 물리학적으로 열에너지, 화학적으로 이산화탄소라고 불렸다. 그 수많은 것이 뒤섞여 무엇이 될지 알 수 없다. 무슨 일인지가 분명히 진행 중이지만, 무슨 일인지는 알 수 없다.

바다를 가장 많이 경험했을 해녀들이 작년과 올해의 바다밭 상황이 너무나 달라져서, 낯선 어종이 나타나서 놀라고 있다. 빈발하는 태풍은 경로 예측이 어려워지고, 열대야는 유례없이 길어졌다. 이는 미지의 바다가 드러낸 극히 일부의 작용이다. 지금껏 바다가 그 자체로는 항상적이라 여겨졌기에 유년의 기억이든, 떠나온 고향이든, 부모를 향한 그리움이든 세월을 탄 우리에게 과거를 떠올리게 했다면, 이제부터 바다는 생소한, 따라서 두려운 미래다. 우리가 안온함을 느끼는 감각적 세계가 아니라 안온함을 깨며 닥쳐올 낯선 감각이다. 다섯 명의 〈말의 바다〉는 그리 될 바다를 말해주었다.

제주기후평화행진

제주기후평화행진은 작년 9월 23일에 느꼈던 조바심과 허탈감으로부터 비롯되었다. 다음 달인 10월, 활동가인 최성희, 엄문희, 황용운 님과 나는 제주기후평화행진을 결성했다. '923기후정의행진'의 날에 우리 대부분은 제주에서 참가했다. 대중이 모일 만한 마땅한 광장이 없는 제주시 중심가에서 100여 명이 도로 한 차선을 따라 그저 행진하고 끝났다는 허탈감을 우리는 공유했다. 사건의 날이 되어야 마땅하지만 색다른 퍼포먼스도 없이 구호를 외치며 걸었고, 행진이 마무리되자 잠시 통제되던 차선은 복원되고 번화한 중심가에 우리는 덩그러니 남겨졌다. 그러고는 개개인으로 흩어졌다. 기후재난 사태는 나날이 고조되는데 '사건의 날'은 1년 중 단 하루이며, 그날이 별다른 사건도 되지 못했다는 조바심도 우리는 공유했다. 서로 간에 같은 걸 느꼈음을 알게 되자 결성은 순식간이었다. 세 활동가와는 천막촌에서 함께했다. '기후평화행진'이라는 활동명도 "우리의 걸음만큼 세상은 움직인다"는 슬로건도 첫 회합에서 바로 결정되었다.

우리는 달에 한 번씩 제주의 기후재난 현장에 찾아간다는 활동 방침을 세웠다. 매달 새로운 장소를 정하고, 이를 SNS와 동행취재를 해준 『제주투데이』를 통해 알려 참여한 시민들과 함께 답사한 뒤 시민광장을 열어 그 현장에서 드러난 기후위기의 현주소, 기후위기를 방조하는 경제체계, 장기비상시대로 진입하여 지속불가능한 인간사회와 지구생태계에 대해 이야기 나누기로 했다. 재활용 분리배출이나 바다 쓰레기 줍기 같은 소극적 역할에서 벗어나 지역민이자 시민이자 지구인으로서 해야 할 직접행동에 나서고 공론장을 펼치기로 마음먹었다.

돌이켜보면 그간 나는 이들과의 회의에서 가장 많이 배웠다. 우리는 1년의 프로그램을 미리 짜놓고 한 게 아니었다. 어느 곳을 궁리해서 다녀온 다음 평가를 하고 다음 장소를 고민하는 식이었다. 고민 중 하나는 기후위기를 대할 때 흔히 떠오르는 곳보다는 좀처럼 인식되지 않고 있는 현장, 되도록 다각도의 현장을 가보자는 것이었다. 이들의 문제의식에서 기후위기는 각론이 아니라 곳곳의 다기하며 구체적인 사안과 얽혀 있는 총론이었다.

우리는 1년간 총 열 곳을 다녔다. 첫 번째 행선지 강정. 2016년 2월에 끝내 준공된 제주해군기지는 가동된 이후 다행인지 불행인지 제 기능을 못 하고 있다. 강정 앞바다는 바다가 육지 안쪽으로 들어오는 만灣이 아니라 바다 쪽으로 튀어나온 곶의 형상이다. 더구나 수심이 얕아 애초 큰 군함의 접안이 어려웠다. 강정 앞바다의 범섬을 피해 크게 변침해야 해서 해군기지 건설 초기에는 연산호 군락지인 범섬을 폭파하려는 구상도 있었다. 풍랑이 센 날은 군함들이 정박하지 못하고 서귀포항으로 피항했다.

그런데도 제주해군기지가 지어지니 해군기지 진입도로가 건설 중이다. 2.08킬로미터 길이의 왕복 4차선 도로와 강정천을 가로지르는 55미터 길이의 교량이 해군기지 정문과 일주도로를 잇는다. 공사 현장 곳곳에는 '상수원보호구역'이라는 표지판이 들어서 있다. 상수원보호구역에는 유해물질, 농약, 오수 등의 투기가 금지되어 있으나 이제 주위로 차량이 비점오염물질을 뿌리며 지나다닐 것이다. 강정천은 주요 식수원인데 공사가 시작되자 수질이 악화되고 깔따구 유충이 나왔다. 원앙들이 더 이상 강정천을 찾지 않는다. 500년간 살아온 국가지정문화재 천

연기념물이자 마을의 신목神木인 담팔수가 부러졌다. 인근의 주상절리가 깨지고 군데군데 땅 꺼짐 현상도 나타났다. 'Ecocide=Suicide'라는 문구의 깃발이 공사 현장에서 나부끼고 있었다.

두 번째 행선지 월정리. 이곳은 동부하수처리장 증설 사업이 문제여서 제주의 환경갈등 사안들 중 다소 이질적이다. 다른 현장들은 강정의 해군기지, 성산의 제2공항 건설 사업이나 서귀포시우회도로, 비자림로 도로 건설 및 확장 사업처럼 농지, 초지, 산림, 해안가, 도시 속 녹지공간 등의 편입과 변형을 동반한다. 그런데 월정리 동부하수처리장 증설 사업은 명목상으로는 생활오수 등을 정화하여 바다로 방류하는 처리 용량을 늘림으로써 환경오염 저감을 목적으로 한다.

월정리는 농어촌으로서 밭과 함께 어장이 생계의 주요 터전인데, 월정리 지하에 존재하는 용암동굴(용천동굴, 당처물동굴)이 2007년 '제주 화산섬과 용암동굴'로 유네스코 세계자연유산에 등재됨에 따라 동굴 지상부의 농토가 강제 편입되어 농사의 제약이 생겼다. 거기에 최근 10년 사이에 관광지로 부상해 환경 부하가 커졌으며, 동부하수처리장이 인근 도시부의 하수까지 처리하는 까닭에 처리량이 점차 늘어남에 따라 마을 근해가 오염되어 어장의 활용도마저 낮아지고 있다. 월정리 해녀회를 비롯한 반대 단체가 세계유산인 용천동굴의 보호를 동부하수처리장 증설 반대의 논리적 근거로 삼음으로써 이 사안은 마을(월정리), 지방(제주도), 국가(한국), 세계(유네스코) 차원의 행위자들이 얽히는 문제가 되었다.

　세 번째 행선지 알뜨르. 서귀포시 송악산 근처로 일제 식민지 시대에 비행장이 조성된 곳이다. 알뜨르는 '아래 벌판'을 뜻하는 제주말이다. 알뜨르비행장은 1933년 일본이 중국 침략을 위해 만든 불시착륙장이었다. 1937년 12월 13일에 시작된 이른바 난징대학살로 사망한 중국인은 30만 명 이상으로 추정되는데, 당시 일본 본토의 오무라항공대에서 출발한 전투기들은 알뜨르비행장에서 중간 기착하여 급유와 정비를 했다.

　2014년부터 매년 12월 13일에 '난징대학살을 기억하는 사람들'은 이곳에 모여 제주가 진정한 비무장 평화의 섬으로 나아가길 염원하며 난징대학살 추모제를 이어가고 있다. 또한 이곳은 1980년대 후반에 공군기지가 들어설 뻔했으나 주민들의 반대운동으로 무산된 땅이다. 제주에서 국책사업을 막아낸 유일한 사례로 평가된다.

　이곳에서 제주평화대공원 기획이 추진 중이다. 이 구상은 국방부로부터 알뜨르비행장을 무상 임대하고 송악산 일대의 사유지를 공적 매입해서 진행될 계획이다. 이곳이 기후평화행진의 행선지가 된 까닭은 제주평화대공원 조성 과정에서 주민과 도민들의 의견이 배제되고 있기 때문이다. 평화교육의 산실이 되어야 함에도 중앙정부, 제주도정, 군, 관료 그리고 개발업자들 사이의 이해관계로 기형적 결과가 나올 게 우려되는 것이다. 서부 관광의 중심지로 만든다는 명목하에 피스워싱peacewashing(평화시늉)으로 전락할 수도 있다. 참가자들은 평화를 염원하는 시민들이 참여해 제주는 결코 '전쟁의 전초기지'가 되지 않겠다는 명확한 의지가 제주평화대공원에 담기기를 원했다.

네 번째 행선지 비자림로. 비자림로 공사는 '비자림로를 지키기 위해 뭐라도 하려는 사람들'을 비롯해 제주 시민사회단체들이 공사 중단을 강력히 촉구해 공사가 멈췄다. 이들은 처음에는 공사의 필요성에 대해 행정당국에 문의하더니 시간이 지나며 사업 자체의 정당성을 심문하는 쪽으로 나아갔다. 삼나무숲에서 다양한 생물종을 조사해 비자림로 숲의 보존 가치를 부각시켰다. 멸종위기종을 찾아내고 '비자림로 생물다양성 아카이브'를 만들었다. 전문가들과 협력해 환경영향평가서의 부실을 드러냈다.

하지만 공사는 끝내 재개되었다. 제주도정은 멸종위기종 대체서식지 이전, 생태도로 설치, 도로 폭 축소 등의 환경영향 저감방안을 담아 설계 변경을 추진했다. 그런데 실상 멸종위기종 대체서식지 이전은 애기뿔소똥구리 등 법정보호종을 찾아내 공사장 바깥으로 옮기고 공사장에는 펜스를 치는 것을 의미했고, 생태도로란 중앙분리대에 편백나무를 식재한다는 뜻이었고 그로 인해 오히려 도로 폭이 늘어나 공사의 반경도 넓어졌다. 수천 단위의 나무들이 잘려나갔다.

　제주기후평화행진의 날, 현장은 공사가 한창이었다. 공사 구역이 넓어 안내 포스터상 주소로 사람들이 찾아와도 만나기가 어려웠다. 나무들의 무덤에서 참가자들은 무겁게 숲의 보존, 생물다양성, 도로 건설, 제주 난개발, 제2공항, 미래세대 그리고 환경보존의 최전선에 자리하는 나무에 대해 이야기했다.

　다섯 번째 행선지 새별오름. 이번에 문제 삼은 것은 축제였다. 제주들불축제는 제주목축문화인 방애(들불놓기)를 재현해 저녁 무렵 새별오름을 불사르는 것이 절정이다. 1997년 옛 북제주군의 행사로 시작되었다가 제주 최대의 축제로 성장했다. 하지만 우리는 제주들불축제를 소비주의적 성격의 생태학살로 지목했다. 두 시간 남짓의 스펙터클을 위해 오름 전체가 불태워져 식생 활동이 단절되고, 오름 주위로는 1년 내내 아스팔트가 덮여 있다. 차량 3,000여 대가 동시에 주차할 수 있는 새별오름 주차장 면적은 10만 4,243제곱미터로 제주 내 최대 규모다.

　축제를 위해 휘발유를 뿌려서라도 오름을 송두리째 태울 수 있다는 인식도, 불태우기 전 오름을 레이저 스크린으로 활용하는 감수성도 천박하기 그지없다. 관광객은 차를 타고 와서 아스팔트 위로 잔뜩 늘어선 먹거리 부스를 지나 인파 속으로 들어가 오름 전체가 타는 걸 구경하고는 극심한 차량 정체를 경험하며 빠져나간다. 남겨지는

303

것은 재가 된 초지와 대량의 쓰레기다. 제주도정은 들불축제를 '친환경 축제'라고 선전하지만 그린워싱greenwashing(위장환경주의)의 소지가 다분하다. 제주에서 '친'親환경은 생태'친'화적이라기보다 인간이 자연에 가까이(親), 훼손할 만큼 가까이 다가간다는 의미로 쓰이는 일이 잦다.

제주기후평화행진에서 참가자들은 피케팅과 기자회견으로 항의행동에 나섰다. 같은 시기 제주녹색당은 '제주특별자치도 숙의민주주의 실현을 위한 주민참여 기본조례'를 활용해 '들불축제 숙의형 정책개발 청구인'을 모집했다. 당시 지구촌 곳곳에서 대형 산불이 연이어지고 있기도 해서 들불축제 반대 목소리가 빠르게 번져갔다. 숙의형 원탁회의에는 총 749명의 시민들이 청구인으로 참여해 논의 결과를 바탕으로 제주들불축제에서 '오름불 놓기' 행사는 사라지게 되었다.

여섯 번째 행선지 성산읍 신산리. 국토교통부는 이곳에 제주제2공항 건설을 추진 중이다. 신산리의 오름인 독자봉에 올라갔다. 전망대에 이르자 제주 동쪽 풍광이 한눈에 들어왔는데 오름 너머로 오름이 겹겹이다. 이 전망대는 공항 부지를 조망하려고 지어졌다. 저 오름들 사이로 활주로가 닦이고 공항과 건물들이 들어선다.

도청 앞 천막촌이 제2공항 건설을 반대하는 열 가지 주요 이유는 이렇다. ① 오름을 깎아야 해서 제주도 동부 오름 군락의 지금 모습을 영원히 잃고 만다. ② 공항부지

304

내 동굴과 철새도래지가 훼손될 뿐 아니라 지반 침하와 조류 충돌로 인해 사고가능성이 높은 공항이 된다. ③ 제2공항 인근 주민의 재산권 행사가 제한되고 심각한 소음피해가 발생한다. ④ 제2공항의 군사적 이용가능성이 상존하며, 한미상호방위조약에 근거해 미군이 활용할 경우 제주도의 군사적 위험성이 가중된다. ⑤ 관광객 수가 크게 늘어도 항공사와 제주도의 상위 호텔이 항공료와 숙박비 수익을 독점하며 쓰레기 증가, 수질오염 등 제주도의 환경오염이 심화된다. ⑥ 관광객 수가 크게 늘어나 제주도의 교통이 혼잡해진다. 도로 확장시 막대한 재원이 소요되며 자연환경이 훼손된다. ⑦ 제주도 동쪽 끝에 치우친 제2공항이 운영되면 비행 편수가 분산되어 공항 접근과 항공기 이용에 불편을 겪는 도민이 늘어난다. ⑧ 제2공항 건설과 인프라 구축에 막대한 재원이 소요되면 현 공항시설의 충실한 개선이 어려워지고 도민복지사업이 전반적으로 위축된다. ⑨ 제2공항 인근 일부 지역의 부동산 가격이 요동해 해당 토지소유주는 이익을 얻지만 전반적인 물가 상승을 부추기고 지역간 불균등 발전이 심화된다. ⑩ 장기간의 건설과정 동안 성산 지역의 주민 간, 제주도 전역의 도민 간에 돌이킬 수 없는 사회적 갈등이 초래된다.

일곱 번째 행선지 국가위성통합운영센터. 포스터에는 동백동산습지센터라고 올렸지만, 우리의 동선을 노출시키지 않기 위한 일종의 연막으로 여기서 모여 이야기 나눈

뒤 국가위성통합운영센터로 향했다. 구좌읍 덕천리에 자리 잡고 있으며, 한국항공우주연구원이 조성한 국내 최초의 저궤도위성통괄기관이다. 이미 쏘아 올렸거나 앞으로 쏘아 올릴 다수의 국가위성을 통합 관제하는 역할을 한다. 한국항공우주연구원은 2030년까지 발사될 70여 기의 저궤도 위성들을 이곳에서 관리할 계획이다.

제주는 한국 우주 식민화의 첨병이 되려 하고 있다. 신산업, 새로운 성장동력, 미래먹거리라는 명목으로 민간위성과 군사위성의 생산 및 발사를 위한 절차가 진행 중이다. 제주도 도시계획위원회가 한화시스템의 공장 신축 개발행위를 조건부로 허가해, 제주해군기지에서 가까운 옛 탐라대학 부지에 우주센터가 건립될 예정이다. 작년 12월에는 국방과학연구소가 개발 중인 고체연료 우주발사체를 활용해 한화시스템이 제주 해상에서 위성을 쏘아올렸다.

이날은 제주기후평화행진 중 참가자가 가장 적었고 가장 조심스러웠다. 일반인 출입제한구역이라 담 밖에서 쳐다봐야 했다. 어디까지가 위법인지 알 수 없으나 사진도 도촬하듯 찍고 경비가 나오기 전에 서둘러 떠났다. 하지만 왜 우리가 국가위성통합운영센터로 향했는지는 동백동산 습지센터에서 최성희 님이 똑똑히 들려주었다. 우주산업 발전이 기후위기 악화와 제주 군사화를 촉진할 수 있다는 것이었다.

먼저, 위성 제작과 로켓 발사는 직접적으로 환경오염

을 유발한다. 로켓 발사로 이산화탄소, 염소, 알루미나 등이 배출되면 오존층이 파괴되고 질소산화물은 호흡기 질환과 산성비를 유발한다. 위성은 회수할 수 없는 우주 쓰레기로 남거나 재진입 과정에서 잔해를 발생시켜 미세입자 오염을 야기한다. 둘째, 장기적으로 기후위기를 악화시킨다. 로켓을 한 번 발사하는 데 들어가는 연료는 하루 종일 운항하는 비행기의 연료 사용량과 맞먹는다. 셋째, 인공위성이 군사적으로 사용될 수 있다. 작년 12월 발사된 합성개구레이더SAR 위성도 군사적으로 쓰일 수 있다. 제주에서의 위성 제작과 로켓 발사 활동은 제주의 군사화를 가속할 가능성이 크다. 넷째, 주민들의 생업 및 안전 문제를 야기한다. 이번 위성 발사를 앞두고 언론에는 관련 기사가 거의 나오지 않았다. 발사일이 공개되지 않은 상태에서 발사 수일 전 해상발사대 인근 마을에 가보았는데, 거기서 만난 주민은 갑자기 앞바다에 출몰한 해상발사대의 정체를 궁금해하고 있었다. 끝끝내 해상발사장 인근의 해안가에서 대기하다가 발사 장면을 포착한 최성희 님이 보내준 동영상에서는 엄청난 소음이 전해졌다. 발사가 성공하고 나서야 언론은 '제주 우주산업 본격화', '우주산업 전진기지'라며 대서특필했다. 실패할까 봐서 발사장 인근 주민에게도 쉬쉬했던 것이다.

여덟 번째 행선지 서귀포시 도시우회도로 건설 현장. 서귀포시 호근동 용당삼거리부터 토평동 삼성여고사거리까지 4.2킬로미터 구간에 왕복 4~6차선 도로를 건설 중이다. 이 사업의 주된 목적은 서귀포시 도심지의 교통난 해소다. 애초 계획이 수립된 것은 1965년이다. 반세기 전에 도장이 찍힌 문서는 그사이 부지 위로 학생문화원, 빌라, 과수원이 자리 잡고 주위로 여러 도로가 깔렸는데도 망령처럼 배회하더니 기어코 자기실현을 해내고 만다.

이 사업은 제주도교육청도 반대했다. 일부 구간이 서귀포시 학생문화원과 도서관 등을 관통해 교육권을 침해하고 학생 안전을 위협할 수 있기 때문이다. 우리는 서귀포시 학생문화원에 모였다. 이곳은 서귀포시의 어린이, 학생, 시민들에게 학습과 놀이 공간으로 활용되고 있다. 제주기후평화행진 중 어린 참가자들이 가장 많은 날이었다. 그들은 행사가 끝나자 앞뜰의 나무에 매달려 놀았다. 그 나무에 올랐던 어린 시절 기억을 간직한 대학생도 참가자 중 한 명이었다.

서귀포시 도시우회도로 건설 사업은 도로 개설에 따른 교육권 침해가 일차적 문제였다. 빙 둘러앉아 대화를 나누다 보니 환경권 침해의 문제도 드러났다. 대규모 도로 건설로 불투수층이 늘어난다. 녹지가 아스팔트로 덮이면 도시열섬화를 유발한다. 자동차 통행으로 발생하는 비점 오염물질은 도로 인근의 하천으로 흘러들어가 수질을 악화시킨다. 도로 건설 구간에는 멸종위기종인 맹꽁이의 서식지가 자리하고 있다.

아홉 번째 행선지 화순. 화순의 해안들로 향했다. 우리는 '제주기후평화행진―바다편'이라고 명명했다. 먼저 산방산 쪽에서 모여 황우치해안과 금모래해안을 내려다봤다. 황우치해안은 편평한 암반과 크고 작은 바위들이 드러나 있었다. 즉 모래가 없었다. 옛 모습을 기억하는 사람들에게 황우치해안은 제주에서는 드물게 백사장이 깔린 빼어난 광경이었다. 그 옆의 금모래해안도 이름과 달리 지금은 황량했다. 피부가 벗겨지고 치부가 드러나 있는 듯했다. 그 많은 모래는 왜 사라졌을까.

그것은 금모래해안의 수질이 악화된 이유와 다르지 않다. 화순항 방파제에 가로막히자 금모래해안은 해류의 순환이 약화되어 오염물질이 바깥 바다로 제대로 빠져나가지 못했다. 약 900미터에 달하는 화순항 방파제에 더해 2013년 해경부두 방파제까지 건설되며 바닷물의 흐름이 원활하지 않다. 황우치해안에 쌓여 있던 모래는 바다 쪽으로 쓸려가고 암반이 드러났다. 해안에서 빠져나간 모래들이 바다 아래 깔리면서 해양생물의 서식지를 덮어버려 해삼, 뿔소라 등이 폐사했다.

그러자 행정은 땜질식 복원에 나섰다. 제주도정은 2018년 황우치해안 백사장을 복원하기 위해 화순항 관공선부두 공사 때 발생한 모래와 파쇄석을 이곳에 쏟아부었다. 그 양은 약 18만 톤으로 공사 차량 20톤 트럭 기준 900대가 모래와 바위를 이곳으로 실어 나른 셈이다. 거기에 더해 바다 아래 해수 흐름을 막기 위해 수중 방파제 2기도 설치했다. 소요 예산 160억 원. 그렇게 조성한 백사장의 모래들은 다시 파도에 모두 쓸려갔다. 단 두 달 만에. 황우치 해안의 경관은 전보다 더욱 흉측해졌다.

마지막 행선지 온평. 동굴을 통해 지하를 상상하고자 했다. 이번은 '제주기후평화행진-지하편'이라고 명명했다. 수산동굴 같은 용암동굴은 학술적·문화재적 가치가 높지만 일반 시민이 접근하기 어려워 그 보존 가치에 대한 사회적 논의가 활발하지 않다.

동굴을 통해 지하를 상상하고, 지하를 통해 상상하고자 했던 것은 지하수였다. 제주는 지표수가 많지 않아 지하수에 의존하며, 따라서 지하수의 보존과 관리가 지역 생활에서 관건이다. 그러나 농사에서 농약 남용, 양돈장에서 분뇨 방출, 양식장에서 화학물질 처리 등으로 오염이 심각하다. 리조트, 골프장, 양식장에서 지하수를 대량으로 사용하고, 먹는 샘물로 상품화해 대거 뽑아 쓰면서 지하수 수위가 낮아지고 있다.

제주의 물 문제는 제주의 지질학적 특성에서 비롯된다. 신생대 후기부터 역사 시대까지 활발한 화산활동에 의해 형성된 화산섬으로 다양한 화산지형이 발달해 있으며, 지하에는 약 160여 개의 용암동굴이 확인되었다. 용암동굴은 중요한 기능을 한다. 폭우가 쏟아져도 물난리가 나지 않는 까닭은 빗물이 천을 따라 흘러 숨골을 통해 지하수로 유입되기 때문이다. 숨골은 지표수가 지하로 함양되는 통로로 기능한다. 땅의 숨구멍이다.

제2공항 건설 예정지에도 150개 넘는 숨골이 있는 것으로 밝혀졌다. 아스팔트를 깔아 그 숨골을 막았을 때 어떤 일이 벌어질지는 얼마간 예상할 수 있다. 제주에서는 2007년 태풍 나리 때의 물난리 기억이 크다. 한라산에서 폭우로 떠밀려 내려온 나무들이 한천, 병문천, 산지천 등 제주 시내 주요 하천의 복개교를 막아서 냇물이 범람하는 바람에 13명이 사망했다. 물 빠짐이 좋은 제주에서 하천들을 복개하기 전에는 없었던 사건이다. 그래서 수해의 최대 원인인 하천들의 복개 구간을 일부 뜯어냈다. 2019년 국립기상과학원 측의 자료에 따르면 제2공항 건설 예정지인 성산 지역의 연간 강수량은 2,090밀리미터, 강수 일수는 139일로 현 제주공항보다 강수량은 50퍼센트 이상, 강수 일수도 26일이나 많은 것으로 집계되었다. 활주로는 일단 깔아버리면 뜯어내기 힘들 것이다.

식민주의와 전가

1년간의 여정을 돌이켜보면 즉흥적으로 정한 '제주기후평화행진'이라는 우리의 이름은 적절한 것이었다. 기후변화는 인간 안보의 위험을 증가시킨다. 기후변화는 분쟁의 가능성을 높인다. 기후변화는 계층, 젠더, 인종, 연령, 장애 등 사회적 차별의 문제와 교차해 더 큰 위험을 초래한다. 재난 발생시 약자의 생존율은 현저히 낮아진다. '기후정의'는 제주에서 '기후평화'로 구현되어야 한다.

제주기후평화행진에서 우리가 목도한 개발 혹은 훼손 사업들은 대부분 중앙 내지 지방 정부가 추진하는 프로젝트였다. 제주해군기지, 국가위성통합운영센터 같은 국책사업부터 제주도정이 진행하는 서귀포시 도시우회도로, 비자림로 확장 공사, 알뜨르 제주평화대공원, 화순항 방파제 그리고 제주시가 주관하는 제주들불축제에 이르기까지. 그 문제들은 이면에 다양한 이해관계가 잠복해 있어 한결같이 복잡했다. 자연 오염, 생태계 훼손만이 아니라 사회적 약자의 피해, 마을공동체의 분열 같은 여러 차원의 문제를 내포하고 있었다. 강정, 성산, 화순, 월정에서 저 사업들은 생태 원형을 훼손하고 마을주민 간 분란을 초래했다. 마을의 평화를 깨뜨렸다. '도로는 곧 발전'이라는 통념에서 힘을 받는 비자림로 확장, 제주해군기지 진입도로 건설, 서귀포시 도시우회도로 건설의 현장에서 평화는 발전과 맞부딪치는 가치였다.

또한 제주해군기지가 들어선 강정만이 아니라 제주제2공항이 예정된 성산에서도 환경 훼손은 곧 평화의 문제였다. 해군기지가 생겼다. 다음은 공군기지다. 제주제2공항은 현 제주공항의 두 배 규모다. 그 넓은 공간을 민간항

공기가 다 채울 가능성은 희박하다. 제주해군기지와 마찬가지로 미군의 전용이 우려된다. 비자림로 확장 공사가 끝나면 비자림로에서 성산으로 이어지는 금백조로의 확장 공사가 시작될 예정이다. 비자림로는 실은 제주제2공항 연계도로다.

제주는 전통적 식민주의와 현대적 전가가 교차하는 땅이다. 제주는 교량이자 요충지로 그 지정학적 중요성이 묘사되곤 했다. 아슬아슬한 경계에 있는 것이다. 그 경계적 위치에서 역사적으로 쓰라림을 맛봤다. 원元제국의 일본 침공 거점이었고, 일본제국의 중국 폭격 전략기지였으며, 지금은 미국제국의 중국 견제 요충지다. 전 세계에 이념의 선이 그어지던 냉전체제 성립 시기에는 붉은 섬으로 내몰려 4·3을 겪었다. 탈냉전기에 이르러서는 정부가 '세계평화의 섬'으로 지정하던 시기에 군사기지화가 전개되었고, 제주도정이 '세계환경수도'임을 스스로 선언하던 시기에 "사람·상품·자본의 이동이 자유롭고, 기업 활동의 편의가 최대한 보장되는 동북아 중심도시"(「제주국제자유도시기본계획」)인 국제자유도시로 변모했다.

또한 제주는 1970년대부터 한국의 내부 관광지로서 지속적인 변형을 겪었다. 오늘날에는 영리병원, 에너지, 모바일, 자율주행, 리모트워크, 디지털화폐 그리고 우주산업의 테스트베드로서 무분별하게 쓰이고 있다. 낙후된 제주를 혁신하고, 정체된 제주에 신산업을 개척한다는 명목으로 각종 실험들이 이어지고 또 이어지고 있다. 그때마다 제주는 제주다움을 잃어가고 있다. 제주기후평화행진의 행선지는 그러한 제주 안에서도 식민화되고 있는 현장이었다.

오름반 분들

이해는 힘들었다. 작년에 겪은 일로 우울감이 이어지고 깊어졌다. 술을 마시고 나서야 감정을 한껏 쏟아냈지만, 그마저도 필름이 끊기곤 했다. 정신을 차리고 나니 닷새 동안 식사도 거른 채 온라인으로 바둑을 수백 판 두기도 했다. 새어나가는 시간을 거머쥘 힘이 없었다. 그렇게 아끼고 아꼈던 게 시간인데, 하루가 24시간이나 된다는 게 견디기 힘들었다. 잠에 들지 못 하니 깨어 있는 시간이 24시간에 가까운데, 아무 일에도 집중할 수 없었다. 친구가 에니어그램을 보라고 권했는데, 내 유형은 안 좋은 상태에선 자신을 학대하듯 방에 가두고 작업에 내몬다고 나와 있었다. 내가 그 꼴이었다. 나는 좀 특이한 인간인 줄 알았는데, 좋지 않은 상태에서 하는 짓은 그 유형의 전형이었다. 그나마 아침에 숲을 지나 요가원 가는 시간으로 버텼다.

　방 바깥으로 나가야 했다. 워크숍도 그래서 시도했다. 타인들 앞에서 맡은 역할을 잘 하기 위해서라도 힘을 내고, 노력한 기쁨을 느낄 필요가 있었다. 제주대에 온 지 7년 만에 평생교육원 수업도 알아봤다. 드로잉반과 오름반을 신청했고, 그중 오름반에는 꾸준히 나갔다.

김천석 선생이 안내해주시는 오름으로 매주 한 곳씩 다녔다. 사라오름, 지미봉, 알오름, 큰사슴이오름, 고근산, 박수기정, 섯알오름, 족은노꼬메오름, 민오름, 동거문이오름, 절물오름, 비양도. 봄에는 대열 끝에서 후드티를 입고 남들 모르게 이어폰을 끼고 따라갔다. 김천석 선생이 오름 이름 끝에 오름·산·봉·악·메·지·아리가 붙는 이유, 오름의 지형, 분화구의 종류, 토양의 성분, 꽃의 이름, 나무의 특징, 풀의 효능, 봉수대와 돌담을 꼼꼼히 설명해주셨지만, 그런 지식들이 귀에 들어오지 않았다. 그저 밖으로 나와 변해가는 풍경을 눈으로 좇고, 근육을 쓰고, 깊게 숨 쉬고, 음악으로 머리를 채우는 걸로 족했다.

그래도 오름 정상 부근에서는 간식 타임에 참여해야 했다. 함께 둘러앉아 저마다 가져온 다과를 먹는다. 10분 되려나. 그때 사람들과 나누려고 포도를 씻어 락앤락에 담아오고, 커피를 보온병에 담아 컵까지 여러 개 지참해오는 정성들. 오름을 다니는 동안 무겁고 걸리적거리실 텐데. 대열의 꼬리에서 표정은 웃지만 과묵한 연소자에게 이것저것 챙겨주시고 카풀을 짜서 데리고 다니시는 친절함.

수강생분들과 점점 가까워졌다. 여름이 다가올 무렵에는 한 주에 한 번만 가는 게 아쉬워 클래스 안에 별도의 모임이 생겨나기도 했다. 한 주에 두세 오름씩 오른 적도 있다. 길 안내자가 따로 없는 이 모임에서는 길가에서 자주 쭈그려 앉는 분들이 많다. 어떻게 그 작디작은 들꽃이 눈에 들어왔는지 촬영하려고 분발 중이시다. 어떻게 그 많은 꽃과 풀들의 이름을 다 외우시지. 왜 나는 저런 눈을 갖지 못했을까. 왜 나는 기억력이 별로일 뿐 아니라 기억하려는 마음마저 생기지 않을까.

이 모임에서는 오름의 이름을 따서 자기 이름으로 삼았는데, 나는 '물영아리'로 정했다. 한동안 한 주의 가장 중요한 활동이 오름행이었다. 사람들에게 마음이 열리자 기껏 제안한 게 자기 탐구 워크숍이었다. 그게 당시 내 딴엔 최선이었다.

재야의 지식인

이제 동행하는 분들의 이야기가 조금 더 들렸다. 제주 어르신들은 정말 아시는 것이 많다. 지리, 산길, 식생, 벌레, 약초, 흙의 빛깔. 구체적인 것들, 고유명의 세계, 나는 특히 약한 영역들. 많이 아시고 많이 알리고 싶어 하신다. 그게 고향 사랑임을 느꼈다. 나는 내가 사는 땅을 그만큼 알려한 적이 있었던가.

오름에 다니며, 그리고 마을 조사를 다니며 그야말로

재야의 지식인들을 만났다. 무언가에 꽂혀 수십 년을 조사해온 고수들. 제주의 마을, 해안, 물질, 오름, 곶자왈, 한라산 식생, 무속신앙, 사투리, 해녀 문화 그리고 4·3 등 각 분야에서 방대한 지식을 축적하고 계시다. 잣성은 방목한 말들이 구역을 벗어나지 못하도록 쌓아놓은 돌담인데, 한라산의 잣성을 10년 넘게 조사하신 분을 만났다. 이미 어마어마하게 아시는 분이 보다 연장자들의 이야기를 들으러 부지런히 다니신다. 댁에 수십 년간 메모한 노트가 수북한 분도 계시다. 이에 비하면 대학의 연구자들은 한 주제를 얼마나 오랫동안 붙들고 있나. 마음은 그리하고 싶어도, 조건이 안 되는 경우도 있지만 말이다.

　　제주살이의 시간이 꽤 지나서야 재야의 지식인들을 알게 되었다. 대학 안에만 있었다면 이분들의 존재를 몰랐을 것이다. 그런데 이분들은 내가 제주대 소속임을 아시면 하실 말씀이 많으셨다. 공들여 모아낸 지식의 소중함을 지역 대학이 모른다, 제주대에서 생산되는 제주에 관한 지식이 피상적인 데다가 오류가 적지 않다, 자신이 애써 조사한 내용을 가져다가 논문을 쓰면서도 출처를 밝히지 않았다, 제주에 관한 지적 권위를 제주대 교수들이 독점하면서도 노력하지 않는다, 학생들은 제주에 대한 잘못된 교육을 받고 있다 등등. 새겨들을 말씀이었다.

　　재야의 고수인 제주 어르신들말고 싸우는 자도 얼마나 다각적인 지식으로 나아가는지를 지켜보았다. 2016년

317

같은 시기 제주에 온 엄문희 님은 처음에는 강정마을의 사람, 유래, 물길을 알아가시더니 조금 지나서는 미 군함의 종류와 탑재 무기를 꿰고 계셨고, 최근에는 제주도 지질 공부에 한창이셨다. 싸우기 위한 지식은 절실한 만큼 구체적이고 실천적이다.

대학 바깥에서 연구지원 없이도 프로젝트가 아니어도 재야의 고수와 활동가들은 제주에 관한 방대한 지식을 생산하고 있다. 지역 대학이 해야 할 일이, 한 가지 역할이 거기에 있지 않을까. 그 지식들을 체계적으로 수집하고 정리하고 검증하고 활용하고 확산하는 데 필요한 자원을 지역 대학은 갖고 있다. 우리 연구센터의 연구활동도 현장지를 만나며 가능했다. 특히 지역 커먼즈에 관한 현장지를 어떻게 모아낼지는 우리 연구센터에게 큰 과제였다. 하지만, 나는 이미 제주를 떠날 예정이었다.

10월, 오름반에서 한 분을 차로 집까지 모셔다드렸다. 그날 그분께서 손금을 봐주겠다고 하셨다. 그러고는 말씀하셨다. "이제 곧 제주를 떠나시는군요." 깜짝 놀랐다. 어떻게 아셨지? 나의 신상이나 현재 상태를 그다지 들려드린 바도 없는데. 경상국립대 사회학과에 원서를 냈고 공개 발표도 마친 시점이었다.

318

지키는 사람들

열 차례로 예정된 제주기후평화행진이 모두 마무리되었
다. 우리는 끝맺음할 방식을 논의해 행진의 경과를 시민들
에게 보고하기로 했다. 2023년 11월 23일, '제주기후평화
행진 보고회'를 개최했다. 활동가 모두가 발언자로 나섰
다. '기후재난의 최전선 제주에서 만나는 식민지'(엄문희),
'삶의 군사화와 기후 평화'(최성희), '지금 나는 무슨 일을
하는지 알지만, 어떤 일이 될지는 모른다'(황용운)가 발표
되었다. 나는 진행을 맡았다.

　　우리의 자랑거리 하나는 1년간 8만 원을 쓰며 이 활동
을 해냈다는 것이다. 10만 원을 후원받았는데 2만 원이 남
아 아이스크림을 사 먹기로 했다. 이것은 제주한살림이 간
식을 후원하고, 그때그때의 주제에 맞춰 모셨던 전문가,
활동가, 언론인들이 사례비 없이도 흔쾌히 마음과 시간을
내주셨기에 가능한 일이었다. 그들의 존재가, 그들이 제주
에 있다는 사실이 우리의 자랑거리다.

　　보고회 끝자락에 발표자들에게 마무리 발언을 부탁
했다. 엄문희 님이 돌연 이렇게 말했다. "오늘은 연구자로
서 우리와 오랫동안 함께해온 윤여일이 제주에서 이러한
진행을 맡는 마지막 자리입니다." 나는 2024년 1월 진주로
거처를 옮길 예정이었다. 마이크가 내게 돌아왔다. 울컥하
지 말아야지 하며 횡설수설 발언했다.

1년간 친구 따라 강남 다닌 느낌입니다. 이분들이 제게 너무나 매력적입니다. 매력이란 끄는 힘입니다. 저를 현장으로 끌어내고, 저에게서 힘을 끌어냅니다. 이분들은 무언가에 늘 동하고 있으며, 이분들이 동하면 저도 움직이고 싶어집니다. 이분들이 무슨 일을 하면 그 일이 잘 되었으면 좋겠고, 그 일을 하는 이분들이 잘 되었으면 좋겠다는 마음이 생깁니다. 운동하면 다칩니다. 운동은 세상이 뜻과 너무나 달라서 벌입니다. 그래서 운동은 뜻대로 되지 않습니다. 대체로 패배를 감수하는 활동입니다. 다만 그 가운데서도 유의미한 게 분명히 있다는 걸 이분들은 제게 알려주었습니다. 저는 이분들의 고민을 되도록 따라가고 싶었고, 저 나름으로 고민해 조금이라도 이분들에게 유의미해지고 싶었습니다. 이렇게 따라다니다 보니 지난 1년, 그리고 돌이켜보면 제주살이의 기록이 생긴 것 같습니다.

실로 내 제주살이는 그랬다. 사람에게서 문제의식을 받으며 살았다. 우주산업의 문제는 내게 최성희 님을 통해 인격화되었다. 최성희 님이 계시기에 앞으로 계속 주시하고 사고할 수밖에 없다. 도청 앞 천막촌에 있을 때 쓴 『광장이 되는 시간』의 부제는 '천막촌의 목소리로 쓴 오십 편의 단장'이다. 각 단장은 천막촌에서 접한 누군가의 목소리로 시작된다. 나는 오십 개의 목소리를 받아 오십 편의 단장으로 풀어냈다. 그중 여러 목소리는 엄문희 님에게서 온 것이었다. 그리고 마지막 단장 '승리의 시간대'에 이렇게 적었다.

친구는 말한다. 볼 때마다 말한다.
"이길 수 있지 않을까."
나는 그에게 말하고 싶다.
나는 당신 홀로 패배에 남겨두지 않을 것이다.
당신이 내게 그러할 것이듯.
그리고 우리는 패배를 패배로 남겨두지 않을 것이다.

여기서 친구는 황용운 님이다. 그는 정말이지 다 걸고 억척스럽게 해내려 한다. 그와 함께 있으면 허투루 활동할 수 없다. 그럼에도 그와 함께 있으면 나는 현장에서 얼마간 떨어져 있는 사람임을 느끼게 된다. 어쩌면 나는 다치지 않는 곳에서 머물렀다. 그는 정말이지 이기기 위해 많이 싸우고 자주 패배한다. 나는 그를 위해 승리와 패배의 관계에 대해 사고하고 싶었다.

12월, 제주시절의 마지막 원고를 썼다. 「제주기후평화 행진에 관한 보고」. 부제는 '최성희, 엄문희, 황용운 그리고 사람들에게 감사하며'. '사람들'은 이분들이다. '도청 앞 천막촌 사람들', '비자림로를 지키기 위해 뭐라도 하려는 사람들', '비무장평화의 섬 제주를 만드는 사람들', '강정천을 지키는 사람들', '성산환경을 지키는 사람들', '용천동굴을 지키는 사람들', '송악산을 사랑하는 사람들', '서귀포시 도시우회도로 녹지공원화를 바라는 사람들'. 제주에는 이러한 '사람들'이 많다. 그것은 제주의 불행에서 기인하는 제주의 행운이다.

10   다시 시작하기

2024

고별강연

경상국립대 사회학과로의 이직은 2024년 1월 1일 예정이었다. 방학 기간이라서 1월 10일에 진주로 가기로 했다. 1월 10일. 이제 그날까지의 만남은 제주살이의 마지막 장면들이다. 연말부터 한 달 정도 연구센터 동료들, 활동가 친구들, 오름반 동행자들, 예술가 지인분들과의 술자리가 이어졌다. 술고래로 변신해 제주를 떠나는 줄 알았다.

1월 5일, 보배책방에서 고별강연을 마련해주셨다. 제목은 '제주에서 살아간 한 사회학자의 8년간 집필 기록'으로 정했다. 제주시절 어디서 누구에게 문제의식을 받아어떤 글들을 쓰게 되었는지를 정리해서 말씀드리려 했다. "여러분께서 연구자를 이러한 방향과 걸음으로 이끄셨어요"라는 보고였다. 고별강연에는 활동가 친구들, 예술가 지인들, 오름반 동행자들이 와주셨다. 결국 내 작업물보다는 눈앞에 계신 분들 개개인과 어떻게 만났고 무엇을 했는지로 이야기가 나아갔다. 모두 나의 지인들이지만 서로 간에는 잘 모르실 수도 있는 분들 사이에서 소개하는 느낌이었다. 생각해보면 제주에서 해온 연구란 건 만나서 기록하고 소개하는 과정이었다.

제주대 연구센터 동료였던 두 사회학자 정영신과 장훈교 님이 있다. 정영신 님에게 연구의 계기는 내가 이해하기엔 "왜 그렇게 되었을까"라는 물음이다. 그는 여러 수준의 변수, 행위자 간의 동학을 조리 있게 연관지어 납득할 만한 이유를 밝혀내면 하나의 연구를 마무리한다. 그 동학을 한 장의 그림으로 표현해내면 무척 흐뭇해한다. 장훈교 님은 그 사회적 현상을 (재)생산하는 제도가 역사적으로 형성된 복합적 과정을 추적한다. 그러다가 "세상에나 이런 자료도 있군요" 싶은 데까지 나아간다. 둘 다 '설명적 비판'의 방식이라 할 수 있으며, 이를 위해서는 자료조사뿐만 아니라 가설, 추론, 분석, 해석, 검토 등이 필요하다. 그들의 연구 방식과 비교하건대 나는 보다 낮은 수준의 서술에 머무르고 있다. 장훈교 님처럼 10년 단위의 긴 호흡으로 붙들고 있는 연구 주제도 없다.

나는 내 연구가 쓸모 있을 것 같은 정황이나 사건을 만나면 연구를 쓴다. 남들이 기술을 익혀서 쓰듯이. 수준이 높지는 않지만, 몇 가지 연구 기술을 수유너머와 대학에서 배웠다. 그리고 제주에서 주로 익힌 것은 그 사건이 지닌, 그 사건을 넘어서는 논제와 의의를 포착하고 드러내는 기술이었다. 제주시절에 쓴 마지막 글의 마지막 문장이다.

> 이주를 앞둔 내게는 두려움이 있다. 8년의 제주살이에서 얻은 것은 이 사람들과의 관계 그리고 제주에 관한 지식이다. 삶의 장소를 옮기면 8년간 축적한 관계와 지식은 과연 무엇이 될까. 새로운 지역에서 앞으로 어떠한 살이를 하게 될까. 제주에서처럼 매력적인 사람들을 만날 수 있을까. 만난다고 하더라도 제주에서처럼 끌려갈 마음가짐이 내게 있을까. 아직은 알 수 없다.
>
> 다만 제주를 떠나서도 누군가가 제주에서 일어나는 일을 '제주 일'로 치부한다면, 나는 제주를 위해 그리고 그 사람을 위해 거부할 것이다. 제주는 내게 고유명만은 아니다. 제주는 사건이 먼저 찾아오는 곳이고, 사태가 노골화되는 곳이다. 제주의 일은 이곳에도 당신에게도 닥칠 수 있음을 말할 것이다.

내게 제주 연구란 무엇이었을까. '제주에 관한 연구'는 너무나 당연한 말이고, 클리퍼드 기어츠의 문장 "인류학자는 마을을 연구하는 것이 아니라 마을에서 연구한다"를 다시 빌리자면 '제주에서 하는 연구'라고 할 수 있겠다. 몸이 꼭 제주에 있어야 한다기보다 제주에서 벌어지는 사건들을 받아내는 연구 말이다. '받아내다', 이 단어에는 수동과 능동이 함께 있다. 사건 속으로 진입하려면, 사건이

327

내 안으로 들어올 자리를 내어줘야 한다. '내어주다', 이 단어에도 수동과 능동이 함께 있다. 그렇다. 수동적 능동성으로 연구한다. 사건이 생기고 사람에게 끌리면 그 가치를 가치 있게 옮겨낸다. 내게 제주 연구는 번역 행위에 가까웠다. 고별강연의 마지막 발언이다.

저는 제주에서 번역자로 지낸 것 같습니다. 번역자의 자리가 존재할까요. 번역자도 존재이니 번역자의 자리도 존재할 것입니다. 제가 떠난 그 빈자리로 허전하셨으면 좋겠습니다. 한동안이라도 그 허전함으로 저를 기억해주시면 좋겠습니다.

소녀의 이정표를 위한
인터뷰

1월 8일, 제주시절 마지막 활동으로 임지인 님을 인터뷰하러 집으로 갔다. 제주기후평화행진 때 만났고, 〈말의 바다〉에 섭외했던 소녀. 해가 바뀌어 이제 열네 살이 되었다. 처음 만난 날 집에서 채식전시회를 한다기에 보러 갔을 때, 임지인 님이 족히 두 시간은 공들여 보여준 전시물과 설명해준 자세한 정보들이 기억에 선명히 남아 있지는 않다. 다만 "어떤 사람이 이토록 정성을 기울여야 할 활동이구나"라고 공감했으며, 채식이라는 주제가 구체적인 사람의 모습을 통해 내게 인격화된 날이었다. 나도 임지인 님이 열정적으로 말하는 그 느낌을 얼마간 안다. 오랫동안 타인들에게 사쿠라이 다이조의 존재를 알릴 때 나는 흥분해 있었다. 자신이 애정을 담아 신뢰하는 인물이나 신념하는 가치를 타인에게 전할 때의 기쁨이 있다. 하지만 임지인 님은 나보다 차분하다. 중심이 잘 잡혀 있는 사람이라고 느꼈다.

임지인 님은 특이한 친구다. 홈스쿨링을 하는데 자작곡을 만들고, 기타로 연주하고, 노래를 부른다. 그림을 그린다. 이사 후 여름방학 때 '여름여일캠프'를 열어 6일 동안 우리 집에서 함께 지냈는데, 그때 내 키만 한 그림 두 점을 선물 받았다. 한 점은 거실, 한 점은 연구실에 설치했고, 손님들이 궁금해해서 자연스럽게 작가를 소개하게 되는 작품이다. 동물, 장애, 채식에 대한 책들을 쓰고자 한다. 생태 파괴를 막기 위한 집회들에 다니고, 그 자리에서 공연할 때도 있다. '노마'라는 이름의 개와 '당근'이란 이름의 말을 돌본다. 탐험가에게 어울리는 챙 넓은 모자를 즐겨 쓰고, 동굴 탐험과 나무 오르기를 즐긴다. 나는 언어 지능이나 논리 수학 지능말고도 상호독립적인 다양한 지능들이 존재한다는 다중지능론을 지지하는데, 여러 지능이 함께 발달해 있는, 더구나 선하고 유쾌한 사람을 만나면 부럽고 즐겁다. 이 점도 다이조를 떠올리게 한다.

그래도 임지인 님이 가장 좋아하는 건 식사이지 않을까. 어머니 최정희 님이 지어주신 채식을 "맛있다"고 연신 감탄하며 오물거리는 임지인 님과 함께 대화하며 식사하면, 행복에 가까운 감정이 그 식탁에 있다. 그 집에 다녀오면 '잘 살고 싶다'는 의욕이 생긴다. 생활에서 소소한 변화를 시도하게 되는데, 한 번은 아침 식단에서 우유를 두유로 바꿨고, 한 번은 거실과 공부방에 간접조명을 설치했다.

고유함, 충만감, 평화로움을 추구하는 예술가적 기질의 이 소녀에게는 앞으로도 흥미로운 경험이 찾아올 테고, 이 소녀는 자신의 일관성을 잃지 않으면서도 매해 부쩍 성장할 것이다. 이 소녀의 지금을 기록해 나이가 들어가며 돌아볼 이정표로 선사하고 싶었고, 이 소녀의 사고와 활동을 알리고 싶었다. 인터뷰는 『프레시안』에 투고했다.

예술가의 첫 책

1월 10일, 차를 옮겨야 해서 배로 떠났다. 배 위에서 바라본 제주는 점점 멀어지며 바다 위 작은 점이 되었다. 정말 섬에서 살았구나.

배 안에서 엄문희 님의 문자를 받았다. "여일! 최근 자주 했던 말처럼 '제주를 떠나는 게 아니라 제주를 출발한다'고 말해주면 좋겠어요. 나도 여기서 기꺼이 어딘가로 출발하려고 합니다. 언젠가 나는 '제주로 도망쳤다'고 썼는데, 이제 그날들은 지나갔어요. 이 섬에 있되 섬을 출발한 이로 살아가려고 합니다. 지금의 나는 2016년 강정에 왔기 때문에 시작되었고, 여일과 동무였기 때문에 가능했어요. 2016년 그날 저에게 말 걸어주셔서 정말 감사했어요." 답장을 보냈다. "멸치가 아니었다면 제주에서 8년이나 살 수 없었을 거예요. 멸치를 못 만났다면 평생 이렇게 살아볼 수 없었을 거예요. 안녕. 나의 친구, 나의 사상가. 제주에서는 작별합니다. 우리는 다른 맥락에서 다시 만날 거예요."

연고도 지인도 없는 낯선 곳에서 새로운 삶이 시작되었다. 새로운 삶, 삶의 시작. 내겐 이 변화가 절실했다. 제주에서의 삶은 내 탓으로 생명력을 잃고 말았다. 8년째 살던 제주대 교직원아파트 그 집은 나로 인해 우울하고 갑갑한 공기가 감돌았다. 진작에 이사를 가야 했는데, 그럴 힘이 없었다. 이제는 이직을 하니 내 삶은 반강제적으로 바뀌는 수밖에 없다. 하나의 삶을 마칠 때가 되었고, 그 기회가 주어졌다. 나는 진주 쪽으로 이사했고, 살아갈 두 가지 공간이 생겼다. 집과 연구실. 박선 작가에게 그곳들에 둘 여섯 점의 그림을 의뢰했다.

낯선 곳에서 새로운 생활이 시작되었어요. 이곳에 작가님의 작품이 있길 바랍니다. 이곳들은 사람들이 흔히 작품을 접하는 갤러리가 아닙니다. 한 생활자의 거주 공간, 한 연구자의 작업 공간입니다. 또한 저의 친구, 학생, 활동가, 작업자들이 찾아올 장소이기도 합니다. 이곳들에서 작가님의 작품은 갤러리에서와는 다르게 사람들을 만날 거예요.

먼저 의자, 테이블, 오디오, 스탠드조명만 있는 거실은 평소에는 책을 읽는 공간이며 이따금 찾아온 사람들과 아마도 밤늦도록 수다 떨 공간입니다. 가장 넓은 벽면에 두 점의 신작을 두고 싶습니다. 이곳 거실에서 베란다 너머로는 아파트들만이 보입니다. 그 벽면의 작품들을 통해 시계가 넓게 열리고 시선이 멀리 나아갔으면 해요. 즉 프레임 너머로 다른 세계를 바라보는 느낌이길 바랍니다. 두 점의 신작을 의뢰드리는 까닭은 두 점이 이질적인 색채와 형태로 서로 간에 반전하며 힘 작용하는 두 세계를 표현하길 바라기 때문입니다. 한 점이 밤으로 접어드는 시간이라면 한 점은 한낮이어도 좋을 것 같습니다. 그렇게 거실에 두 가지 외부를 동시에 들이고 싶습니다. 마치 벙커에서 바깥으로 나 있는 소중한 창처럼 세로보다 가로가 많이 긴 사이즈라면 좋을 것 같습니다. 보이는 것은 일부일 뿐이다, 저 바깥에는 봐야 할 풍경들이 더 있다, 이런 상상을 자극해주면 좋겠습니다.

침실의 작품은 하루의 시작을 위해 눈 뜨면 가장 먼저 보게 될 대상인데 "좋은 아침"이라며 힘내야 할 하루를 밝게 반겨주었으면 합니다. 저는 약한 불면증이 있는데 잠들기 전 "오늘은 뭘 더 하지 않아도 돼", "앞일은 지금 걱정하지 않아도 돼", "이제 평온히 잠들어도 괜찮아"라며 따뜻하게 다독여주었으면 합니다. 침실은 때때로 손님방이 될 거예요. 그분들도 이 방에서 평온하길 바라고 있습니다.

이제 연구실입니다. 왼쪽 벽면에는 높은 책장들이 있습니다. 그곳에서 책들과 함께 있을 세 점의 신작을 의뢰드리고 싶습니다. 지하, 지상, 천상의 그림들을 아래로부터 지그재그로 배치해보는 것을 상상해 보았습니다. 세 점끼리, 그리고 세 점이 맞은편 벽면의 작품 '연못'과 더불어 생태적 순환성을 이루었으면 합니다. 저는 그 속에서 연구하고 집필하며, 저의 손님들은 잠시 그 안으로 들어올 것입니다. 이 착상은 작가님이 작년에 작업하셨던 땅 위에서 펼쳐지는 계절들의 시간을 한 작품 위로 쌓아간 논 연작으로부터 얻었습니다. 다만 제가 의뢰드리는 신작들은 두 점 혹은 세 점이 독립된 채로 유기적 관계를 맺는 것이기에 무리한 요구가 아닐까도 걱정됩니다. 하지만 그 무리를 작가님이 하신다면 어떤 작품이 탄생할지 많이 궁금합니다. 한 작품씩 완성하고 여러 점을 갤러리에 일시적으로 전시하고 일순하는 관람자들의 시선을 붙드는 전의 작업과는 많이 다르겠죠. 작가님은 실험을 즐기는 작업자이시죠. 그런 작가님의 "의욕이 샘솟는

데요"라는 말씀에 기대가 차올라요. 물론 지금까지 드린 말씀은 모호한 바람일 뿐 방향과 방법은 작가님의 고유함과 자유로움에 맡기고 싶습니다.

작품 의뢰와 함께 첫 책도 제안했다. 박선 작가는 2017년 예술공간 이아 레시던시 작가들을 대상으로 연속 강의를 할 때 만났다. 이후 그와 동료 박종호 작가의 작품에 관한 글을 의뢰받아 「늦게 온 자의 기억」을 썼다. 내게 첫 작품론이었고, 박선 작가에게도 첫 작품론이었다. 그로부터 5년 만에 개인전 초대의 연락이 왔고, 그사이의 작품들을 보고는 그림을 의뢰했으며, 그에 앞서 첫 책에 관한 아이디어를 정리해서 권했다.

회화 작가의 첫 책이니 작품집, 작업노트, 작가의 에세이를 겸하면 좋겠다고 생각했다. 작품집으로서 그간 여러 계열의 작품들을 수록하고, 작업노트로서 그 작품들을 이뤄가던 과정을 기록하고, 그 작품군들과 함께해온 경험과 사고를 에세이로 펼친다. 나날이 그리고 서서히 그림을 그려가는 회화 작가의 일상은 어떤 걸까. 내 경우는 시간이 지나면 어쨌든 원고의 분량이 늘어난다. 하지만 화폭은 더 이상 커지지 않고, 그 안에서 변화할 것이다. 그렇다면 화폭 속 세계를 끊임없이 변화시키는 신의 경험이자, 자신의 피조물 안에서 나날의 변화를 겪는 인간의 체험인 걸까. 그림이 되어가는 시간 동안 무슨 생각을 할까. 설마 그 생각은 나와 달리 문자로 구성되지 않는 걸까.

　회화 작업을 하며 떠올릴 수 있는 에세이의 소재라면 작가의 예술관, 과거 시도의 경험, 지금 작업에 관한 고민, 이후 작업에 관한 궁리, 자신을 향한 격려, 타인에게서 받은 지지, 그날그날의 경험과 감상, 고요한 마음과 어수선해지는 심리 등 다양할 것이다. 작품을 이뤄가는 작가의 시간, 생활, 상상, 감정 속으로 독자들을 초대한다.

　만약 이러한 첫 책이 가능하다면 작가 자신에게는 작업 세계에 관한 지금 시점의 이정표를 얻을 수 있을 테고, 작품을 자신만이 간직하고 있거나 작품이 갤러리에만 전시되어 있거나 소장한 사람에게 있을 뿐 아니라 작품이 사람들을 만날 수 있는 지평이 넓어질 것이다. 책의 형태와 편집은 소장하고 싶어지되 어딘가로 떠나며 가져갈 때 부담이 없었으면 좋겠고, 처음에는 순서대로 읽고 다음에는 원하는 곳을 펼쳐 눈과 마음이 머물 수 있었으면 좋겠다. 그런데 비언어적 작업을 하는 작가가 그림을 그려가는 동안 글쓰기를 병행하면 본업에 방해가 될까, 아니면 언어적 작업이 간섭을 일으켜 비언어적 감각을 활성화하거나 회화에 착상이 생기는 일도 있게 될까.

재능덕운

"너무 흥미로운데요. 책으로 내보세요!" 첫 책을 권해본 사람들이 있다. 그 이야기를 듣고 있자면, 그 사람에게서만 나올 수 있을 책이 떠올랐다. 내용만이 아니라 형식도 세상에 없던 책. 그 사람에게는 첫 책이 될 것이다. 그런데, 첫 책을 내기란 어렵다. 작가 인터뷰들을 보면 "두 번째 책이 가장 어려웠죠"라고 말하기도 하던데, 그건 자신을 쏟아낸 첫 책으로 세상에 크게 알려진 작가가 회고적으로 토로한 집필에 관한 고충이지, 저작이 없는 사람에겐 집필을 해도 출판 자체가 어렵다. 열심히 썼다고, 좋은 원고가 있다고 책이 나오는 건 아니다. 꾸준히 글을 쓴다고 작가인 것도 아니다. 한국 사회에서는 보통 책을 출간해야(아니면 등단해야) 작가로 불린다. 책을 내고 작가가 되려면 출판사를 만나야 한다. 일단 첫 책을 내면 두 번째 책을 내기는 좀 더 수월해진다.

그런데 너무나 열심히 쓰고 글도 좋은데, 책을 내고 작가로서 지내고자 하는데 출간의 기회를 갖지 못한 사람들을 젊은 시절부터 봤다. 사회 비평이든 문학 비평이든 출중한 비평가의 대단한 글이지만, 소수의 사람들만 그의 존재를 알고 있다. 제때 책이 나오지 않으면 글을 쓰려는 마음이 다치고 의욕이 꺾이고, 글 쓰는 생활을 이어가기 어렵게 만드는 외부 압박은 커진다. 그래서 결국 작가로서의 잠재성을 발휘하지 못한 사람들이 있다. 그건 세상에도 아쉬운 일이다. 그런 아쉬운 일이 있었다는 것조차 모르겠지만.

글이나 그림을 포함해 무언가를 세상에 표현하길 원하는 작업자가 뜻을 펼치려면 무엇이 갖춰져야 할까. 재능덕운才能德運이 모두 필요하지 싶다. 재才는 재기, 재주의 재이며, 타고나는 부분도 있고 길러낼 여지도 있다. 글 쓰는 사람이라면 착상에 능해야 하고, 표현도 재주가 있어야 한다. 하지만 재만 가지고서는 바깥으로 드러나기 어렵다. 그렇다면 능能은 재를 꺼내는 기술과 방법이라고 해보고 싶다. 잡지에 글을 쓴다면 발표 지면의 지향과 수준에 걸맞게 마감일과 분량을 지켜 매력적으로 써내야 한다. 재는 타고나는 부분이 크지만, 능은 연마해야 한다. 갖춰진 재는 큰데 능을 의식적으로 기르지 않아 재능을 펼치지 못하는 사람들을 봤다.

또한 재능이 있더라도 그걸 펼치려면 관계성이 필요한데, 그게 덕德을 쌓아야 하는 영역이지 싶다. 재능은 있는데 관계 형성을 통한 기회 확보에 서툰 사람도 봤다. 그런데 운運이라는 게 있다. 어떤 예기치 않은 상황, 사건, 관계, 제안, 프로젝트 등 재능을 한껏 발휘할 수 있는 갑작스러운 계기. 그 운을 힘껏 붙들면 단박에 멀리까지 갈 수 있다. 그런데 운을 붙잡으려면 악력이 필요하다. "스스로를 믿고 이번에 뛰어들어보자!" 운은 언제 찾아올지 모르지만, 찾아온 계기를 운으로 만드는 것 또한 재능일 것이다.

337

나는 글 쓰는 사람으로서 재는 별스럽지 않고, 능은 꾸준히 노력했고, 덕은 부족하지만, 운이 있었던 것 같다. 학부생 때 수유너머를 알게 되어 별 흔들림 없이 공부하는 삶을 살게 된 것이나, 쑨거 선생이 일본어 표현법마저 가르쳐주면서 대담집 작업을 해주셨던 것이나, 10년 넘게 다이조 곁에서 귀동냥할 수 있었던 것이나(세상에서 가장 좋아한 시간!), 제주살이의 기회가 생겨 매력적인 사람들을 따라다니다가 공부의 방향을 튼 것 말이다.

그리고 가장 큰 운 중 하나는 서른 무렵 여기저기 떠돌던 다섯 개의 원고를 한꺼번에 받아준 돌베개 출판사다. 돌베개 출판사 덕분에 작가로서의 생활을 시작할 수 있었다. 내가 이름 짓고 상상해본 출판사인 '첫 책'도 재능이 있는 누군가의 첫 책만을 만들어서 그런 운이 되었으면 했다. 아마도 수익을 내기는 어려울 것이다. 매번 표지를 새롭게 디자인하면 비용이 많이 들 테니, 시집 시리즈처럼 근사하고 일관된 디자인과 판형으로 색깔만 바꿔야지 생각했다.

전공 강의,
무엇을 어떻게

경상국립대 사회학과. 이제 이곳이 나의 직장이다. 우리학과는 교수가 6인인데, 최근 6년 동안 전원이 새로 충원되었고 나는 마지막 차례로 들어왔다. 사회이론/방법론을 하시는 김명희, 정치사회학을 하시는 김주호, 도시사회학과 역사사회학을 하시는 이향아, 이주사회학과 인권사회학을 하시는 김철효, 젠더정치/정책을 하시는 권수현 선생의 동료가 되었다. 그리고 자상히 대해주시는 정청옥 조교. 이곳에서 유의미한 일부가 되어야 한다.

이제 매 학기 사회학 전공 수업을 한다. 연구자로서 발표를 하고 작가로서 강연을 해봤지만 대학 강의의 경험은 세 차례뿐이다. 논술강사로서 학원에서 10년 정도 일했지만, 대학 강의는 입시 수업이 아니다. 그럼에도 진로에는 보탬이 되어야 한다. 무엇을 어떻게 수업해야 할까?

먼저 '어떻게'에 관해. 나의 학부와 대학원 시절 수업을 떠올렸다. 어떤 수업을 좋아했더라? 그건 기억이 잘 안 나고 어떤 수업이 싫었는지는 기억난다. 시험 보는 수업은 싫었다. 외우는 데 서툴렀고 손 글씨도 느렸다. 시험과 리포트는 평가하는 능력이 다르다. 시험은 그 사람의 '머릿속에서 바로 꺼낼 수 있는 것', 리포트는 그 사람이 '이것저것 끌어와 일정 시간 동안 해낼 수 있는 것'을 평가한다. 성과주의 사회에서 주로 평가받는 능력도 후자이니 시험보다는 리포트로 평가하자. 또한 사회학 이론만 잔뜩 나오는 수업은 들을 때는 머리가 뜨거워지고 시간이 지나면 머리에 별로 남아 있는 게 없었다. 다양한 사례를 떠올려보고, 자료 읽는 법을 터득할 수 있었던 수업은 확실히 유용했다.

사회학 수업을 통해 학생들에게 전달하고 싶은 지식 말고 학생들이 체득했으면 하는 가치를 떠올려봤다. 그건 덕德이다. 다만 재능덕운의 덕과는 의미를 달리 풀어야 한다. 이 경우 덕德은 사고하는 절차의 복잡함을 형상화하는 글자다. 덕을 행동(彳), 눈(目), 마음(心)에 복수(十)의 결합이라 본다면, 보고 느끼고 행동할 때 복수의 맥락을 의식해야 함을 일깨워주고 있지 않은가. 자의적 해석일망정 복합적 상황(十) 속에서 감각하고(目) 판단하고(心) 반응하는(彳) 과정 사이의 절차를 면밀하게 살펴본다는 방향으로 풀어보고 싶다. 김홍중이 "사회학은 사회를 가르치는 학문이 아니라 사회로부터 배우는 학문이다"라고 했는데, 내 사회학 수업에서는 일단 사회의 복잡성으로부터 배웠으면 했다.

비판적 논조가
비관적 전망이 되지 않도록

이제 '무엇을'의 차례다. 무슨 강의를 할까. 한국 대학의 사회학과 사정이 대부분 비슷할 텐데, 교수가 소수 인원이니 각 교수가 강의할 수 있는 전문 영역이 세 가지는 되어야 할 것 같다. 내가 연구해온 세 가지 영역이라면 동아시아 연구, 한국사상계 연구, 커먼즈 연구일 텐데 모두가 학부 강의로 옮기기에는 내용이 특수해서 부적합할 것 같았다.

그리고 맡아야 할 강의가 있다. 나는 '한국사회론' 분야로 선발되었고 한국사회론 강의를 해야 했다. 한국사회론이라면 할 거 많겠다. 좋아! 첫해는 빈부격차와 복합적 사회 위기로 하자. '지식과 사회'도 맡았다. 지식사회학은 내 세부전공 중 하나였으니 만족! 지식의 시효가 짧아지는 시대인 만큼 지식에 관한 지식을 전달하기보단 지식에 관한 시각을 가다듬는 데 주력해야겠다. 나는 스마트폰을 쓴 지도 얼마 안 되고 SNS도 안 하지만 학생들의 지식을 형성하는 디지털 환경 내지 매체인 스마트폰, 인공지능, 포털 사이트, 유튜브, 인스타그램 등을 소재 삼아 지식의 존재 구속성, 편향성, 허위가능성, 매개성 등에 관한 내용을 전개해야겠다. 그리고 '산업사회학'도 맡았다. 인공지능 사회, 플랫폼 경제, 공유경제, 사회적 경제에 대해 공부하고 싶었으니 잘됐다! 기존의 산업사회학 교재는 노동사회학에 주안점을 두고 있었으니 직업사회학, 정보사회학, 미래사회학의 요소를 추가해 '일과 산업의 사회학'으로 개편해야겠다.

그런데 첫 학기 강의 중 비교적 수월할 거라 여겼던 한국사회론이 힘들었다. 심리적으로. 이제껏 사회학자로서 한국 사회의 어떤 현상에 대해 원고를 쓰거나 강연할 때는 비판적 논조를 취해왔다. "그것까지도 문제일 수 있겠군요"가 내가 기대한 주요 반응이었을 것이다. 그런데 수업에서는 내가 뜨겁게 한국 사회를 비판하면, 학생들의 표정이 굳는 것 같았다. 내가 비판한 이 사회 속에서 학생들은 살고 있으며 살아가야 한다. 나의 한국 사회 비판이 학생들에게는 자칫 자신의 미래에 대한 비판으로 번지면 어쩌나 조심스러워졌다. 나 혼자 열이 올라서 하는 발언들에 학생들이 위축되면 어쩌지 고민스러워졌다. 어떻게 해야 사회 비판의 내용이 학생들에게 힘이 될 수 있을까. 그리되려면 나는 비판에 그치지 않고, 무엇을 유의하며 어디까지 생각해야 할까.

강연을 할 때는 의식해본 적 없는 고민이다. 대부분 이십대 중반 이상인 청중들은 한 번 만나고 헤어질 테니 그 자리에서 되는 대로 열심히 쏟아내야 한다고 여겼다. 하지만 학생들과의 관계는 달랐다. 그래서 수업 중반에 방향을 틀었다. 한국사회론은 4학년 수업이었는데, 우리의 마음을 보호하기 위해 불안, 모욕, 냉소 등 졸업 이후 겪을 수도 있는 사회적 감정들을 미리 살펴보는 취지로 감정사회학을 끌어왔다.

학부 강의 두 개와 대학원 강의 하나는 재량껏 개설할 수 있다. 학부 강의는 '환경사회학'과 '여행의 사회학'을 하기로 했다. 환경사회학을 개설하며 마음 쓰이는 건 환경 문제는 고민하는 소수만 점점 고민스러워지는데, 그 해결

342

은 요원해서 힘 빠질 수 있다는 점이다. 요컨대 잘 사는 데 방해되는 학문일 수 있다. 그래서 환경사회학은 오히려 잘 산다는 게 무엇인지를 제대로 묻는 강의여야 할 것 같다.

다른 한 가지는 '여행의 사회학'이다. 한국사회론 강의를 하며 고안했는데, 일단 무조건 즐겁게 진도 나가는 사회학 강의가 필요했다. 여행은 한 개체가 타지에 가보는 일일 뿐 아니라 낯선 세계와 부딪치는 일이기에 자기 사고의 관성을 응시해볼 기회가 찾아온다. 그 다양한 장면들 속에서 학생들과 사회학적 상상력 훈련을 할 것이다. 학생들을 많이 웃기고 싶다. 고양감 있는 유머를 궁리해야겠다.

첫 학기 대학원 수업은 자율적으로 운영하는 '세미나'였다. 지금 수강생분들이 작성 중인 학위논문에 이르기까지 연구자로서의 생애사를 돌아보고 공유하는 걸 기본 줄기로 삼았다. 나 또한 그런 이야기를 들려드리다가 이 책 집필에 이르렀다. "학위를 받은 이후 어떻게 살아가지"라는 고민을 접했기에 바람직한 사례는 아니겠지만 내 경우를 기록해봐야겠다고 여겼다. 아무튼 구체성 있는 이야기는 참고가 될 수 있고, 막연함을 덜어내는 데 도움이 될 테니까.

그러다가 수강생분들을 집으로 초대했다. 외국에 나갔을 때, 그곳 연구자의 집에서 파티를 한 경험이 좋은 기억으로 남아 있다. 낮부터 만나서 밤에 이르자 논문 쓰기의 고충 등 학업 생활상의 어려움을 들을 수 있었다. "아,

343

맞아! 나도 그게 고민스러웠는데." 그 고민 중 어떤 것들은 여전히 남아 있으며, 답을 드릴 수 없었다. 대신 소중한 고민이니 동료 교수들이 함께 들을 수 있도록 집담회를 마련했다. '더 나은 사회학과 대학원을 위한 집담회.' 이 자리에서 들은 대학원생들의 의견을 반영해 두 번째 학기에는 '사회조사방법연구'라는 팀티칭 강의를 개설했다. 이제 막 들어온 신참 교수가 대학원생들과 집담회를 꾸릴 수 있게 지원해주고, 거기서 대학원생들의 고민을 듣고는 강의를 함께 짜주시는 멋진 분들. 이런 동료들이 있는 곳에 왔다. 새롭게 개설할 대학원 수업은 '커먼즈의 사회학'으로 정했다.

글쓰기와 표절의 문제

10월 15일, 지인분이 페이스북에 이런 글이 올라왔는데 아느냐며 텔레그램으로 연락을 주셨다. 링크를 타고 들어가니 오창은 님이 내가 2023년에 낸 『모든 현재의 시작, 1990년대』에 관해 표절로 문제 제기한 글이 나왔다. 제목은 '윤여일의 글쓰기와 표절의 문제'였다.

그에 앞서 며칠 전, 오창은 님이 함께하는 예사인 세미나팀에서 이 책을 함께 읽다가 문제 있는 대목을 짚어냈다. 김영찬의 「'90년대'는 없다―하나의 시론, '1990년대'

를 읽는 코드」에 나오는 문구가 내 책 두 쪽에 있는 문장과 크게 닮아 있으며, 내 책 11장의 절 제목 '청소년을 보호하라'는 류진희의 「"청소년을 보호하라?", 1990년대 청소년 보호법을 둘러싼 문화지형과 그 효과들」과 표현이 일치한다는 지적이었다.

　　나는 두 논문을 모두 읽었다. 책을 확인해보니 해당 대목에 참고문헌이 표기되어 있지 않았다. 그래서 책을 읽고 오류를 찾아내 알려주신 것에 대해 오창은 님에게 감사의 메일을 보냈다. 다음 날, 돌베개 출판사의 담당 편집자 분이 연락을 주셨다. 문제 제기가 글의 형태로 나왔고, 내 책으로 폐를 끼친 필자분들이 계시니 입장을 밝힐 필요가 있었다. 고의가 아니라고 해서 부주의함을 가릴 수는 없었다. 공식적으로 출처 표기 누락의 잘못을 밝히고 관련 필자분들에게 사과하는 글을 올리기로 했다. 출판사도 별도의 사과문을 내고, 재고 중인 책의 출고를 중지한 다음 흠결을 바로잡아 재출간하는 조치를 취하기로 했다. 사과문을 작성하는 사이에 출처 표기 누락의 문제를 더 확인해 박해천의 「지펠과 디오스의 냉장고 디자인 연구」, 박해남의 「1990년대의 국제화·세계화·대중민족주의」와 관련된 대목까지 사과문에 담았다. 10월 17일, 관련 필자분들에게 사과의 연락을 드리며 사과문이 게재될 예정임을 말씀드렸다. 10월 18일, 출판사의 공식 계정에 사과문을 올렸다. 나는 SNS를 하지 않아서 내가 속해 있는 카톡과 텔레그램의 단체방에 사과문을 게재했다. 10월 18일은 15년 만에 비판사회학대회에 발표 신청을 해둔 날이었다. 개최 장소가 제주대라서 동료들을 보러 갈 심산이었다. 발표에 앞서 이런 일이 있었음을 청중에게 말씀드렸다. 진주로 돌아와서는 학부와 대학원 강의에서 사과문을 공개해 학생들과 이야기 나눴다.

잘못의 인지와 사과 발표까지 정신을 똑바로 차려야 했던 나흘이다. 돌베개 출판사가 사과문 게재와 출고 중단 후 재출간이라는 조치를 취했기에 나 또한 빠르고 명확하게 사과할 수 있었다. 이렇게 행동은 취했지만, 마음은 어수선했다. 관련 필자분들에게 죄송했다. 자신의 문장과 내용만이 아니라 표현도 닮았는데 출처 표기가 누락된 구절을 보셨다면 무슨 생각이 드셨을까. 잘못을 범해 부끄러웠다. 이 책을 읽은 독자들은 내 잘못을 아신다면 독해의 경험을 어떻게 떠올리실까. 표절이란 단어에는 위축되었다. 그사이 지인들이 페이스북상에서 내가 거론된 내용을 캡처해서 보내주었는데, 대체 무슨 말들이 더 돌아다닐지 두려웠다. 글쓰기 방식에 하자가 있다는 걸 알아서 조심스러워졌다. 『빈곤과 부유의 현대사회사』를 탈고한 직후였는데, 이 책의 작업 방식이 『모든 현재의 시작, 1990년대』와 비슷해서 출간은 2년 정도 미루고 그사이 차분하게 살펴봐야겠다고 생각했다.

나는 연구자로서 전문성이 부족하다. 그때그때의 문

제의식에 따라 해당 영역들에서 전문적으로 연구해오신 분들의 작업을 참고하며 나름으로는 논제들을 유의미하게 재구성하는 방식으로 해온 작업이 있다. 한국사상계 연구로는 『동아시아 담론』과 『모든 현재의 시작, 1990년대』가 그런 취지였고, 이런 작업물도 사상계에 기여하는 바가 있으리라 여겼다. 이것들은 애초 잡지를 비롯해 여러 문헌을 바탕으로 한 작업물이라서 생각을 빚진 글들의 출처를 제대로 밝히는 일은 책의 가치를 위해서도 더욱 엄격해야 했다. 하지만 출처 표기 누락이라는 기본적 잘못을 범했다. 후속작으로 계획했던 2000년대 편과 2010년대 편은 계획을 접었다. 책의 두께로 작업하려면 큰 의욕이 오래 이어져야 하는데, 이 방면의 작업은 이제 그러기가 어려울 것 같았다.

제주대에서 발표를 마치고는 김시종 선생 다큐멘터리 제작을 위한 인터뷰를 하고, 그 뒤에 제주대 동료들과 모처럼 술을 마셨다. 다음 날 낮에는 오름반 분들과 산행하고, 저녁에는 소녀 친구 임지인 님, 어머니 최정희 님과 놀고, 다음 날 오전 제주에서 돌아왔다. 집에서 낮잠을 자고 일어났다. 스마트폰으로 다음에 접속했는데 포털 메인에서 기사 제목이 보였다. "출판사 돌베개 책, 표절 지적에 사과 … 남은 재고 출고 중지." 그날 기사들이 연이어지고 뉴스로도 나왔다.

상황이 훨씬 커졌다. 기사로 나왔을 뿐 아니라 기사에

내 소속이 나왔다. 『모든 현재의 시작, 1990년대』는 제주시절에 작성했고 나는 책의 저자로서 사과했지만, 기사에는 '경상국립대 사회학과'라고 표기되었다. 부임 첫해에 소속 학과와 대학에 누를 끼치게 되었다. 그리고 사과문 공식 발표에 따라 『모든 현재의 시작, 1990년대』 작성에 연구지원을 한 한국학중앙연구원은 절차에 따른 연구부정행위 조사를 개시했다. 이 책을 집필하던 시기의 소속 기관인 제주대에서 연구진실성위원회가 소집되었다. 1월 중순 "표절에 해당하지 않음"으로 본조사 판정을 받았다. 나도 처음으로 'KCI 문헌 유사도 검사'를 했는데, 타인의 문헌을 출처 없이 활용한 부분은 1퍼센트 미만으로 확인했다. 그사이 학과 동료분들의 신뢰와 배려로 나의 첫해 강의실에 찾아와준 학생들을 대하는 성실함을 지킬 수 있었다. 나는 대체 얼마나 큰 잘못을 범하고, 무슨 일을 겪은 걸까. 저자로서는 잘못을 책임지기 위해 사과문을 썼지만, 작가로서는 이 경험을 제대로 곱씹어보지 못했다.

씀과 쓰임

문제 제기를 해주신 오창은 님의 글 제목은 '『모든 현재의 시작, 1990년대』에서 참고문헌 누락의 문제'가 아니라 '윤여일의 글쓰기와 표절의 문제'였다. 만약 '표절'이란 단어가 아니었다면 나는 경각심을 덜 가졌을까. 연구자인 분들이 세미나에서 이 책을 함께 읽다가 다른 논문의 문장과 흡사한 대목을 발견하셨을 때의 상황과 감정을 생각해봤다. 그런 대목이 몇 군데이든 간에 '표절'로 문제 제기하실 만했다. 다만 그 문제 제기를 받아서 당사자인 나는 더 나아갈 수 없었을까. 잘못을 공개적으로 인정하고 흠결을 바로잡아 책을 다시 펴내는 것말고 할 수 있는 일은 없었을까. 여러모로 부정적이긴 하나 글을 쓰는 사람으로서 겪게 된 드문 경험인데 말이다.

내 머릿속은 불안과 위축의 생각들로 차 있었다. 페이스북에서는 나에 대한 어떤 이야기가 돌아다닐까? 대체 얼마나 많은 사람이 이 일을 알까? 기사를 본 사람들은 나를 표절 작가로 여길까? 내 책을 읽어주었던 분들은 그 경험을 어떻게 떠올리실까? 나와 가까운 사람들은 그 이유로 무슨 말을 듣게 될까? 나는 미래의 활동 중 얼마만큼을 잃은 걸까? 표절 문제로 거론된 작가를 굳이 섭외하려 할까? 이제 내 생각을 소리 내어 주장하면 안 되는 걸까? 내가 스스로 좋은 기질로 여기고 지금껏 작업을 가능케 했던 당참을 잃게 될까? 나는 써야 하는 사람이라고 믿는 마음이 다치게 될까?

그러다가 10년 전, 신경숙 표절 논란에 관해 썼던 글이 생각났다. 당시 『말과 활』 9호에 장정일 선생이 「'같이' 쓰기: 낭만주의 신화를 넘어」를 썼길래 문제의식을 이어받아 다음호에 「잡지의 잡성을 위하여」를 썼다. 장정일 선생의 논지는 간단히 말해 표절 논의의 전제에는 작가는 유일무이한 것을 창조하는 사람이라는 의식이 있으며, 그렇다면 이런 식의 표절 논의는 작가의 위상을 더욱 신격화하고 문학의 권력을 공고히 하는 데 일조하리라는 것이었다. 나는 이렇게 썼다.

장정일의 글은 나 역시 논의의 방향이 얼마간 단선적이고 논의의 범위가 협소하다고 느끼던 차에 접했다. 간주관성, 상호텍스트성, 사이주체성이니 하는 이론적 축적을 거쳤을 텐데, 표절 논의에서 나오는 말들은 왜 이토록 빈곤한지 싶었다. 논의는 '표절인지 아닌지'로부터 출발해 '표절이라면 누구까지 책임져야 하는지'를 거쳐 '그 책임은 어떻게 져야 하는지'로 귀결되고 있었다.

(…) 확실히 그러할 것이다. 표절은 지적 도둑질이다. 분명 별다른 자각 없이 은근슬쩍 남의 생각을 도용하거나, 의식적으로 변형해 고유한 발상인 양 가장하는 행태가 있다. 그것을 눈감는 지적 태만의 문화가 있다. 그 바닥에 문화식민주의, 새것 콤플렉스 같은 풍토가 있다. 표절은 지적 도둑질이 맞을 것이다. 하지만 그걸 확인하고 당사자에게 이를 추인하라는 데로 논의는 수렴되고 사고는 그쳐야 하는가. 표절을 구성하는 개념들—타인, 정신, 글, 집필, 영향, 작품 등을 추출해본다면, 거기가 사고의

귀결점이라는 것을 납득하기 어렵다. 납득하기 어렵다기 보다 이 사건에 투입된 사회적 관심의 총량을 감안하건대 너무나 비생산적이다.

(…) 표절 공방이 오가는 곳에서 글은 대체로 개인의 업적이거나 상품이다. 물론 그럴 것이다. 하지만 그렇기만 하지는 않을 것이며, 그래서도 안 될 것이다. 그곳이 표절 논의에서 사고해봄직한 대목이 아니겠는가. 표절 방지를 위한 글쓰기 윤리의 제고라는 것도 글이 공공재이려면(논문으로 등재되거나 상품으로 판매되려면), 그 전에 글쓰기가 확실히 개인의 것이어야 한다는 논리로 보인다. 장정일은 여기서 사고 과제를 제시하려 했다고 나는 읽고 있다.

(…) 문학과는 거리가 먼 글을 쓰는 내게도, 장정일이 말하듯 쓰기란 자기 경험 속 타인을 상기하는 행위다. 생각을 빚진다는 의미만은 아니다. 어떤 형태로든 그 상기 활동에 이르지 못하는 한 굳이 문장으로 꺼내지 않아도 된다는 감각이다(그 상기는 이 글이 가닿을 미래의 독자와 관련된 것이기도 하다). 물론 생각도 빚진다. 당장 이 글도 인용주로 처리하지 않은 채 이것저것 끌어다 쓴 편린들로 가득하다. 생각만이 아니다. 무엇보다 잡지를 고민하는 이 글을 쓰기 위한 감정선을 애정하는 과거 인물로부터, 지금 만나는 사람들로부터 얻고 있다. 이 글에는 여러 목소리가 웅성거린다. 다 쓰고 나면 나의 이름으로 발표

351

하겠지만, 때때로 필자란 책임편집자에 가까운 존재다. 그런데 방금 나는 생각을 빚졌다고 말했다. 하지만 부채감은 그다지 없다. 아마도 이것은 빚지는 관계가 아닐 것이다(어떻게 갚겠는가). 쓰이기 위해 세상에 나온 것을 내 방식대로 쓴 것이다. 나의 씀의 꿈도 쓰임이다.

10년 전에 이렇게 쓴 자가 자기 책에는 생각을 빚진 글의 출처 표기를 누락해 표절로 문제시되었다. 기본적인 잘못을 범했다. 그자가 사과문말고 다른 글을 써도 될까. 그건 사회적 용인이 아니라 사고의 역량에 관한 문제다. 사건의 당사자임에도 쓰는 게 아니라 사건의 당사자여서 쓰는 글이라면, 변명 같은 냄새를 풍기지 않으면서 첨예한 지점까지 내딛는 생각의 깊이와 마음의 용기가 필요할 것이다. 만약 다케우치 요시미라면 썼을 것 같다. 자신을 소재 삼는 일이 평론가 다케우치 요시미의 특기였고 내가 매료된 이유였다. 나 또한 내 사건을 계기로 표절 논의가 보다 진전되길 바라는 마음으로 유의미한 논점들을 꺼낼 수 있는 기회였는지 모른다. 하지만 그리하지 못했다. 주눅들었고, 힘이 빠졌고, 이 일이 어서 지나갔으면 했다.

SNS와 글쓰기

또 한 가지. 페이스북에서 오가는 논의에 어떻게 개입해야 할지 방법이 떠오르지 않았다. 만약 잡지에서 문제 제기를 받았다면, 시간을 들여 생각해 인정할 것을 인정하고 사고할 것을 사고하는 방식으로 이어갔겠지만, SNS를 사용하지 않는 나는 대체 저 세계에 어떻게 목소리를 내야 하는 거지. 역시 도태되고 있는 걸까.

　SNS에 글을 올리는 의욕. 엄문희 님처럼 페이스북을 잘 활용하는 사람이 부럽지만, 나는 아직 멀게 느껴진다. 여전히 내 글은 종이 위에 있어야 할 것 같다. 집필하고서도 타인의 눈에 닿으려면 한참 걸리고, 대체로는 반응도 알 수 없고, 사람들이 잘 찾지도 않는 잡지나 책인데 말이다. 이건 종이에 대한 미련한 물신주의일까. 순발력이 부족하고 짧게 쓰지도 못하는 무능 탓일까. 결국 도태되어 마땅한 자의 고집인 걸까.

　그런데『말과 활』이후로는 자주 투고하는 잡지조차 없다. 따라서 평론을 안 쓰게 되었고, 평론을 위한 사고도 점점 하지 않게 되었다. 그런데도 SNS에 글을 올린다는 건 상상하면 어색하다. 짧은 호흡의 글이 과연 나의 글이라 할 수 있을까 싶기도 하지만, 거꾸로 거기에는 온통 나의 글밖에 없어서이기도 하다. 잡지는 그렇지 않다. 잡지에서 나의 글은 남들의 글 사이에 끼어 있다. 그 사실이 내게는 잡지에 글을 보내고 싶은 마음을 추동했다.

　잡지에는 잠재된 독서법이 많다. 여느 책처럼 순서대로 읽지 않을 수도 있다. 사실 잡지에 글을 보낸 나는 독자가 어떤 글을 읽다가 나의 글로 넘어올지 알 수 없다. 다른 글에 대한 경험이, 독자가 나의 글을 읽을 때 독해에 스며들 것이다. 꽃 사이를 오가며 꽃가루를 옮기는 벌처럼 잡지의 독자는 글들을 가로지르며 필자 자신도 모르는 정신을 수정授精할 것이다. 필자의 의도를 초과하여, 잡스럽게. 나의 글은 그걸 견딜 수 있는가. 그걸 반길 수 있는가. 다른 글에 관한 독자의 경험을 무화하는 게 아니라 강하게 공명하거나 반전하며, 읽기의 경험을 증폭시킬 수 있는가. 그걸 가능케 하는 일반론이 무엇인지는 알지 못하지만, 잡지에 글을 보내려면 사고를 전하겠다는 바람을 넘어서는 파토스, 가령 그 사고에 자신을 얼마간 걸겠다는 파토스가 요구된다고 여겼다. 자신의 사고를 진정 타인에게 전하려는 의지가 있는 자라면, 그 사고를 떠올렸을 때보다 독자의 시선이 닿을 잡지 속의 글로 펼치고 있을 때 자신의 사고를 더욱 사랑하고, 사랑하기 위해 더욱 되물어야 한다. 『말과 활』 같은 잡지에 투고하는 나에게 글이란 말과의 관계 안에서 경험되는, 독자에 대한 관계이며, 글의 구성력이란 쓰는 자가 쓰고 있는 동안 예감하는 이질적 목소리들에 응답하는 힘이었다. 그 타인과의 관계가 글을 이끄는 동력이고, 글을 펼치는 장력이었다.

하지만 이건 지나간 시기의 이야기일 뿐 지금 내게는 잡지도 SNS도 없다. 그런데 생각해보니 100년 전 잡지에 실린 글들 중 SNS에 올렸을 때 힘 있게 돌아다닐 것 같은 문체가 떠오른다. 루쉰의『들풀』에 나오는 잡감雜感들이 그렇다. 가령 1924년 12월 8일『위쓰』에 발표된「그림자의 고별」을 보자. 1925년 3월 18일 루쉰은 연인 쉬광핑에게 이 글을 두고 이렇게 편지했다. "나의 작품은 너무 어둡소. 내가 늘 '암흑과 허무'만이 실재라 느끼고, 그러면서도 한사코 그것들을 상대로 절망적 항전을 하려 들기 때문일 것이오. 그러하기에 과격한 목소리가 많소. 사실 이것은 나이와 경력 때문일지 모르겠소. 어쩌면 확실하지 않을지도 모르겠소. 왜냐하면 나는 끝내 암흑과 허무만이 실재라는 것을 증명할 수 없었기 때문이오." 루쉰은 경외감을 안기는 치솟은 봉우리라기보다 고독감을 풍기는 황량한 광야 같다. 광야의 소리는 들은 자로 하여금 함께 방황케 한다. 전문인데 길지도 않다. 루쉰이 SNS에 올렸다면, 퍼 나르는 사람들이 많았을 것 같다. 비결이 뭘까. 무지無地는 '몸 둘데가 없는 곳'을 뜻한다.

사람이 때가 어느 때인지 모르게 잠들어 있을 때 그림자가 다음과 같은 말로 작별을 고한다.

내가 싫어하는 것이 천당에 있으니 나는 가지 않겠소. 내가 싫어하는 것이 지옥에 있으니 나는 가지 않겠소. 내가 싫어하는 것이 당신들의 미래의 황금세계에 있으니 나는 가지 않겠소.

그런데 그대가, 내가 싫어하는 사람이오.

동무, 나는 그대를 따르고 싶지 않소. 나는 머무르지 않으려오. 나는 원치 않소!

오호오호, 나는 원치 않소. 나는 차라리 무지無地에서 방황하려 하오.

내 한낱 그림자에 지나지 않소만, 그대를 떠나 암흑 속에 가라앉으려 하오. 암흑은 나를 삼킬 것이나, 광명 역시 나를 사라지게 할 것이오.

그러나 나는 밝음과 어둠 사이에서 방황하고 싶지 않소. 나는 차라리 암흑 속에 가라앉겠소.

그렇지만 나는 결국 밝음과 어둠 사이에서 방황하게 되었소. 나는 지금이 황혼인지 여명인지 모르오. 내 잠시 거무스레한 손을 들어 술 한잔 비우는 시늉을 하리다. 나는 때가 어느 때인지 모를 때에 홀로 먼 길을 가려오.

오호오호, 만약 황혼이라면, 밤의 어둠이 절로 나를 침몰시킬 것이나, 그렇지 않다면 나는 낮의 밝음에 사라질 것이오. 만약 지금이 여명이라면.

동무, 때가 되어가오.

나는 암흑을 향하여 무지無地에서 방황할 것이오.

그대는 아직도 나의 선물을 기대하오. 내가 그대에게 무얼 줄 수 있겠소? 없소이다. 설령 있다고 하여도 여전히 암흑과 공허일 뿐이오. 그러나, 나는 그저 암흑이기를 바라오. 어쩌면 그대의 대낮 속에서 사라질 나는 그저 공허이기를 바라오. 결코 그대의 마음자리를 차지하지 않도록.

나는 이러기를 바라오, 동무-

나 홀로 먼 길을 가오. 그대가 없음은 물론 다른 그림자도 암흑 속에는 없을 것이오. 내가 암흑 속에 가라앉을 때에, 세계가 온전히 나 자신에 속할 것이오.

DMZ의 공백을 위하여

움츠러든 시기에 사람 많은 자리는 피하고 싶은데 말이죠. 11월 5일, DMZ 에코피스포럼 발표가 예정되어 있었다. 나는 DMZ를 잘 알지 못한다. 다만 DMZ의 지금 생태계가 소중하기에 지키고 싶은 바람이 있다. 이를 위해 커먼즈 연구자로서 DMZ를 인류가 함께 보존해야 할 지구적 커먼즈로 상정해보겠다고 9개월 전에 발표를 맡았는데, 하필 발표일이 사과문을 올린 지 얼마 지나지 않아서였다.

　비무장지대 DMZ는 대체로 군사분계선 위아래 2킬로미터 내의 영역을 가리킨다. 다만 민통선 지역이나 한강 하구 등도 DMZ 내의 생태 조건과 유사해 광의의 DMZ에 포함되기도 한다. 현재 DMZ를 둘러싸고 경제, 평화, 생태, 관광 등 여러 상상의 프로젝트가 작동 중이다. 나는 이러한 힘 관계망을 'DMZ 벡터'로 명명해보았다. 제주의 역사적 경험에서 착안했다. 냉전체제가 해체된 1990년대 초반 '세계 평화의 섬 제주'에 대한 구상이 출현하던 무렵 주요하게는 네 가지 노선이 있었다. 비무장지대, 인권생태 모델, 국제자유지대, 국제교류 거점. 30년이 지난 지금, '세계 평화의 섬' 구상은 관광지형 국제자유지대 방향으로 향했다고 평가할 수 있다. 인권생태 쪽으로 가는 방향, 비무장 쪽으로 가는 방향은 탈각되고 말았다. 2005년 법적으로 '세계 평화의 섬'으로 지정된 뒤 제주해군기지 건설이 추진되었고, 이제 제주해군기지 제7기동전단을 모체로 기동함대사령부가 창설된다. DMZ의 지금 시점을 제주의 1990년대 초기 국면으로 간주해 제주와는 다른 경로로 나아갈 수 있도록 DMZ를 둘러싼 노선 경합을 DMZ 벡터라고 포착하고자 한 것이다.

　나는 DMZ 벡터에서 생태주의 노선을 지향한다. DMZ는 생태적 다양성이 뛰어나다. 환경부 조사에 따르면 DMZ 일원은 국토 면적의 1.6퍼센트에 불과하지만, 남한 전체 생물의 24.7퍼센트가 분포하고 멸종위기종은 44퍼센트에 달한다. DMZ를 세계유산으로 등재하려는 학술적 접근과 정치적 시도도 실재했다. DMZ에는 약 15만 개가 넘는 지뢰가 매설되어 있다고 하는데, 20세기 냉전과 한반도 분단에 따른 의도치 않은 사회적 결과로서 예외적 생태가 보존되어 있는 것이다. DMZ의 생태적 가치는 탁월하고 예외적이다.

그런데, DMZ를 지구적 커먼즈로 상정하려면 두 가치를 구분할 필요가 있다. DMZ의 생태적 가치는 탁월하지만, 시야를 한반도 바깥으로 넓히면 열대우림처럼 탁월한 가치를 지닌 땅은 많다. DMZ의 고유한 가치는 탁월한 가치 이상으로 예외적 가치가 아닐까 싶다. 지금의 생태적 다양성은 인간의 의도치 않은 결과이며, 전쟁과 분단 상태로 가능했다. 원전 폭발로 인간의 접근이 차단된 체르노빌의 생태계도 이런 예외성을 지닌다. 예외적 가치는 당연히 지구상에서 무척 드물다.

하지만 인간이 손대지 않았으니까 마치 비어 있는 것처럼 여겨지고, 비어 있으니까 자꾸 무언가로 채우려는 계획이 세워진다. DMZ 벡터란 것도 무엇으로 채울 것인지를 둘러싼 각축이다. 무언가로 채우려고 할 때 DMZ는 잠재적 개발 대상이다. 그런데 개발해서 호텔이든 컨벤션센터든 공단이든 집어넣는다면, DMZ의 탁월한 가치도 훼손되겠지만 예외적 가치는 잃고 말 것이다. 그 예외적 가치를 보존해야 DMZ를 인류를 위한 커먼즈로 삼을 수 있지 않을까?

DMZ가 인류사적 가치를 갖는다고 할 때, 그 가치란 무엇일까? 되도록 인위적으로 손대지 않아야 얻을 수 있는 예외적 가치란 무엇일까? 바로 공백이다. 공백이야말로 우리의 생태만이 아니라 평화를 위해서도 핵심적 방편이다. 공백은 DMZ가 보여주듯 생물다양성이 높은 서식지이며, 완충 지대다. DMZ의 커먼즈적 함의가 공백이라면, 이를 가꾸기 위한 실천, 즉 커머닝은 무엇일까? 무위일 것이다. 인위적 활동이 제한되어야 한다. 그런데 이 '무위'는 아무것도 안 하는 게 아니다. 그냥 내버려두면 평화로 단장되든 생태로 치장되든 결국에는 개발주의 노선에 따라 훼손될 공산이 크다. 그래서 무위를 위한 많은 노력과 고도의 장치가 필요하다. DMZ의 공백 상태를 보존하기 위한, 무위의 커머닝을 위한 제도적 틀은 복합적으로 짜일 것이다. 국제군사기구(군사정전위원회, 유엔사령부), 남북공동위원회, 정부기관(국가안전보장회의, 지속가능발전위원회, 국무총리실 등), 중앙정부(통일부, 국토교통부, 환경부, 안전행정부, 국방부, 해양수산부, 문화관광부, 농림부 등 관계기관의 장), 지방정부(강원도, 경기도의 DMZ 관련 부서 등), 국내외 평화·생태 관련 비정부민간단체 등 다층적 행위자 간에 공동감각과 공동규칙이 형성되어야 한다. 그리하여 DMZ가 공백으로 남는다면 그 안에서는 인위적 사업이 제약되겠지만, 생태적 전환을 위한 지구적 상징으로서 그 바깥을 향해 예외적인 역할을 할 것이다.

그만두는 연구

이런 내용으로 발표를 마치고 토론자와의 토론을 거쳐 질의응답 시간이었다. 뒷자리에 앉아 계시던 분이 손을 들어 마이크를 쥐시더니 단호하게 비평하셨다. "몇 년째 같은 소릴 하고 있느냐. 그런 상상을 한가하게 하고 있을 때인가. DMZ 안에 들어가본 적이 있나. 나는 있다. 현실을 알고 말해야 한다." 마음속으론 이렇게 항변했다. "선생님, 전에 다른 사람이 어떤 소릴 했는지는 잘 모릅니다. 같은 소릴 반복하는 건 그만큼 중요해서일 수도 있지 않을까요. 오늘 제게 주어진 역할은 상상하기입니다. 상상에는 긴 호흡이 필요합니다. 저는 DMZ 안으로 들어가본 적이 없어서 이처럼 상상이라도 하는 것입니다."

하지만 말로 꺼내진 않았다. 다 맞는 말씀이셨기 때문이다. 『르몽드』에 DMZ 관련 기사를 여러 차례 기고한 적이 있다던 그분은 아마도 재야의 고수이실 거다. 나보다 DMZ에 관해 훨씬 많이 알고 계실 테며, 지식의 많고 적음을 떠나 수년간 DMZ 관련 국제회의를 찾고 DMZ 안으로 들어가본 적이 있을 만큼 문제의식이 강하실 거다. 내 발

361

언은 구체적 실정은 잘 모르는 책상물림의 한가한 상상처럼 들리셨을 수 있다. 시간이 지나면 나는 다른 주제로 옮겨가 연구하고 있겠지만, 이분은 DMZ 문제를 집요하게 붙들고 계실 것 같다. 다 맞는 말씀이셨다. 하지만 선생님, 제가 최근 기가 눌려 있습니다. 맷집이 약합니다.

커먼즈 시각에서 DMZ를 조명하는 연구를 한 해 더 이어갈까 하던 계획을 이 발표 이후 마음에서 접었다. 상상의 다음 단계로 나아가려면 조사를 해야 할 텐데, 진주에서 지내면서 더구나 새로운 대학에서의 적응기에는 무리일 것이다.

시도하고 해내는 작업이 있다면, 중단되거나 그만두는 작업도 있다. 김시종의 『재일의 틈새에서』를 끝으로 번역 작업을 그만두었다. 2005년 첫 번역서를 낸 이후 20년 동안 번역하는 책이 늘 있었다. 번역하는 시간은 쉽게 집중력이 생기며, 뚜렷하게 진도가 나가고, 확실히 얻는 게 있다. 번역을 그만둔 까닭은 집필 시간을 보다 확보하고 싶어서다. 과연 번역만큼 분명한 결과물을 낼 수 있을지 모르겠지만, 앞으로의 20년은 집필하는 데 집중하고 싶다. 번역을 하면 확실히 많은 생각을 얻는다. 집필을 하면 생각을 어떻게든 스스로 짜내야 한다. 사고에 대한 나의 한 가지 정의는 "시차時差를 두어 시차視差를 만드는 정신적 영위"다. 어떤 일에 직면했을 때 곧바로 반응하기보다 시간을 확보해 다른 인식의 방향을 모색하는 것이다. 집필이란 행위를 자신에게 부과하면 이러한 사고를 경험하게 된다. 과연 글로 완성될지는 별개의 문제지만 말이다.

동아시아 연구는 중단된 지 오래다. 동아시아 연구를 시작하던 2000년대와 견준다면 '동아시아'라는 말에서 지적 자극과 충동을 별로 느끼지 않는다. 동아시아 관계는 2010년대에 실기失機한 듯하다. 메마르고 경직되어 있고, 적대적이며 소모적이다. 희망을 품기 어려운 때일수록 연구가 필요하겠지만 마음이 떠났다. 내가 학계에서 활동할 수 있게 해준 것은 동아시아 연구였지만, 나는 해왔기 때문에 하는 식으로는 하지 못한다. 동아시아 연구로 내게 남은 건 사쿠라이 다이조와 텐트연극에 대한 제대로 된 기록뿐인 것 같다. 한국사상계 연구도『모든 현재의 시작, 1990년대』가 마지막일 것이다. 후속작을 내려면 방대한 자료를 찾고 읽고 정리해야 하는데, 다시 그러한 시간 속으로 들어갈 엄두가 나지 않는다.

연구말고도 구상으로 그친 활동이 많다. 첫 책만 내는 출판사, 기후위기 전문 매체, 인생중간보고서 워크숍처럼. 무엇보다 텐트연극 공연. 제주에서 지내는 이유로 여겼고 가장 공들인 활동이었으나 코로나 팬데믹이 끝나갈 무렵 우리의 극단은 해체 상태였다. 제주를 떠나기 전, 도쿄로 찾아가 다이조에게 그간의 상황을 공유했다. 다이조는 맛있는 요리를 해주었다.

바탕화면 폴더들

바탕화면을 정리했다. 2000년대, 2010년대를 다루는 후속 작을 위한 폴더는 D드라이브의 자료 폴더 안으로 옮겼다. 이제 바탕화면에 무엇이 남아 있을까.

서른 살 무렵 첫 책을 쓸 때부터 책 원고는 되도록 집의 데스크톱으로 작업했다. 인터넷이 연결되어 있지 않아서다. 번역은 번역하려는 텍스트가 집중력을 확보해주니 노트북만 있다면 어디서든 할 수 있지만, 집필은 외부와 접속해 있다 보면 검색한다고 인터넷창을 열었다가 어느새 딴 데로 가 있다. 집중력이 부족해서다. 집으로 돌아올 때 되도록 직장 일은 가져오지 않는다. 어지러운 세상사나 번다한 인간관계도 가능하다면 집필실로 들이지 않고 싶다. 책상 앞에 앉은 나와 모니터 너머의 원고 사이에서만 시간과 감정이 흘렀으면 한다.

집 컴퓨터의 바탕화면에는 책 작업을 위한 폴더들이 있고, 현재 작업 중인 원고는 파일이 바탕화면에 나와 있다. 원고를 마무리해 출판사로 보내면 그 파일과 관련 폴더는 바탕화면에서 D드라이브의 책 밑원고 폴더 안으로 옮긴다.

이제 바탕화면에 무엇이 남아 있을까. 생성한 지 5년 넘는 폴더들이 있다. 지금쯤이면 책이 되어 있을 줄 알았는데. 사쿠라이 다이조에 관한 세 권의 책 원고는 이제 결착을 지어야 한다. 다이조의 숱한 대본과 잡문에서 선별해 번역을 일단락한 건 벌써 4년 전이다. 문제는 집필 원고다. 한 권은 1972년부터 그가 이어온 텐트연극 50년사에 관한 연대기적 기록이다. 다른 한 권은 텐트연극의 차원, 시간, 기억, 장소, 무대, 배치, 장치, 집단, 배우, 관객, 연출, 연습, 대본, 표현, 노래, 음악, 조명, 희망, 정치, 철학, 존재론 등에 대한 다이조의 사고를 주제별로 담는 내용이다. 다이조가 보내준 파일들을 번역하고 2009년부터 인터뷰해서 글감을 모아 자료는 진작에 A4 1,000장을 넘겼다. 하지만 다이조는 열정적인 현역이고 매해 새로운 가설로 신작을 만들고, 우리는 한국 공연마저 기획했던 터라 자료는 계속 불어났다. 원래는 한국 공연 성사 이후 그 내용까지를 담아 세 권을 함께 펴내려 했으나 이제 그 바람은 내려놓아야 한다. 다이조가 현역으로 활동하는 동안에라도 내야 한다. 더 이상 미뤄둘 수 없다.

10년이 넘은 또 다른 폴더가 있다. 『되도록 모든 것에 대한 사고』. 가나다순으로 말하자면 '가'나안 땅에서 '하'늘빛까지 종횡무진 사고를 펼치고 싶었다. 쓸 마음을 갖지 않으면, 제대로 사고하지 않는다. 그런데 논문과 평론만 쓰면, 사고할 소재가 한정된다. 세상에 쓰면서 사고할 수 있는 게 얼마나 많은가.

늘 방에만 있는 저를 두고 어머니는 "피지도 못하고 진꽃"이라고 하시더군요. (웃음) 이렇게 지내며 저도 생각해요. 쓰기로 마음먹은 글, 써야 할 글을 쓰면서 시간을 보낼 텐데 나중에 혹시 쓰는 동안 무엇을 못 한 게 가장 후회스러울까. 역시 지구인으로 태어나 지구의 여러 풍경을 보지 못한 것, 한 사회인으로 자라나 다른 사회를 겪어 보지 못한 게 가장 아쉽지 않을까요. 하지만 쓰지 않는다면, 여행할 기회를 만들지 않을지도 몰라요. 그래서 앞으로도 여행은 갈 거고 여행기도 좀 더 써나가려고 합니다.

2012년 『여행의 사고』를 출간하고 나서 한 인터뷰의 마지막 발언인데, 이 무렵 『되도록 모든 것에 대한 사고』 폴더를 만들었다. 여행기가 아니라 여행에서 접한 생각거리들을 바탕으로 한 에세이로 방향을 틀었다.

정주와 이동, 현지와 낯섦, 일상과 일탈, 집과 창문, 자아와 사건, 고독과 침묵, 감정과 감각, 자극과 기분, 봄과 매혹, 얼굴과 표정, 손과 발, 도시와 공공 공간, 걷기와 눕기, 행복과 슬픔, 색과 숫자, 빛과 영감, 추함과 아름다움, 사물과 수집, 대지와 황야, 흙과 사막, 숲과 산, 숭고미와 고양감, 신성과 영원성, 시간과 계절, 느림과 빠름, 새벽과 한밤, 순간과 영원, 젊음과 노년, 죽음과 탄생, 고대와 우주, 신성과 신앙, 종교와 신화, 길과 도로, 골목과 숲길, 고원과 점이지대, 나무와 꽃, 강과 호수, 바다와 섬, 풍경과 바람, 비와 눈, 하늘과 구름, 일몰과 일출, 노을과 지평선,

장소와 공간, 건축과 건물, 호텔과 카페, 무덤과 유적, 폐허와 사원, 신전과 성당, 공항과 벤치, 기차와 버스, 놀이와 잠, 시장과 축제, 예술과 상품, 소비와 빈곤, 언어와 책, 낱말과 이야기, 사진과 이미지.

떠오르는 대로 그때그때 메모해 폴더에 쟁여둔다. 책 형태는 아시아와 라틴아메리카에서 촬영한 사진을 교차시켜 8면 정도 배치하고 관련 주제의 글이 이어지는 식이다. 『여행의 사고』처럼 세 권을 생각하고 있다. '여행의 사회학'도 학과 수업으로 개설했으니 이제 그간의 메모들을 꺼내 정리할 때가 되었다.

『커먼즈의 용법들』은 제주시절 만든 폴더다. 지속가능한 전환으로 나아가는 이행 경로를 디자인하기 위한 이론 작업이다. 우리는 기후변화, 생물다양성 상실, 자연자원 고갈, 과도한 도시화, 재생산 위기, 저성장, 다중빈곤, 고용 불안정화, 불평등 심화, 경제·사회·문화적 양극화를 겪고 있으며, 이러한 복합 위기는 정상적 일상성의 종언을 경고하고 있다. 이 위기들은 일시적 위기가 아니라 구조적 위기이며, 서로 연관되어 심화되는 유기적 위기다. 이 위기들이 우리의 일상을 위협할 뿐 아니라 우리의 일상이 이 위기들을 가속하고 있다. 우리의 일상은 정상 상태가 아니다. 우리의 일상은 항상적인 게 아니라 점차 악화되고 있다.

따라서 일상을 이루는 제도, 관행, 문화에 대한 근본적 변화가 필요하며, 이 변화를 촉진하기 위한 시각과 방법을 고안해야 한다. 여기서 커먼즈 패러다임을 도입하려는 것이다. 소규모 공동체의 공동자원 보호를 넘어서 일상을 이루는 각 영역에서 커먼즈의 전환적 용법이 무엇인지를 시나리오와 사례를 통해 제시하고 싶다. 그 영역들은 기후 공공재, 물질대사, 생물다양성, 수자원, 돌봄, 먹거리, 에너지, 교통 인프라, 마을 만들기, 내발적 자치, 도시 공공 공간, 도시권, 주거, 정보 공유, 부의 분배, 대안경제, 파트너 국가, 사회적 조정 등이다.

만든 지 5년이 안 되는 폴더들도 있다. 『모든 문제들의 문제, 기후위기』. 기후위기를 환경 영역의 각론이 아니라 전 사회 영역의 총론으로 형상화한다. 생태계, 농업 생산, 식량 안보, 빈부격차, 부의 이전, 주거 불평등, 세대 갈등, 노동시장, 도시 계획, 건축 규제, 부동산 가치, 에너지 체계, 교통 인프라, 대중민주주의, 미디어 편향성, 정치적 안정성, 사회적 차별, 인권, 기후 난민, 지역 갈등, 국제 정치, 기업의 사회적 책임, 전염병 확산, 심리적 건강 등.

『사회를 좀먹는 정치』. 세계의 점진적 죽어감에 기성의 정치는 제대로 대응하지 못한다. '정치적 세계'는 '정계'로 축소되고 '정치권력'은 '정권'으로 물신화되었다. 정치에 대한 과정의 철학이어야 할 민주주의는 정권을 둘러싼 이전투구의 극장으로 변질되었다. 그 무대에서 정치 평론가들은 정치를 수다의 영역으로 바꿔놓았다. 정치의 사명은 사회적 갈등을 관리하고 복합 위기에 대처하는 게 아니라 적을 설정해 제거하는 반反정치가 되었다. 우리는 국내외에서 정치와 민주주의의 느린 자살을 목도하는 중이다. 그 양상을 신랄하게 비평하고 싶다.

『소수인종을 위하여』. 이 시대 속에서 도태되고 소수가 되고 있지만, 당신만 그런 것이 아니라고 그들에게 타전하는 에세이. 책의 형태로 이어져온 지성의 역사에 애착을 느끼는 사람, 여전히 추상의 영역으로 도약하고 고민의 심도로 내려가며 굳이 어려운 사고를 해내려는 사람, 소수가 공들여 고안한 정신적 개념과 다수가 때로는 피를 흘려가며 확산시킨 사회적 개념들이 헐값에 팔리는 말의 광경에 괴로운 사람, 파국이 보이는 절망적 시대에 상대를 향해 뻗어가지 못한 분노가 자기 안에서 체념으로 번져가는 사람. 이 시대를 살아간다는 초조함, 화남, 무력감, 갑갑함, 우울함, 어이없음. 나만 그런 게 아닐 것이다. 그 시대적 감정을 제대로 파고들어 펼쳐낼 수만 있다면, 그 분석의 수취인이 자신만은 아닐 것이다.

그들에게 받은 것을

시간이 많지 않다. 여유를 부릴 주제들이 아니다. 1년에 한 권 정도의 속도를 내고 싶지만, 장담할 수 없다. 지금껏 그랬던 것처럼 계획대로 되지 않을 것이다. 5년 뒤 바탕화

369

면을 보면 아직도 책이 되지 못해 남아 있는 폴더와 책으로 나아가지 못한 채 D드라이브로 사라진 폴더가 있을 것이다.

사실 쓴다는 게, 시간을 한참 들여 책을 만든다는 게 별 쓸모가 없을 수도 있음을 알고 있다. 책의 시대는 지나갔다. 책은 세상에 큰 작용을 하지 못한다. 3년간 공들여 『모든 문제들의 문제, 기후위기』를 완성했다고 해보자. 그동안 기후위기는 더 심해져 있을 테고, 책은 잘 해야 천 단위의 소수에게 읽힐 테고, 그들은 이 책이 아니더라도 기후정치에 이미 의식적인 사람일 것이다. 그렇다면 3년의 노력은 세상에 어떤 의미를 지니는 걸까.

이렇게 생각한다. 거대한 세상은 내가 어찌할 수 없다. 다만 그 천 단위의 소수가 내가 이 책으로 향하고 싶은 구체적인 사람들이다. 어찌할 수 없는 세상에서도 어떻게든 살아가야 할 그 소수가 있으며, 그들과 잠시라도 서로의 고민을 토로하고 공감하는 모닥불 역할을 할 수 있다면 그걸로 충분하다. 수유너머, 화요회, 텐트연극 워크숍이 의미 있었던 것은 모인 사람들이 많아서가 아니었다. 모인 사람들이 살아 있는 시간을 뚜렷하게 느꼈기 때문이다. 내 책도 내 책을 대하는 누군가의 시간을 뚜렷하게 한다면 그게 최대의 성취다.

이진경, 고병권, 장훈교, 쑨거, 사쿠라이 다이조, 도미야마 이치로. 직접 배움을 얻은 사람들. 한 시기 이들 곁에서 공부하거나 활동했다. 그리고 나는 이들의 꾸준한 독자다. 책이라면 나오는 대로 읽었고 종종 다시 펼친다. 어떤 구절은 이런 생각을 하다니 싶어서 놀랍고, 어떤 구절은 내가 찾아 헤매던 사고여서 반갑고, 어떤 구절은 마음의 응어리를 대신 표현해준 것 같아서 고맙다. 나는 이들이 그 책들을 세상에 내보내던 시기의 모습을 조금은 안다. 다이조라면 10년 넘게 해마다 대본 작성에 대한 가설을 들었다. 당시 스스로에게 부과한 과제와 이를 감당하는 의지를 이들의 글에서 엿본다. 나의 정신은 이들에게 빚져서 자라났는데, 이들에게 갚을 길은 없다. 모두 성실하게 쓰는 사람들이며, 나는 쓰는 것 이외에 이들이 길러준 나의 정신을 선용하는 다른 방법을 잘 알지 못한다.

　　다케우치 요시미와 김시종. 번역을 통해 배운 사람들. 김시종 선생은 아흔을 넘기셔서도 현역으로서 집필하고 발언하시는 모습을 공경의 마음으로 바라보았고, 다케우치 요시미는 역사적 인물이지만 정신적 만남이 가능하리라고 믿는다. 그가 남긴 문자들의 의미를 읽어낼 뿐 아니라 그 문자들을 써나갔던 그의 삶을 상상하고, 그가 고투하던 시대상황의 공기를 숨 쉬려 해봄으로써 말이다. 자료들을 통해 그의 행적을 조금은 알고 있다. 1910년생인 다케우치 요시미는 21세에 루쉰의 『아Q정전』을 읽고 마음이 끌렸고, 22세에 처음 가본 중국에서 풍물과 인물에 매료되어 중국문학 연구를 결심했다. 24세에 중국문학연구회를 창설했고, 31세에 대동아문학자대회가 개최되어 중국문학연구회도 초대받지만 거절했고, 33세에 중국문학연구회를 해산하고『중국문학』도 폐간했다. 그해에 첫 책『루쉰』의 원고를 출판사에 넘기고 징집되어 중국의 전장으로 떠났다. 생환해서는 36세에 도쿄대학 조교수 초빙을 거절했고, 39세에 일본공산당 입당 권유를 거절했고, 43세에 사회당의 중의원 입후보 권유를 거절했다. 그해에 도쿄도립대학 교수가 되었고, 50세에 안보조약 강행 체결에 항의해 사직했다. 전후에는『문학』,『사상의 과학』,『루쉰의 벗 모임 회보』,『중국』등의 잡지, 중국근대사상사연구회, 안보문제연구회, 메이지유신연구회, 조선연구소, 작은 신문의 모임, 루쉰의 벗 모임, 중국의 모임, 부락해방동맹 등의 단체 및 모임에서 활동했다. 일을 벌이고 모임을 만들고 잡지를 꾸리고 거절하고 물러나고 스스로 부수고 다시 시도하는 삶이었다. 그러면서 숱한 논쟁을 일으키거나 논쟁에 뛰어들어 67세의 타계 이후 열일곱 권의 전집으로 모이게 될 글들을 써냈다. 생애의 끝자락에는 식도암 상태에서 총6권의『루쉰 문집』번역에 매달렸다. 병세가 악화되었는데도 작업을 강행하다가 번역은 마쳤으나 역주를 반만 단 채로 쓰러져 그대로 저세상 사람이 되었다. 그의 글들을 그의 생애 시기에 비추어 읽으면 문자들은 의미로서만 존재하지 않는다. 거기서 얻는 게 지식만은 아니다.

자신의 증인

바탕화면에는 『자신의 증인』이란 폴더도 있다. 서른 되던 해에 쓴 같은 제목의 글이 있다. 당시는 지금보다 사변적이고 심각하고 번민했던 것 같다. 이후로는 논문을 자주 쓰며 문체도 변했는데 그때의 감정선과 흔들림을 한 번은 제대로 이어가고 싶다. 그간 나는 무얼 하는 사람인지를 문느라 어떤 존재인지는 문어두었던 것 같다. 쉰 무렵 그 물음으로 한 번은 돌아가보고 싶다. 서른 되던 해의 「자신의 증인」 도입부는 이랬다.

나는 오류다.
나는 그 사실에 애착을 느낀다.

나는 복잡하다.
나는 투쟁의 총화다. 진보주의자이자 반동분자이며, 세계주의자이자 민족주의자이며, 불가지론자이자 신자이다. 나는 내전 중인 존재다.

그걸 출발점으로 삼아보려고도 했다. 그러나 나의 복잡함에는 나의 오류만큼의 애착을 느낄 수 없다. 내가 복잡한 것은 마침 복잡한 환경 속에서 태어나고 자라며 남들처럼 행세하느라 그리되었는지 모른다. 그렇다면 복잡함이란 환경이 빚어준 혼란상일 뿐 진정 내 것은 아니다.

그러나 오류만큼은 내 것이다.

오류란 존재가 자신이고자 하는 데서 생기는 생리적인 편차다. 누구든 시대의 물결에 따라 흘러가지만 누구나 자신만의 부력을 갖는다. 환경이 허락해준 복잡함의 의장을 벗겨내면 존재의 부조리가 드러난다.

한 인간이 고유한 개체라는 것은 바로 오류라는 뜻이다. 인간은 주체든 실존이든 그런 일반적인 주관성에서 비어져 나오고 내성적인 명증성을 거부하는 육체를 갖는다. 그것이 오류로서 나타난다.

사상의 관점에서 보건대 나의 운명은 매우 단순하다. 나의 오류에 충실한 것이다.

무엇이 되었건 거기서부터 출발하는 것이다. 사상을 하려는 자에게는 자신이야말로 진정 중요한 소재가 아니겠는가.

자신의 오류로 인한 고통을 실감할 때 자신을 의식한다. 살아가려면 그 고통을 끄집어내야 한다. 추상에 의존하지 않고 그 고통을 분석하고 끄집어냄으로써 개체인 채로 보편에 육박한다. 그게 사상의 영위일 것이다.

물론 그런 건 사상도 뭣도 아니라고 말할지 모른다. 세계를 향해 뻗어가는 인식이 되지 못한 채 기껏해야 자신의 코를 우울하게 내려다보는 일인지 모른다. 그렇다면 여기가 로도스다.

눈을 양쪽에 둔 까닭에 자기 코는 그 형상이 또렷이 맺히지 않는다. 여기에 나의 소박한 오류가 있다. 여기가 로도스다.

나는 나라는 오류를 나의 능력껏 내게 허락된 시간만큼 파고든다.

내가 할 수 있는 일이란 결국 그 이상일 수 없다는 확신이 서자 능력과 시간을 허비하지 않기로 마음먹게 되었다.

사실 나는 세상 어디서고 통할 진리를 알거나 말하고 싶은 게 아니다. 오로지 개체의 진실을 되도록 성실하고 온전하게 말하고 싶다. 내면의 동요에 대해 쓰고 싶다. 내면의 심연이란 게 있다면 그걸 종이의 심연으로 맞바꾸고 싶다.

그러나 스스로 부과한 소명이 자신을 쇠잔케 만든다. 불안에 시달리게 만든다.

나는 쓰고자 하지만 정작 내게 쓸 만한 것 따위는 없는 게 아닐까. 써야 할 만한 절박한 존재의 이유를 갖지 못한 게 아닐까.

쓰겠다는 욕망은 살아 있는 결핍이 되어 자신을 갉아먹는다.

그렇다면 여기서 출발하는 수밖에 없다. 여기가 로도스다. 써야 할 것이 없음을, 쓸 수 없음을 쓰는 데서 시작하는 것이다.

지닌 게 무능과 공허뿐이라면 그걸 행사해야 한다. 자신의 무능에 근거해 자신의 공허를 말로 채운다.
그래도 된다는, 그럴 수 있다는 신념이 필요하다. 그 신념을 잃는다면 말은 죽는다.

나는 정신의 아픔을 많이 겪었다. 나는 상실의 깊은 구석을 잘 알고 있다.
그래서 이렇게라도 쓰려고 한다.
그게 남들과 비교해서 '많이'이고 '잘'인지는 모른다. 다만 스스로 그렇게 느낀다면 그것에 대해 말할 권리가 있다는 걸 알고 있다.

나는 결코 특별하지 않다. 얼마나 별 볼 일 없는지를 알고 있다. 아니 그조차도 모른다. 아무튼 그런 자라도 기필코 살아가야 한다. 살아가려면 자신의 고통을 끄집어내야 한다.

내게는 자신의 증인이 될 권리가 있다.

트럼프가 세계를
감염시켰다

2024년 11월 5일, 에코피스포럼에서 발표하던 날 트럼프가
재선되었다. 8년 전 트럼프가 처음 대통령이 되었을 무렵
썼던 「지금에 대한 발제문」을 찾아봤다. 그때는 어떤 느낌
이었더라.

세상에, 트럼프가 미국의 대통령이 되었다. "혹시라도 트
럼프가…"라고 생각하던 작년에는 설마 그런 일이 일어
나겠나 싶다가도 정말로 그런 일이 일어나면 나쁜 퍼즐
의 중요한 한 조각이 맞춰지는 사건이리라고 생각했다.
전쟁, 테러, 금융공황, 환경파괴, 극우세력 창궐, 민주주
의 쇠퇴. 여기에 트럼프 집권이라는 결정적 한 조각. 그것
들은 서로를 부채질할 것이다. 그렇게 해서 서서히 드러
날 전체 그림은 얼마나 끔찍할 것인가. 어떤 사건을 통해
그 끔찍함을 절감하게 될 것인가. 설마설마했던 당선 이
후 트럼프는 벌써 농락거리가 되었지만, 비웃고 있는 동
안 우리가 발 딛은 지반 자체가 서서히 이동하고 있을 것
이다.

377

"역사는 두 번 반복된다. 처음에는 비극으로 다음번은 희극으로"라고 하지만 글쎄. 지난번은 트럼프의 당선이 이변이었다면, 이번에는 트럼프가 당선되지 않는 게 이변일 만큼 트럼프는 유력했다. 트럼프의 지난 4년을 겪고도 트럼프는 돌아왔다. 트럼프는 그사이 세계를 감염시켰다. 한국 사회도 트럼프 팬데믹의 방역에 성공적이진 않았다. 이번 비극은 지난번보다 심각할 것이다. 트럼프 시즌 2는 일론 머스크까지 최강 빌런이 둘이나 된다. 지난번에는 최고 관료 자리를 군장성과 함께 CEO 출신에게 나눠주더니, 이번에는 노골적으로 사업가들의 공화국을 획책하고 있다.

8년 전 트럼프의 부상과 함께 세계적으로 확산된 개념이 있으니 바로 '반지성주의'다. 당시 트럼프는 반지성주의의 세계(사)적 사례이자 이 개념을 세계적으로 확산시킨 공로자였다. 트럼프가 대선 과정에서 사실을 멋대로 조작하고 오류를 대수롭지 않게 넘기던 모습은 전 세계로 중계되었다. 틀렸다고 지적하면 논리적으로 반박하는 게 아니라 했던 말을 더욱 거세게 반복했다. 누군가 오류를 바로잡으려 들면 화를 내고 인격적으로 모독했다. 정치적 의제에 관해 논의하는 대신에 온갖 가십거리를 뿌려 정치의 공론장을 뿌옇게 만들었다.

이런 트럼프를 대중은 지지했다. 지식계와 지식인에 대해 그러하듯 분명히 정치권과 정치인에 대한 대중의 불신과 반감이 트럼프의 정치적 성공을 가능케 한 배경이었

378

다. 미국의 대중은 기성 정치권에 염증을 느끼고 정치 엘리트들에게서 부패의 냄새를 맡고 있었다. 하지만 트럼프는 위선적으로 보이지 않았다. 반지성적이지만 솔직하고 화끈했다. 트럼프는 반지성주의적 언설로 편가르기와 증오심 마케팅에 치중했다. 우리와 그들을 선명히 갈랐다. 그들이 우리 것을 빼앗고 있다. 이민자들이 미국인의 일자리를 빼앗고 그들의 자녀가 세금을 축내고 있다. 바깥에는 벽을 쌓고 안에는 경계를 그어야 한다. 그는 전쟁정치를 펼쳤다. 우리가 아닌 그들과 반대세력을 내부의 적으로 지목해 부정하려 들었다.

그리고 그 결과 트럼프는 반反정치의 정치가 어떻게 정치권을 뒤흔들 수 있는지를 실증했다. 트럼프는 대중이 정치에 등 돌린 자리에서 정치의 주검으로부터 피어난 꽃이다. 국가의 공적 통합기능이 무너져가는 정치체계 속에서 좌와 우 모두의 정치적 실패가 초래한 정치권에 대한 환멸이 원한의 정념을 빨아들이자 사회적 적대로 전화했다. 그의 정치적 성공은 정치의 실패를 뜻했다. 대중이 느끼는 불안이 정치적 적대구도로 깊이 스며들자 정치를 제거한 정치, 위기에서 자신을 보호하는 게 정치의 사명이고 적을 설정해 제거하는 게 정치의 과제가 되는 반정치적 정치의 세계가 열렸다. 그가 입을 열고 트위터에 글을 올려 세계적으로 보도될 때마다 인간정신과 정치사회는 서서히 부패하고 타락했다. 그사이 세계는 얼마간 트럼프화되었다. 이번에 트럼프의 존재는 더 이상 비웃을 수 없는 압도적 실체였다. 그의 행태는 지난번과 다를 바 없었지만, 지난번만큼 경악스럽게 느껴지지 않았다. 반지성주의는 더 이상 비판의 언어로 작동하지 못했다.

　미국 대선 개표 방송을 지켜보며 '크게 잘못됐다'는 초조감과 '결국 이리되는구나'라는 허탈감이 공존했다. 트럼프와 그 주위에서 자축하는 인간들. 이런 인간 군상이 승리하는 시대구나. 이날 전 세계에서 많은 사람이 체념하지 않았을까. 나의 친구들. 기후위기를 염려하는 지인들. 시간이 없다는 조바심. 곧 문이 닫힌다는 절박함. 그런데 트럼프라니. 그나마의 가능성이 사라진다는 좌절감. 의욕을 잃는 마음들. 조금이라도 지켜내려고 여기저기서 이토록 억척스럽게 노력하는데 저렇게 크게 망가뜨리면 대체 어떡하라고.

　거만하고 파렴치하고 거기에 고압적인 데다가 히스테리컬한 인간들이 헛소리를 하면 그게 울려 퍼지는 세상이 되었다. 아직은 트럼프 관련 기사를 접하면 얼른 넘어간다. 감당하기 어렵다. 자아도취, 허위, 편견, 오만, 천박의 인간이 하는 헛짓거리에 수천만 명이 매일 영향을 받고 반응할 생각을 하니 끔찍하다. 마음을 보호해야 한다. 무뎌지지 않고 의욕이 더 사라지지 않도록 당분간 거리를 둬야 한다. 그렇다. 두 번째 비극은 폭로극이 될 것이다. 언젠가는.

코인과 극우

"말도 안 돼", "이해할 수 없어"라는 조소에 그친다면 성실한 사회학자로서는 실격일 거다. 이해하기를 포기하지 않고 이해가능하도록 풀이하는 게 사회학자의 한 가지 역할이다.

무엇을 알아야 할까. 그러다가 『코인과 극우』이라는 가상의 책 제목이 떠올랐다. 한 가지 단서는 코인이지 않을까. 미국 대선 기간 내내 비트코인이 트럼프 지지율 추이의 동반 이슈였다. MAGACOIN은 트럼프의 선거 구호인 "Make America Great Again"에서 이름을 따 제작됐는데 트럼프 지지층의 열광적 관심을 모았고, 트럼프가 "나는 가상화폐 대통령이 될 것"이라고 발언하던 날 600퍼센트 급등했다. 미국 대선에서 코인 기업의 총 기부금은 전체 기업 기부금의 거의 절반에 달했다. 트럼프가 집권하자마자 트럼프 밈코인, 멜라니아 밈코인 급등 소식과 막내아들 배런 트럼프의 밈코인 제작 역할이 보도되었다. 트럼프가 예고한 첫 번째 행정명령은 코인 산업 본격 지원이고, 트럼프 일가가 세계 최대 코인거래소 바이낸스의 지분을 인수하려 한다는 소식도 들려왔다. 일론 머스크는 DOGE 코인으로 암호화폐 시장에 밈코인 열풍을 일으켰고 정부 효율부-DOGE(Department of Government Efficiency) 프로젝트를 통해 기존 행정체계를 해체하는 한편, 암호화폐에 대한 탈

규제를 지원하고 있다. 코인이야말로 트럼프와 지지자들이 공유하는 직접적 이해관계이자 일론 머스크 같은 자본가들까지 이어주는 신성동맹의 끈일까.

우익 포퓰리즘 정당인 '독일을 위한 대안'AfD은 유로탈퇴와 독일 마르크로의 복귀를 주장하며 코인 친화적 노선도 천명했다. 이미 미국 네오나치에서 하마스까지 극단주의 단체의 코인을 통한 자금 동원에 관한 보고서가 발표되었고, 코인 소유자들이 이른바 '어둠의 4요소'Dark Tetrad인 사이코패스, 나르시시즘, 마키아벨리즘, 사디즘을 가질 가능성이 높다는 연구도 나왔다.

2024년 한국 원화는 비트코인 거래에서 달러에 이어두 번째로 많이 사용된 화폐일 만큼 한국 코인 시장은 거대해졌는데, 그러고 보면 한국에서도 극우 유튜버들 관련코인 이슈가 많았다. 코인 투자자는 이삼십대 위주의 남초현상이 뚜렷하며 전문적 지식 없이 현혹된 선동에 이끌린다며 '코인충'으로 명명되기도 했다. 코인 커뮤니티는 편향된 미디어 환경과 결합해 정치적 편향성을 부추기는 양상을 띠고 있다. 한국에서나 미국에서나 유럽에서도 이십대 남성들의 극우화 경향이 실재하며, 그들이 코인 투기에 가장 적극적인 집단이라면 어떠한 관련성이 있는 걸까. 코인은 어떻게 정치적 열정을 동원하거나 정치적 냉소를 확산시키는 걸까. 즉각적 보상 추구와 위험 감수 성향은 과연 사회적 불안정성과 정치적 극단주의를 키우는 걸까.

대부분의 코인은 가치의 실체가 없으니 변동성이 크고, 큰 변동성이야말로 유일한 가치라고 할 수 있다. 그런데 코인의 변동성은 실물경제를 반영하기보다 정치 이슈에 더 민감하다. 밈코인은 미국 대선 같은 정치적 계절을 심하게 탄다. 그렇다면 코인 투기자들의 커뮤니티에는 정치권 정보가 올라올 테고, 코인 투기에 우호적인 정치인들에 대한 지지 성향이 나타날 수 있다. 그 커뮤니티에서는 주식 지라시 이상으로 가짜뉴스가 코인의 등락을 만들어내는 핵심 동력이지 않을까. 그래서 만약 "코인을 하는 청년일수록 극우적 성향을 띠기 쉽다"는 가설을 세운다면, 어떻게 검증할 수 있을까. 불확실한 미래에 따른 불안감이 모험적 투기 성향과 결합되면 강력한 해결책을 지지하는 극우적 정치 노선에 가까워질까. 탈진실, 정보 왜곡, 비주류 정보 소스는 코인 커뮤니티에서 가짜뉴스와 음모론 확산을 촉진해 시장만이 아니라 정치적 사안에 대해서도 왜곡된 시각을 키우지 않을까. 더 나아가 '비트코인 상승으로 맺어지는 극우 세력의 국제적 결속감' 같은 걸 입증해 볼 순 없을까.

코인은 많은 돈을 집어넣은 사람의 현실감각과 시간감각, 나아가 정치감각에 상당한 영향을 미칠 것이다. 신경이 온통 차트로 가 있어 수시로 널뛰기를 하는 사람은 기후위기 같은 장기적 사안을 자신의 문제로 여길 가능성이 낮을 것이다. '코인과 극우'의 관련 논제들은 생각해보면 아주 많다. 경제적 불안과 정치적 불만, 파산과 극단주의, 반지성주의와 가짜뉴스, 작은 정부와 탈규제, 익명성과 대중 선동, 음모론과 결집, 금융과 정치 엘리트 비판 정서 등. 음, 본격적으로 생각해봐야겠다. 폴더를 만들었다.

탄핵, 급류를 타는 시간

기후위기를 비롯해 우리가 직면한 복합적 사회 위기는 멀리 내다보고 널리 살펴보고 곁에 있는 사람과 손잡을 수 있어야 극복할 수 있을 텐데, 현재 인류는 인류사적으로 가장 시야가 좁고 시간감각이 짧고 관계 맺는 능력이 약한 상태이지 않을까. 짊어져야 할 위기와 주체의 역량이 점점 괴리되고 있다. 그런 와중에 다시 트럼프 4년이다.

올해는 이반 일리치의 전작을 읽었다. 1926년에 태어나 60여 년간 시대의 곡절 속에서 분투한 이반 일리치는 1990년대에 들어 체념의 말을 흘렸다.

우리는 창조되었던 모습에서 점점 멀어져 가공된 현실에 살고 있습니다. 몇십 년 전에 저는 이 만들어진 세계를 고치는 책임을 함께 나눌 수 있다고 생각했습니다. 하지만 마침내 저는 무력함이 무엇인지 알게 되었습니다. 책임은 이제 망상입니다. 저는 이 무력함을 순순히 받아들이고, 사라져버린 것을 애도하며, 더 이상 돌이킬 수 없는 것을 단념해야 합니다.

미국 대선에서 한 달 지난 12월 3일, 윤석열 대통령이 비상계엄을 선포했다. '크게 잘못됐다'고 생각하면서도 '이제 바로잡히겠구나' 싶었다. 우리 대학에 민주광장이 있다는 걸 알았다. 학생과 교원들이 함께 모였다. 학생들과 동시대적 사건을 공유했다. 탄핵 되던 날에는 진주의 차 없는 거리의 광장에서 함께 환호했다. 시간이 갑자기 빠르게 흐르기 시작했다.

공부의 동사들

이해하다

이상이 박사학위를 받고 나서 연구자로서 지낸 10년의 이야기다. 그 시간을 순서대로 기록하니 공부하는 이유가 변해온 게 보인다. 더 거슬러 오른다면, 십대 이후로 몇 번인가 달라졌다. 약 10년 전, 안은별 기자와의 『프레시안』인터뷰에서 이렇게 말한 적이 있다.

> 대학에 들어오기 전에는 비유적으로 말해, 거인들이 내는 고주파를 들을 수 있는 귀를 갖는 게 바람이었습니다. 가청권에서 벗어나 있으며, 시대를 가로질러 먼 훗날까지 울려 퍼지는 천재들의 목소리 말이에요. 어젯밤엔 자기 전에 니체의 『이 사람을 보라』를 읽었는데, 그는 자신이 신선한 공기로 둘러싸인 높은 곳에서 말한다고 하죠. 그 목소리를 알아들을 수 있는 지상의 인간은 몹시 드물

다고도 하고요.

니체만이 그런 의식을 가진 건 아닐 겁니다. 철학은 기본적으로 자신의 시대와 함께 떠내려가지 않을, 높은 주파수의 언어라고 할 수 있지 않을까요. 마치 구름 위 정상은 산 아래서 보이지 않지만 정상에서는 다른 정상이 보이듯이, 고주파로써 시대를 가로지르며 이따금 다른 시대의 천재들이 포착해내는 그런 소리죠. 그 소리를 들을 수 있도록 정신적으로 고양되는 게 대학에 들어올 때 부풀었던 기대였습니다. 저만 그런 건 아니고 제 동기 중에도 그렇게 어울릴 수 있는 친구가 여러 명 있었습니다.

입학하고는 자극적인 선배들과 지내기를 좋아했고, 그러다보니 노동자 진보정당 추진위원회 후신 조직의 형들과 어울리며 '붉은 신문'을 학내에서 만들어 월요일에 배포하곤 했어요. 그 날짜를 정확히 기억하는데, 1학년 때 3월 28일이었죠. 형들과 청량리의 철거 지역에 있다가 형들이 연락을 받고 급하게 자리를 뜨기에 따라갔어요. 용산 도원동에서 철거 투쟁이 발생했다는 연락이었어요. 형들은 위험하니 따라오지 말라고 말렸지만, 호기심 때문에 나도 가겠다고 고집을 피웠습니다.

제게 중요한 날이었습니다. 먼저 철거 현장의 모습은 충격이었어요. 운동장 몇 개 만한 공간이 파헤쳐져 있고, 한복판에 골리앗으로 불리는 망루가 서 있고, 경찰 병력이 주변을 에워싸고 있었습니다. 하지만 더 큰 충격은

387

그곳에서 불과 몇 분만 내려오니 아무렇지도 않게 일상이 이어지는 모습이었어요. 아이들은 놀고 상인들은 물건을 팝니다. 당연한 일이겠죠. 하지만 저로서는 처절한 싸움터와 일상의 공간이 너무도 인접한 것처럼 보였고, 이해하기 어려웠습니다.

경찰이 철거지로 못 들어가게 막아서, 동행한 형이 용산을 구경시켜준다기에 따라나섰습니다. 저는 대전 출신이에요. 지금은 용산에서 살지만, 그날 처음 용산을 봤죠. 내려오는 길에서 꺾으니 성매매 지역이 나왔어요. 형도 와본 일이 없던 듯한데, 둘 다 고개 한 번 들지 못한 채 아득해 보이는 수십 미터를 걸었어요. 다음은 용산 미군기지였고, 그 너머로 다국적 기업들의 고층빌딩이 보였어요. 그날 하루, 처음 가본 용산에서 철거 지역, 일상의 풍경, 미군기지, 성매매 지역 등이 겹쳐진 모습을 경험한 거죠. 그 혼란스러움을 이해해야겠다는 게 대학에 들어와서 처음 생긴 목표였습니다.

고등학교 시절, 대학에 대체 어떤 환상을 품었던 걸까. 지긋지긋한 입시 공부를 마치고 대학에 입학하면 나도 천재들 간의 고주파를 듣고 싶었다. 철학과를 지망해야 했던 걸까. 그런데 입학 후 얼마 지나지 않은 3월 28일, 내 전공은 확실히 사회학이 되었다. 그날 용산에서 본 것들을 '이해해야 한다.'

388

희열하다

학부 3학년 때 수유너머의 문을 두드렸고, 이후 13년간 그곳의 일원으로 지냈다. 수유너머를 따라서 이사 가고, 논술학원에서 일하는 주말과 대학원 수업을 들으러 학교에 가는 하루를 제외하면 주로 수유너머의 집필실이나 세미나실에 있었다. 책을 읽고 발제를 하고 세미나에서 토론하는 생활이었다. 문자적 데자뷔랄까. 여러 편의 다른 글을 읽는데 어떤 문구가 신기하게도 반복해 등장하며 나를 어루만진다. 그 문구는 그저 그 페이지의 그 행에 있었을 뿐이지만 그 언어의 조각들은 거기서 나를 기다리고 있었다는 듯 환대한다. 읽는다는 건 기쁜 일이다.

말하고 듣는 건 또 다른 희열이 있다. 수유너머는 '지식의 향연'을 꿈꾸며 함께 공부하는 곳이었다. 세미나 때가 아니어도 식사하며 산보 가며 제기 찬 뒤 음료를 마시며 자신이 최근에 빠져 있는 책 이야기, 막 떠올린 가설들을 서로 들려준다. 수유너머의 카페에서 두 사람이 대화하고 있다. 오가는 내용이 솔깃해서 사람들이 모인다. 함께 하는 공부는 교실에 모여 종 쳐야지 시작되고 땡 하면 끝나는 게 아니었다. 수시로 어디서든 가능했다. 가르치는 사람이 없어도 우리는 배울 수 있다.

수유너머는 성원의 대학 전공에 구애되지 않고 지적 경계를 넘나들고자 했다. 혹은 전공이 아닌 주제 단위로 모여 머리를 맞댔다. '우정의 정원'이란 뜻의 일반회원 전체 세미나 케포이필리아에서는 유럽현대정치철학, 근대계몽기문학, 동아시아사상, 생태주의가 교차했다. 화요토론회에서는 다방면의 연구자가 실험적 발표를 했다. 매 계절 신설되는 강좌에서는 우발적 마주침이 기다렸다. 고미숙 선생은 "심포지엄은 근엄하고 지루한 학술대회가 아니라 생동감 넘치는 축제이자 라이브 무대여야 한다"고 말씀하셨다. 분과 학문 체제의 대학에서는 경험할 수 없었던 이 공부의 열기를 푸코의 『성의 역사』에 나오는 문장으로 얼마간 해명할 수 있지 않을까.

> 내가 그토록 끈질기게 작업에 몰두했던 것은 호기심, 그렇다, 일종의 호기심 때문이었다. 반드시 알아야 할 지식을 자기 것으로 만들려고 하는 호기심이 아니라 자기 자신으로부터 떨어져 나가는 것을 허용해주는 그런 호기심 말이다. 지식의 습득만을 보장해주고, 인식 주체로 하여금 길을 잃고 방황하도록 도와주지 않는 그런 지식욕이란 무슨 필요가 있을까.

계승하다

박사과정에 입학하며 시작된 동아시아 연구는 지역 연구

일 수도 있고, 비교 연구일 수도 있겠으나 내게는 루쉰, 다케우치 요시미, 쑨거, 김시종 등 자신의 시대 속에서 분투한 인간에 관한 탐구였다. 이 공부를 동사로 옮긴다면 '계승하다'일 것 같다. 이 과정에서 나온 책에는 『사상의 원점』, 『사상의 번역』, 『사상을 잇다』란 제목을 붙였다.

한 인간은 시대 속에서 부자유하며, 시대를 바꾸겠다는 의지가 투철할수록 그는 부자유함을 절감할 것이다. 한 개체가 자신의 의지를 관철하려는 시도는 사회의 질곡에 의해 굴절되며, 그럼에도 애써 시도할수록 그는 더한 좌절을 겪을 것이다. 그처럼 거듭된 노력이 실패를 거듭하는데도 다시 한 걸음 내디디려다 또 다시 실패하는 이들이 있다. 삶의 방식 자체가 실패를 부르는데도 실패를 새겨가며 한 생애를 억척스럽게 살아낸 이들이 있다. 거기에 계승하고 싶은 사상이 있다. 그자가 써서 남긴 문자를 그자의 당시 상황에 비추어 읽고, 문면으로 밝힌 내용만큼이나 쓰지 않고 숨겨둔 마음을 상상하며 읽는다. 그가 지니고 있던 내재적 모순을 이해하고, 그와 시대상황 사이의 긴장관계를 느끼고 싶다.

나는 이렇게 생각한다. 다케우치 요시미의 사상, 김시종의 사상이라고 해보자. 사상은 그것을 낳은 개체에게 속하는 동시에 다른 존재에게 공유된다. 어떤 사상이 보편적인 까닭은 그것이 뛰어나게 개성적이기 때문이다. 사상이란 한 존재가 범주적 진리가 아닌 개체의 진실을 되도록

391

온전히 끄집어낼 때 형상화된다. 그것이 그 존재를 떠나서도 살아남는다면, 그것은 다른 존재에게 자신의 고민으로서 엉기기 때문이다.

이동하다

박사과정을 수료한 이십대 후반부터 삼십대 초반까지는 2년간의 도쿄 체류를 비롯해 밖으로 돌아다녔다. 이 시절에는 '공부하다'와 '이동하다'가 겹쳐 있었고, 『여행의 사고』 작가 소개에는 "읽고 쓰고 다니고 옮긴다"고 적었다. 이동하는 까닭은 체험을 원했기 때문이며, 자신의 체험으로부터 사고하고 싶었기 때문이다.

　　바깥으로 다닐 때 홀로 다녀도 날몸으로 다니는 것은 아니다. '나'라는 개체는 이미 기억과 경험 그리고 정보로 구성된 맥락의 덩어리다. 그래서 외지로 나가면 한 사람이 어떤 장소에서 움직이는 일일 뿐이나, 동시에 그 장면은 이질적 맥락들 사이에서 충돌과 교착, 교섭과 소통이 일어나는 하나의 사건이 된다. 그리하여 하나의 이미지를 그렸다. 낯선 텍스트를 접한 독자의 이미지다.

　　나는 장소를 텍스트로 삼아 한 명의 신중한 독자가 되고자 했다. 낯선 텍스트를 대할 때 어떤 이는 자기 마음에 드는 일부만을 건져간다. 어떤 이는 행간을 읽어내기도, 전체상을 움켜쥐기도 한다. 장소가 텍스트라면, 행간은 그 장소를 살아가는 사람들이 알게 모르게 직조해내는 삶의 논리일 테며, 전체상은 역사에 값할 것이다. 그렇듯 장소를 텍스트로 삼을 때 배경지식과 문자해독 능력이 부족하다면, 종이로 된 텍스트를 읽을 때보다 행간과 전체상을 읽어내기가 더욱 어려울 것이다. 또한 장소를 텍스트로 삼는다면, 그 텍스트의 템포에 발을 맞추고 그것의 굴절을 살피고 깊이를 탐사하기란 더욱 풍부하고도 민감한 감수성을 요구할 것이다. 그만큼 매력적이며, 그만큼 더한 사고의 훈련이 될 것이다.

파고든다

또 다른 동사는 '파고들다'와 '건져내다'다. 사회평론의 이 방향은 2014년에 분명히 뻗어 나왔다. 「세월호와 역사를 사는 자들」을 작성하기 위한 최초의 메모는 "한 사회의 진보 정도는 사회의 발전 과정에서 생겨나는 사회적 타살을 최소화하는지로, 한 사회의 성숙 정도는 사회적 희생이 발생할 경우 그 희생을 헛되이 흘려보내지 않고 희생의 하중을 사회 구성원에게 세분해 이식하는지로 측정할 수 있다"였다.

　　세월호 사태는 의문투성이였고, 세월호 희생자의 죽음은 의문사였다. "대한민국은 세월호 이전과 이후로 나

넌다." 한동안 이 말을 숱하게 접했다. 그런데 대체 무엇이 달라졌던가. 세월호 참사는 판도라의 상자를 열어놓은 듯했다. 구조과정에서 철저히 무능했던 공권력, 이해관계로 얽히고설킨 관료집단, 정권의 하수인으로 전락한 보수언론, 노동 비정규직화와 위험사회의 일상화, 승자독식과 각자도생의 사회 논리, 공공성을 저버린 국가. 그런데 이것들이 다 튀어나오는 동안 무엇을 붙잡았던가. 이 사회에서는 대체 얼마나 많은 희생이 생기고 희생을 감수해야 진상에 다가설 수 있단 말인가.

「세월호와 역사를 사는 자들」을 『말과 활』에 투고한 이후 『말과 활』 휴간에 이르기까지 매호 글을 썼다. 『말과 활』을 비롯한 잡지들 덕분에 어떤 사회적 사안을 지긋하게 붙들 수 있었다. 세월호 참사, 촛불광장, 대통령 탄핵, 난민 확산, 트럼프 집권, 반지성주의, 가짜뉴스, 기후위기, 코로나 팬데믹. 그렇게 2010년대를 살아가며 정신사적으로 중요하다고 여긴 사건과 현상들을 파고들어 거기서 숙고해야 할 물음들을 건져낸 것이 『물음을 위한 물음』이다.

사회평론을 작성할 때 기본적 문제의식은 이것이다. 옳음을 선양하기보다 그 옳음이 현실에서 소실되는 이유를 파고드는 게 중요하다. 현실은 음영 져 있다. 그렇다면 현실의 어둠을 구석구석 더듬으며 길을 내야 한다. 그로써 현실로부터 사상 과제를 길어 올리고, 타인과 공유할 수 있도록 거기에 적확한 리얼리티를 주입해 표현해내야 한다. 사회평론을 작성할 때 떠올리는 말의 모습은 이것이다. 팔짱 끼고 있거나 뒷짐 지고 있는 말이 아니다. 다 꿰뚫어본다는 듯이 의기양양하게 설명하려는 말, 자기 일로 떠맡기는 거부하면서도 가르치려드는 말이 아니다. 내려다보는 말이 아니라 뛰어드는 말, 만지작거리는 말이 아니라 얽혀드는 말이다.

지키다

제주에서 얻은 공부의 동사는 '지키다'다. 제주에서 하는 공부란 얼마나 사람을, 생명을, 가치를, 문화를 지킬 수 있는지와 닿아 있었다. 제주시절 책날개의 저자소개에는 "중국사회과학원 방문학자로 베이징에서, 도시샤대학 객원연구원으로 교토에서 체류했다. 제주대학교 공동자원과 지속가능사회 연구센터 학술연구교수로 제주에서 지내고 있다"고 적었다. 늘 임시적인 체류의 감각이었다. 그러면서도 "제주에서 살고 있다"고 써보고 싶었다. 산다는 것은 땅과의 감각이구나, 이 땅과 이 땅에서 살아갈 사람들의 안위를 마음 쓰는 일이란 걸 제주에서 깨달았다. 비록 떠날 때까지 "살고 있다"고 적진 못했지만, 제주에서 펴낸 마지막 책에는 저자소개에 "지키는 연구를 하고 싶다"라고 한 문장을 덧붙였다.

제주는 생물종 다양성과 독보적 생태환경, 그리고 자연경관의 가치를 인정받아 세계생물권 보전지역, 세계자연유산, 세계지질공원으로 선정 관리되는 곳이다. 그러나 현실의 제주는 난개발 문제에 봉착해 있다. 이곳저곳이 훼손 중이다. 다만 제주는 어디가 훼손되는지가 그나마 보이는 땅이다. 회색 콘크리트 도시에서 생명의 훼손은 얼마나 알아차리기 어려운가. 제주는 생태적 원형이 남아 있고, 훼손에 목소리 높이는 사람들이 많아서 훼손이 드러난다.

고병권 선배는 '공부하는 심정'이란 게 있다고 했다. 제주는 '공부하는 심정'이 생기는 곳이지 않을까. 제주에서 제주를 공부하는 연구자가 어떤 주제에 마음이 간다면 호기심 때문일 수도 있고 염려 때문일 수도 있지만, 아무튼 이유는 구체적일 것이다. 내 제주 연구의 바람은 '지키다'였다. 바다, 땅, 동굴, 숲처럼 연구하려는 대상을 지킬 순 없더라도, 그 연구를 하도록 이끈 내 지인의 곁을 지키고 싶었다. 제주의 훼손을 막으려는 그들의 고민과 활동을 사회적 가시권과 가청권으로 옮겨내고 싶었다.

연구함으로써 운동을 전달하고 증폭시킨다. 여기서 연구자는 증언자 혹은 번역자적 역할을 맡는다. 『광장이 되는 시간』은 그런 시도였다. 제주에서 내가 추구한 것은 일관된 앎도 올바른 앎도 아니었다. 나는 정의를 원했고, 따라서 편파적이었다. 나는 보편타당한 앎이 아니라 편드는 앎을 추구했다.

어떡해

아침에 눈 떠 텔레그램 방 '제주도청 앞 천막촌 사람들'에 들어가면 강정의 제주해군기지 정문 앞에서 아침 백배를 드리는 사람들의 사진이 올라와 있다. 오늘도 그곳은 누군가의 절실함으로 하루가 먼저 시작되었다. 눈 오는 날에도 비 오는 날에도.

천막촌 동료로 전국 신공항 건설 반대 투쟁을 하던 봄봄 님은 세종시의 국토부에 가서 항의를 했다가 집시법 위반으로 기소되었다. 벌금을 내고 끝내는 게 아니라 법적 투쟁에 임하기로 마음을 굳히고는 「시위, 당신이 언제나 하고 있는 일을 위하여」라는 글을 쓰셨다.

먼저 당신의 안부를 묻습니다. 당신은 대체 어떻게 살고 있나요. 그 모든 폭력과 죽음을 목도하며 당신은 어떻게, 그렇게 참을 수 없는 것들을 참으며 이 지구에서 생존 중인가요. 대다수 사람들보다 수명이 짧은 당신의 어떤 힘이 그런 시위들을 지탱하고 있나요. 심장마비와 종양과 온갖 질환에 난도질당하는 몸으로 우리는 서로를 바라봅니다. 나는 당신과 오래 살고 싶습니다. 나는 당신과 함께 분노하고 절망하고 같이 울다가 웃으며 죽지 않고 살고 싶습니다. 우리가 왜 살아서 시위를 하는지, 왜 저항하지 않고는 살 수 없는지 이야기하고 싶습니다.

397

그래요. 우리는 이 자본주의에게 서로를 빼앗기지 않기 위해 시위를 합니다. 우리가 하루하루 존재를 지켜내는 일만으로도 시위입니다. 시위는, 우리 자신입니다. 곧 신공항이 생길지 모를 땅, 갯벌의 두툼한 등에 내리는 도요물떼새의 수를 세는 일, 금강에 사는 흰수마자 하나를 지키겠다고 200일 밤낮을 강변에서 지새는 일, 그런 사랑을 하는 이들이 또 하루의 삶을 이겨낼 수 있도록 곁에 있는 일, 그와 한 끼의 밥을 나누는 일 모두가 시위입니다. 숲을 빼앗기고 바위와 바다를 빼앗기고 산양과 벨루가를 빼앗긴 친구의 등을 품고 함께 아스팔트에 눕는 일, 그 길에서 피켓을 안고 그 모든 걸 빼앗아간 존재에게 저항하는 일, 그것이 함께 시위입니다.

예술하는 사람을 예술가라고 부르듯 봄봄 님은 자신이 말하는 의미에서 시위가라고 불러보고 싶다. 봄봄 님은 제주만이 아니라 이곳저곳의 현장에서 싸우는 사람을 돌보고, 피켓을 만들고, 멸종위기종을 찾아다닌다. 무언가를 지키고 누군가를 이롭게 하려는 마음과 정성이 늘 느껴진다. 활동가라는 호칭에는 겸연쩍어하시던 분이 시위하는 삶에 대해 글을 쓰셨다. 세상에는 예술가보다도 희귀한 시위가가 있다. 도요물떼새의 수를 세고, 밤낮을 강변에서 지새우고, 사랑하는 이들의 곁에 있고, 한 끼의 밥을 나누고, 함께 아스팔트에 눕는다. 제주기후평화행진을 함께했던 최성희, 엄문희, 황용운 님이 그런 분들이고, 세상에 드문 시위가가 제주에는 많다.

'제주도청 앞 천막촌 사람들' 텔레그램 방에는 그분들이 끊임없이 활동을 창안해 올린다. 집회, 토론회, 행진, 모임, 서명운동, 성명서 발표, 기자회견, 생태조사. 그들은 좀처럼 가만히 있지 않는다. 도미야마 이치로 선생의 『폭력의 예감』에는 이런 글귀가 나온다. "폭력을 예감한 이는 선지자도, 영웅도 아니다. 그것에 민감할 수밖에 없었던, 겁쟁이의 신체를 가진 자이다." 봄봄 님을 보면서 이 문장을 분명히 이해했다.

겁쟁이들은 전전긍긍한다. 예감하고 예견하고 예언한다. 예감豫感. 먼저 느낀다. 예견豫見. 세상 곳곳에서 소멸과 폐허가 보인다. 예언豫言. 그 일을 막기 위해 말한다. "나중에 … 되는 거 아냐. 어떡해." 이 예언은 앞날에 일어날 일을 맞히려는 게 아니다. 우려되는 그 일이 찾아오지 않도록 밀어내려는 것이다. "나중에 산을 깎아내는 거 아냐. 어떡해", "나중에 미군이 사용하는 거 아냐. 어떡해." 처음에 겁쟁이들의 "어떡해"는 토로였다. 하지만 겁쟁이들의 "어떡해"는 쌓이다가 모색이 된다. 그 일이 신경 쓰여 어떻게든 막아낼 방도를 찾아 움직인다. 전전긍긍戰戰兢兢. 싸움을 두려워한다는 것은 싸움을 예감하고 있다는 뜻이기도 하다. 겁쟁이라서, 더 망가진 세상에서는 살 자신이 없어 겁쟁이들은 지금 용기를 내고자 한다.

399

겁쟁이들에게 싸움 자체보다 더 두려운 건 자기 자신이다. 신념과 태도가 어긋나서 생기는 자기 갈등이 두렵다. 스스로를 위선자로 느껴 자신과 불화하게 될까 봐 두렵다. 엄마로서 이모로서 교육자로서 자신이 지금 목도한 이 일에서 무언가를 하지 않으면 다음 세대를 대할 때 떳떳지 못할까 봐 두렵다.

이들의 염려와 열의에 이끌리지 않았다면, 나는 제주에서 어떤 지적 성취도 이룰 수 없었을 것이다. 따라서 나는 앞으로 어디에 있든 제주산 연구자다. 그리고 그건 연구 이상의 행운이었다. 운동은 그 목표에는 도달하지 못하더라도 소중한 성취를 남긴다. 운동은 그 자체로 이동이자 변화이기에 효과는 즉각적이고 동시적이다. 이들 곁에서 알게 되었다. 염려해서 열의로 나선 사람에게 변화가 먼저 찾아온다. 누군가가 운동을 통해 새로운 시도를 궁리 중이라면 그 꿈을 꾸게 한 것이 운동의 성취다. 구체적인 정책이나 제도를 변경하기 이전에 그것들을 대하는 시선과 태도와 심성과 정신이 달라지는 것이 운동의 직접적이고 즉각적인 성취다. 다르게 느낀다는 것은 다르게 살고 있으며 살려고 한다는 뜻이다. 그리고 이 상태의 사람은 존엄해진다. 인간다운 얼굴을 한다. 이들 곁에서 나도 인간답게 살아볼 수 있었다.

추천사

본래 학문의 출발은 '좋은 삶'에 대한 고민이었다. 학문은 마땅히 그래야 한다. 그렇게 시작한 학문이 전문화와 제도화의 길을 선택하자, 학문은 '좋은 삶'과의 본원적 연관성을 상실했다. 그 과정에서 연구자는 지혜를 탐구하는 사람이 아니라 지식과 논문을 축적하는 사람으로 축소되기에 이르렀다.

인문사회과학이 사회적 영향력을 상실한 것은 분명한 사실이다. 인문사회과학이 몰락하게 된 원인을 대중의 무관심에서 찾는 진단은 선명해 보이지만, 이 섣부른 진단은 인문사회과학을 또 다른 위기로 몰아넣을 수 있다. 위기의 원인은 삶과 학문의 분리에 있기 때문이다.

인문사회과학이 자신이 처한 위기를 진정 위기로 느끼고, 타성에 젖은 반성이 아니라 진심으로 그 위기에서 벗어나려면 학문과 '좋은 삶' 사이의 연관성 회복 가능성을 그 근본으로부터 따져 물어야 한다. 학문의 전문가화와 직업화가 낳은 집요한 유사종교적 정적주의에서 벗어날 수 있는 유일한 방법이 그것이다.

여기 한 연구자가 있다. 그는 자신이 걸어왔던 연구자로서의 삶을 기록했다. 그 연구자가 기록한 연구의 역사는 다름 아닌 '좋은 삶'에 도달할 방법을 고민하는 동시대의 한 개인의 역사이기도 하다. 연구자의 역사-기록이되, 동시에 '좋은 삶'을 고민하는 개인의 이야기-기록이기도 한 이 책에서 우리는 학문과 '좋은 삶'의 고대적 연관성을 되살릴 수 있는 희망의 불씨를 찾아낼 수 있다.

삶과 연구가 분리되지 않는 이 연구자를 보라.

●

노명우

(아주대 사회학과 교수, 『세상물정의 사회학』『혼자 산다는 것에 대하여』
『인생극장』 저자, 니은서점 마스터북텐더)

학문 세계를 마디마다 걸어 잠근 빗장을 뽑아낼 수만 있다면 어떤 연구자가 등장할까? 나는 '윤여일'이란 이름을 주저 없이 떠올린다. 그는 사회학자일까? 이론적·경험적 사회 연구의 권위자야 많겠지만, 그처럼 다양한 주제, 방법, 공부와 대화의 현장을 자유롭게 오간 사회학자는 드물다. 그는 지역학자일까? 그보다 일본, 제주를 훨씬 잘 아는 전문가야 넘치겠지만, 지역의 긴장과 실천을 '사고 과제'로 되살리면서 독자인 나를 힘껏 연루시키고 마는 연구자는 별반 본 적이 없다. 윤여일의 연구 연대기를 탐독하고 나서, 나는 그를 '잡종'이라 부르기로 했다. 관점이 다른 글들을 품어주는 잡지에서 통념을 벗어날 문을 발견했다는 그한테 가장 어울리는 이름이 아닐까. 그는 자신의 책을 "타인들이 '나'라는 종이에 남긴 흔적의 기록"이라 소개했다. 사쿠라이 다이조, 김시종, 엄문희, 강정, 비자림, 4·3, 사막이 된 바다, 우주의 군사화……. 그가 연구 과정에서 잡스럽게 접붙이고 번역해낸 이름들, 생명들, 사건들이 어느덧 '나'라는 종이에도 스며들기 시작했다. 빛바랜 종이에 문장을 옮겨 적고 거듭 읽어가며 커먼즈, 평화, 기후라는 화두와 친해졌다. 연구란 이렇게 세상의 동료를 만나고 만드는 여정이 아닐까. 나의 학생들, 동료 연구자들, 한때 함께 공부하고 활동했던 친구들, 혼돈의 시대에 배움과 연구의 의미를 쇄신하고픈 모든 이들에게 이 책을 추천한다.

•

조문영
(연세대 문화인류학과 교수, 『빈곤 과정』『연루됨』 저자)

윤여일을 처음 만난 건 2016년 9월 제주 강정마을에서다. 나는 강정에 와서 첫 가을을 살던, 여러 의미로 앞이 캄캄했던 지킴이였다. 마을에서 평화를 주제로 하는 사흘간의 콘퍼런스가 열렸고, 나는 그 준비팀이었다. 행사 첫날 아침 마을 회관에 자료 사진을 붙이는데 방문자인지 참가자인지 모를 남자 둘이 나타나 열심히 도와줘서 일이 금방 끝났다. 그중 한 사람이 윤여일이었다. 일정이 끝나고 가까이 앉아서 밥을 먹게 됐다. 아까 도와준 것이 고마워 인사를 했다. 그리고 서울에서 온 기자 친구와 이야기를 나누는데 아까 그 남자가 질문을 보탰다. 이상하고 신기했다. 그는 다음에 이어진 중요한 프로그램도 불참하고 우리집에 왔다. 그리고 자정 넘도록 이야길 나눴다. 그렇게 친구가 되었다. 이 친구가 자신의 이야기에 '피뢰침'이란 말을 놓았을 때, 나는 이 순간을 떠올렸다.

공식 행사 프로그램에 가는 대신 그곳에 있는 한 사람의 이야기를 깊이 듣는 것, 계속 보니 이것이 그가 운동 현장에 가진 태도였다. 윤여일은 말을 하고 글을 쓰는 사람이지만, 실은 사람으로 하여금 말을 하게 하는 사람에 더 가깝다. 그는 그런 자신을 '번역자'로 표현했고, 번역자의 존재 방식을 고민했다. 우리가 처음 만난 2016년의 강정마을 해안엔 아직 해군기지 공사 펜스가 남아 있었다. 거대한 벽이 마을을 미로처럼 횡단하고 있었다. 그 너머가 보이지 않으니 상상력도 기운을 잃어갔다. 그 무렵 누군가 그 높은 장벽에 문을 그려 넣었다. 그것을 보고 우리 둘은 함께 충격을 받았다. 그는 나에게 자신을 저기 저 '문'처럼 사용해달라고 했다.

사쿠라이 다이조가 윤여일이라는 문을 통해 등장했고, 나는 비로소 처음 누군가의 대상이 되었다는 걸 알았다. 대상화의 경험과는 다른, 현장의 쓸쓸함을 아는 존재를 만난 안도감이었다. 친구의 친구는 강정에 와서 앞이 보이지 않는다고 했다. 그것은 강정이 세계의 맨 앞에 있기 때문이라고 했다. 어쩌면 세계의 맨 앞이라는 그 현장도 가상의 산물일 수 있다. 그러나 이렇게 부르고 나면 그곳은 그 이름이 되기 위해 무언가를 일으킬 수 있다.

제주의 미래를 바꿔버릴지도 모를 제주 역사상 최대의 토목사업인 제주제2공항에 질문하며 제주도청 앞 천막촌을 꾸려 농성을 시작했을 때, 그는 '연구자 공방'이라는 천막을 만들어 현장에 눌러앉았다. 동료시민들은 천막 연구자들을 보며 저러다 교수 못 되면 어떡하냐고 걱정을 했다. 매일매일 야위었다. 이것저것 열심이었다. 그런 그가 현장에서 현장을 '사고'하자는 제안으로 '사고'를 저질렀다. 현장의 긴박성은 자주 그곳의 사람들을 무언가에 대응하는 몸으로 만들어놓기 쉽다. 주도적으로 경로를 선취하고 미래의 지도를 그려가기 고단해진다. 나 역시 재난처럼 출몰하는 사건에 자주 떠밀렸다. 윤여일은 그런 현장에서 우리가 이 시간의 주인이 되자고 말했다. 그런 그의 말이 환영받기는 어려웠다. 한가한 연구자가 쉽게 던진 뜬구름 같은 말이라는 오해도 있었다. 그러나 그는 눈치 없는 사람처럼 현장에서 현장을 사고하기 위한 실천들을 저질렀고, 그 내용이 바로 이 책에 실려 있다.

세상이 어떻게 바뀌냐며 울며 묻던 밤도 많았다. 새벽에야 대화가 끝났고, 아침이 밤을 밀어내느라 세상이 파랗게 되곤 하였다. 그 아침의 푸른 빛, 나는 푸른빛이 옆에 서 있는 이 사람과 닮았다는 것을 알아챘다. 그래서 오래전 여일에게 너와 닮은 색이라면서 '프러시안 블루'에 대해 말해주었다. 인공의 청색 안료로 프러시안 블루의 조성은 철의 시안화물이다. 황산철을 무기산으로 처리해 나온 시안화물 염료로 $Fe_4(Fe(CN)_6)_3$의 화학식을 가지는 화합물이다. 원래는 아주 강렬한 붉은색을 제조하려다 산 처리를 잘못해서 반대색인 진한 파란색이 나왔다. 그런 에피소드 덕분에 태생부터 내면에 붉은빛을 가진 파란색으로 기억되었고, 너는 바로 그 뜨거운 파란색이라고 말해주었다. 나는 이 사람을 종종 이것에 비유했다.

우리는 모두 서로의 환경이다. 떠밀려오는 문제를 떠넘겨 받지 않고 스스로 일으킨 새 문법으로 다시 세우는 것, 이것이 그 자신은 몰라도 윤여일이 나에게 한 일이다. 사건에서 운동을 고민하고, 운동의 현장을 사고의 광장으로 만드는 것, 미래를 아직 오지 않은 시간으로 남겨두지 않고 지금 여기서 먼저 개입하는 것, 나는 이것을 윤여일을 통해 알게 되었다. 그는 연구자 이전에 사상가, 그 전에 싸우는 사람, 그 전에 예술가였으며, 그보다는 잘 꽂히고, 다시 흔들리는 한 사람이었다. 제주는 이 사람 때문에 분명 어떤 경험을 했다. 그래서 이 말을 꼭 하고 싶었다.

"이런 책은 윤여일만 쓸 수 있다."

●

엄문희

(평화운동가)